Dana Thomas

UNFAIR FASHION

Dana Thomas

UNFAIR FASHION

Der hohe Preis der billigen Mode

riva

Bibliografische Information der Deutschen Nationalbibliothek
Die Deutsche Nationalbibliothek verzeichnet diese Publikation in der Deutschen Nationalbibliografie. Detaillierte bibliografische Daten sind im Internet über http://dnb.d-nb.de abrufbar.

Für Fragen und Anregungen
info@rivaverlag.de

1. Auflage 2020

Nymphenburger Straße 86
D-80636 München
Tel.: 089 651285-0
Fax: 089 652096

Übersetzung: Gerrit ten Bloemendal
Redaktion: Simone Fischer
Umschlaggestaltung: Laura Osswald
Umschlagabbildung: Shutterstock/Pinar Alver
Satz: Carsten Klein, Torgau
Druck: CPI books GmbH, Leck
Printed in Germany

ISBN Print 978-3-7423-1363-8
ISBN E-Book (PDF) 978-3-7453-1059-7
ISBN E-Book (EPUB, Mobi) 978-3-7453-1060-3

Für Hervé
und
unser Licht,
Lucie Lee

Aber siehst du denn nicht,
was für ein missgestalteter Schelm diese Mode ist?

William Shakespeare, *Viel Lärm um Nichts*,
dritter Aufzug, dritte Szene

Inhalt

DO U?

Einleitung

Als sich die amerikanische First Lady Melania Trump 2018 auf den Weg zu einem Auffangzentrum für Flüchtlingskinder in Texas machte, trug sie einen olivgrauen Parka der spanischen Fast Fashion-Kette Zara, auf dessen Rücken die folgende in Weiß gekritzelte, graffitiähnliche Aufschrift stand:

I REALLY DON'T CARE, DO U?
(Es ist mir wirklich egal, und euch?)

Nach Meinung von Experten trug Frau Trump unmissverständlich zur Schau, was sie von den eingesperrten Kindern hielt. Oder von ihren Aufgaben als First Lady. Oder von ihrer Ehe. Ihr Mann twitterte dazu, es wäre ihre Art, ihre Meinung über die »Fake-News-Media« zum Ausdruck zu bringen. Ihre Pressesprecherin behauptete: »Es gab keine versteckte Botschaft.«

Sie hatte damit durchaus recht, denn die Botschaft war laut und deutlich. Und sie zeichnete ein niederschmetterndes Bild unserer heutigen Gesellschaft.

In Wirklichkeit war die Jacke das existenziellste Kleidungsstück, das jemals entworfen, hergestellt, verkauft und getragen wurde.

Zara ist die weltweit größte Modemarke und produzierte 2018 nicht weniger als 450 Millionen Kleidungsstücke. Das Mutterunternehmen, das in Spanien ansässige Inditex[1], erzielte 2017 einen Jahresumsatz von 25,34 Milliarden Euro, zu dem Zara zwei Drittel, in etwa 16,5 Milliarden Euro, beitrug[2].

Die Jacke aus der 2016er Zara Frühlingskollektion kostete umgerechnet gut 34 Euro[3]. Um Kleidung preisgünstig, aber dennoch gewinnbringend anbieten zu können, findet die Produktion in unabhängigen Fabriken in Entwicklungsländern statt, in denen kaum oder gar keine Sicherheitsstandards gelten, die Arbeitsbedingungen schlecht sind und die Löhne der Armutsgrenze entsprechen oder noch darunter liegen.

Zum Zeitpunkt, als die Arbeiter Frau Trumps Jacke schnitten und zusammennähten, war Amancio Ortega, der 80-jährige Mitbegründer und ehemalige Firmenchef von Inditex, der zweitreichste Mann der Welt (nach Bill Gates): Sein Vermögen wird auf umgerechnet knapp 67 Milliarden Dollar geschätzt[4].

Die Jacke selbst wurde aus Baumwolle gefertigt. Konventionell angebaute Baumwolle zählt zu den umweltschädlichsten landwirtschaftlichen Erzeugnissen überhaupt: Für den Anbau von einem Hektar Baumwolle wird fast ein Kilogramm gefährliche Pestizide benötigt[5].

Gefärbt und beschriftet wurde die Jacke mit Farbstoffen, welche, wenn sie auf Mülldeponien zerfallen, nicht nur den Boden, sondern auch das Grundwasser verschmutzen.

Durchschnittlich wird ein Kleidungsstück nur sieben Mal getragen, bevor es weggeworfen wird – ganze sieben Mal! Ungeachtet der Kritik, welche Frau Trump vorhielt, die Jacke zu dieser Gelegenheit bewusst getragen zu haben, dürfte die Wahrscheinlichkeit gering sein, dass sie die Jacke ein weiteres Mal tragen wird. Und somit ereilt diesem Kleidungsstück das gleiche Schicksal wie die meisten anderen Kleidungsstücke auch: Es landet im Abfall.

»Es ist mir wirklich egal, und euch?«

Wenn wir morgens aufstehen, stellen wir uns immer wieder diese eine elementare Frage: »Was ziehe ich heute an?«

Eine Entscheidung, die gut überlegt sein will: Wie fühle ich mich? Wie ist das Wetter? Was steht an? Wie will ich wirken? Wie will ich mich darstellen?

Kleidung ist unser erstes und wichtigstes Kommunikationsmittel. Mit Kleidung transportieren wir unseren sozialen und wirtschaftlichen Status, unseren Beruf, unsere Anliegen, unser Selbstwertgefühl. Kleidung kann uns

Kraft und Sinnlichkeit verleihen. Sie kann unserer Hoch- oder Missachtung vor Gepflogenheiten Ausdruck verleihen. »Die Kleider, mögen sie als noch so eitle Nebensächlichkeiten erscheinen«, schrieb Virginia Woolf in *Orlando*, »sie verändern unsere Sicht auf die Welt und die Sicht der Welt auf uns.«[6]

Während ich das hier schreibe, trage ich ein in Bangladesch hergestelltes, schwarzes Etuikleid aus Baumwolle mit einem Spitzkragen und Manschetten. Ich entdeckte es in einer Facebook-Werbung, bestellte es, und nur wenige Tage später wurde es zu mir nach Hause geliefert. Es ist figurbetont und sehr modisch. Aber habe ich daran gedacht, wo es herkommt, als ich es bestellte? Habe ich überlegt, wieso es mich nicht mal 35 Euro kostete? Habe ich das Kleid überhaupt gebraucht?

Nein. Nein. Und noch mal nein.

Und da bin ich nicht die Einzige.

Tag für Tag kaufen Abermillionen Menschen Kleidung, ohne dabei einen einzigen kleinen Gedanken an die Folgen ihres Kaufes zu verschwenden – von Gewissensbissen ganz zu schweigen. 2013 berichtete das US-amerikanische Media Research Center, dass Shoppen zur beliebtesten Freizeitbeschäftigung der Amerikaner geworden sei. Es wurden im Schnitt fünf Mal mehr Kleidungsstücke gekauft als 1980[7]. 2018 erwarb jeder US-Amerikaner im Schnitt 68 Kleidungsstücke[8], alle Weltbürger zusammen 80 Milliarden[9].

Sollte die Weltbevölkerung, wie es Experten voraussagen, bis zum Jahr 2030 tatsächlich auf 8,5 Milliarden Menschen angewachsen sein und das Pro-Kopf-Bruttoinlandsprodukt in den Industrieländern bis dahin um jährlich 2 Prozent und in den Entwicklungsländern um 4 Prozent pro Jahr ansteigen, werden wir bei gleichbleibendem Kaufverhalten 63 Prozent mehr Kleidungsstücke kaufen als heute – eine Steigerung von 62 Millionen Tonnen auf 102 Millionen Tonnen. Eine Menge, die laut einer Berechnung der Boston Consulting Group und der Global Fashion Agenda »500 Milliarden T-Shirts« entspricht[10].

Und all dies ist gewollt. An Flughäfen kann man sich auf dem Weg zum Gate völlig neu einkleiden. In Tokio gibt es Maßanzüge aus dem Automaten[11]. Habe ich ein hübsches Kleidungsstück auf Instagram gesehen? Klick,

klick, und schon ist es meins. Wer einen Modeladen betritt, findet sich in einer von Technobeats, glänzenden Oberflächen, grellem Licht und Angeboten beherrschten Welt wieder, in der man leicht in einen fieberhaften Zustand gerät. In einer Welt, in welcher der Preis seltsamerweise nebensächlich erscheint. Man ist so verzaubert und so überreizt, dass Grundsätzliches wie etwa Qualität belanglos wird. »Es ist wie in einem Sexshop«, wie es eine ehemalige Modejournalistin formulierte, als wir uns eines Tages in Paris zum Mittagessen trafen. »Oder in einer Spielbank in Las Vegas«, fügte ich hinzu. Man gibt freiwillig und völlig unbekümmert Geld aus, und obwohl man vermutlich betrogen wurde, fühlt man sich trotzdem so, als hätte man gewonnen.

»Die Erwartungshaltung hält mit den ständig wechselnden Trends Schritt – um der ewigen Stimme nachzugeben, die sagt: ›Komm, kaufe noch etwas‹«, wie es Dilys Williams, Geschäftsführerin des Centre for Sustainable Fashion (Zentrum für nachhaltige Mode) des London College of Fashion, mir erklärte. »Ursprünglich, also vor der Industriellen Revolution, bedeutete der Begriff ›Mode‹ die gemeinsame Fertigung von etwas – als Kollektiv, in einem geselligen, ungezwungenen Prozess, in dem man miteinander kommunizierte. In der heutigen Definition geht es um Herstellung, Vertrieb und Kauf von Kleidung – ein industrialisiertes System zur Geldschöpfung.«[12]

Und dieses System ist keineswegs nachhaltig, ganz im Gegenteil.

Seit der Erfindung der Webmaschine vor fast 250 Jahren hat sich die Mode zu einem schmutzigen, skrupellosen Geschäft entwickelt, bei dem auf Kosten der Menschen und der Erde reichlich Gewinne eingefahren werden. Und immer waren Sklaverei, Kinderarbeit und Gefangenenarbeit ein fester Bestandteil jener Wertschöpfungskette – bis zum heutigen Tag. Manchmal wurden Missstände gesetzlich oder auf Druck von Gewerkschaften korrigiert, aber schließlich unterminierten Handelsverträge, Globalisierung und Gier diese Errungenschaften.

Bis in die späten 1970er-Jahre produzierte die US-amerikanische Textilindustrie noch mindestens 70 Prozent des Inlandabsatzes selbst[13]. Und – dank des *New Deal* – hatten sich Marken und Hersteller fast das ganze 20. Jahrhundert hinüber an die strengen nationalen Arbeitsgesetze gehalten. Doch dies dauerte nur bis zum Ende der 1980er-Jahre an, als ein völlig neues Segment der Bekleidungsindustrie geboren wurde: »Fast Fashion«, die Herstellung von trendigen, preisgünstigen Kleidungsstücken in großen Mengen und in Lichtgeschwindigkeit durch Subunternehmer, die dann für die Verbraucher in Abertausenden von Filialen zur Verfügung standen. Um die Preise niedrig zu halten, mussten die Herstellungskosten reduziert werden – mithilfe von billigen Arbeitskräften. Und genau die gibt es in den ärmsten Entwicklungsländern. Zu Beginn der Globalisierung fing die Bekleidungsindustrie an, ihre Produktionen zu verlagern. Was zunächst als Nische begann, entwickelte sich unausweichlich und schnell zu einer großen Erfolgsgeschichte und bestimmt seitdem, wie Kleidung – von Luxusmode bis hin zu Sportkleidung – entworfen, beworben und verkauft wird. Die Folgen waren dramatisch: In den letzten drei Jahrzehnten wandelte sich die Modebranche von einer Industrie mit überwiegend inländischen Produktionsstätten und einem weltweiten Jahresumsatz von 500 Milliarden Dollar zu einem globalen Koloss, der jährlich 2,4 Billionen Dollar umsetzt[14].

Die Auswirkungen waren enorm.

Der erste Schlag ins Kontor war die Produktionsverlagerung in Billiglohn- beziehungsweise Entwicklungsländer. 1991 stammten 56,2 Prozent aller in den USA verkauften Kleidung aus heimischer Produktion[15], 2012 nur noch 2,5 Prozent. Nach Angaben des US-amerikanischen Bureau of Labor Statistics (Büro für Arbeitsmarktzahlen) gingen zwischen 1990 und 2012 1,2 Millionen Arbeitsplätze in der US-amerikanischen Textilindustrie verloren. Somit wanderten drei Viertel aller Arbeitsplätze der gesamten Branche nach Lateinamerika und Asien ab. Vormals florierende Textilzentren entlang der Ostküste und im Süden der USA verwandelten sich in Geisterstädte – mit verwaisten Fabriken und hoher Erwerbslosigkeit[16]. Beschäftigte die Textilindustrie in Großbritannien 1980 noch 1 Million Menschen, sind es heute nicht einmal mehr 100 000. Eine ähnliche Entwicklung zeigte sich auch in den meisten anderen westeuropäischen Ländern[17], wenngleich sich die Zahl der Beschäftigten in der weltweiten Textilindustrie bis heute fast verdoppelt hat – von 34,2 Millionen auf 57,8 Millionen Menschen.

In den westlichen Ländern führte die Produktionsverlagerung ins Ausland zu massiven, lähmenden Handelsdefiziten. Während die US-amerikanischen Bekleidungsexporte sich 2017 grob auf 5,7 Milliarden Dollar beliefen, betrugen die Bekleidungseinfuhren etwa 82,6 Milliarden Dollar[18]. Großbritannien importierte im Jahr 2017 ungefähr 92,4 Prozent seines gesamten Textilabsatzes[19]. In der EU gelang es lediglich Italien, sich diesem Trend zu entziehen – die Marke »Made in Italy« steht nach wie vor für Qualität und gilt vor allem im Luxussegment der Modebranche als schick.

Gelegentlich tauchte der ein oder andere Skandal in den Schlagzeilen auf. Im Sommer 2012 stand Ralph Lauren in der Kritik, nachdem bekannt geworden war, dass er die von ihm entworfenen Anzüge für das US-amerikanische Olympiateam in China fertigen ließ[20]. *Forbes* nannte dies »ein veritables PR-Desaster«. Harry Reid, ein Demokrat aus Nevada und Mehrheitsführer im US-Senat, sagte daraufhin, dass die USA die Anzüge »verbrennen« sollte. John Boehner, Sprecher des Repräsentantenhauses und Republikaner aus Ohio, klagte an, dass Ralph Lauren und seine Führungskräfte »es besser hätten wissen müssen«.

Was in den Umfragen zwar Wellen schlug, ließ die Verbraucher aber ziemlich kalt. Wie Lauren war auch ihnen klar, dass die Kostenfrage wichtiger ist als alles andere.

Einer Umfrage im Jahr 2016 zufolge gaben 67 Prozent der Befragten an, dass sie, wenn sie sich zwischen einer 45-Euro-Hose aus dem Ausland oder einer 75 Euro teuren Hose aus heimischer Herstellung entscheiden müssten, die billige wählen würden. Diese Antwort gaben sogar diejenigen, deren jährliches Haushaltseinkommen über 90 000 Euro lag.[21]

Die Fast Fashion-Revolution hat sich als lukrativ für beinahe die gesamte Industrie erwiesen: 2018 waren fünf der 55 reichsten Personen der Welt Inhaber von Modemarken – die drei Waltons von Walmart nicht mitgerechnet.[22]

Die nächsten Opfer des Fast Fashion-Zeitalters waren die Menschenrechte in den Entwicklungsländern – und sind es nach wie vor. Weltweit arbeitet jeder sechste Beschäftigte in der Bekleidungsindustrie[23], und damit ist sie der größte Arbeitgeber der Welt, noch vor der Landwirtschaft und der Rüstungsindustrie. Dabei bekommen jedoch weniger als 2 Prozent aller Beschäftigten ein Gehalt oberhalb des Existenzminimums[24].

Die meisten Beschäftigten in der Bekleidungsindustrie sind Frauen, aber auch Kinder arbeiten in den Fabriken. 2016 kam ans Licht, dass H&M, Next sowie Esprit Kleidung von Subunternehmern in der Türkei fertigen ließen, die syrische Flüchtlingskinder beschäftigten. (Die Marken erklärten, die Missstände beendet zu haben.) Manche Fabriken sind in einem derart desaströsen Zustand, dass Brände und, schlimmer noch, Einstürze an der Tagesordnung sind. Wegen der ungeheuer schlechten Bezahlung sehen sich die meisten Arbeiter gezwungen, zusätzlich anderen, weniger ehrenwerten Beschäftigungen nachzugehen, um über die Runden zu kommen.

»In Sri Lanka trafen wir eine Arbeiterin mit Zahnschmerzen. Da sie von ihrem Lohn niemals einen Zahnarzt hätte zahlen können, musste sie einen Kredit aufnehmen«, erzählte ein NGO-Mitarbeiter vor einem vollen Saal während der SOCAP17-Konferenz in San Francisco, die sich »der Beschleunigung eines neuen globalen Marktes an der Schnittstelle zwischen Geld und Sinn verschrieben hat«.

»Da sie den Kredit nicht zurückzahlen konnte«, fuhr der Sprecher fort, »musste sie ihren Körper verkaufen, um das nötige Geld aufzutreiben. Und das alles neben ihrer Tätigkeit als Näherin von Kleidung, die Sie und ich tragen und die von einer bekannte Marke hergestellt wird.«

Das dritte Opfer ist die Erde. Die Entwicklung in der Modebranche und ihre Profitsucht haben in jeder Hinsicht zur Umweltzerstörung geführt. Schätzungen der Weltbank zufolge gehen fast 20 Prozent der weltweiten jährlichen Gewässerverschmutzung [25] und 10 Prozent der CO_2-Emissionen auf das Konto der Modebranche: Die Produktion von einem Kilogramm Kleidung geht mit der Freisetzung von 23 Kilogramm Klimagasen einher.[26]

Die Modeindustrie verschlingt ein Viertel der weltweit produzierten Menge an Chemikalien[27]. Für die Herstellung eines einzigen Baumwoll-T-Shirts werden gut 150 Gramm synthetische Düngemittel und 25,3 Kilowattstunden elektrische Energie benötigt[28], und für den Anbau der benötigten Baumwolle bis zu 2700 Liter Wasser, so der WWF (World Wildlife Fund)[29].

Beim Waschen von synthetischen Stoffen, sowohl zu Hause als auch in der Fabrik, gelangen Mikrofasern ins Abwasser[30]. Bis zu 40 Prozent dieses Abwassers gelangen in Flüsse, Seen und Ozeane, werden dort von Fischen und Weichtieren aufgenommen und landen über die Nahrungskette auf unserem Teller, wie Forscher der Universität von Kalifornien in Santa Barbara 2016 berichteten. Im gleichen Jahr enthielten 90 Prozent aller 2000 von der Global Microplastics Initiative untersuchten Süß- und Meerwasserproben Mikrofasern. 2017 entdeckte Greenpeace sogar Mikrofasern in antarktischen Gewässern.

Von den mehr als 100 Milliarden Kleidungsstücken, die alljährlich produziert werden, werden 20 Prozent nicht verkauft – der Müll des »Skaleneffekts«[31]. In der Regel werden diese Überbleibsel entsorgt, zerkleinert oder verbrannt, wie die Luxusmarke Burberry 2018 peinlich berührt eingestand.

In den vergangenen zwei Jahrzehnten hat sich die Menge an Kleidungsstücken, welche die Amerikaner wegwerfen, verdoppelt: von 7 Millionen auf 14 Millionen Tonnen. Das entspricht 36 Kilogramm pro Person pro Jahr[32]. Die Europäer bringen es zusammen auf 5,8 Millionen Tonnen pro Jahr[33]. Weltweit trennen sich die Verbraucher von insgesamt 2,1 Milliarden Tonnen von Altkleidung. Das meiste davon wird nach Afrika verschifft, mit der Begründung, dass der ärmste Kontinent dringend kostenlose Kleidung braucht. 2017 berichtete das US-amerikanische Ministerium für Entwicklungshilfe, dass die Ostafrikanische Gemeinschaft (EAC), ein Zusammenschluss der ostafrikanischen Staaten Kenia, Uganda, Tansania, Burundi, Ruanda und Südsudan, jährlich Altkleidung in Wert von 274 Millionen Dollar importiert[34]. Allein Kenia führt jedes Jahr 100 000 Tonnen ein[35]. Ein Teil davon wird in Secondhandläden zu Schnäppchenpreisen verkauft – am Gikomba Market in Nairobi gibt es eine Jeans beispielsweise für umgerechnet 1,30 Euro. Nur hat unsere Gier nach Mode ihren Preis: Um den weiteren Niedergang der afrikanischen Bekleidungsindustrie zu verhindern, einigten sich die EAC-Staaten

2016 auf ein dreijähriges Importverbot für Altkleidung. In Reaktion drohte die Trump-Administration den EAC-Ländern 2018 mit einem Handelskrieg, da das Verbot ihrer Meinung nach 40 000 Amerikaner den Job kosten würde. Schließlich gaben die EAC-Staaten nach – außer Ruanda, das sich anschließend weiteren Drohungen von amerikanischer Seite ausgesetzt sah[36].

Und was passiert mit dem restlichen Produktionsüberschuss?

Der landet auf der Mülldeponie.

Die US-amerikanische Umweltschutzbehörde EPA berichtete, dass die Amerikaner im Jahr 2015 10,5 Millionen Tonnen Textilien, überwiegend Kleidungsstücke, in den Müll steckten[37]. (Seit Donald Trumps Amtsantritt als Präsident hat die Behörde noch keine aktuellen Zahlen vorgelegt.) In Großbritannien werden alle fünf Minuten 9513 Kleidungsstücke entsorgt[38]; Textilien zählen zum am schnellsten wachsenden Abfallberg des Landes[39]. Die meisten Kleidungsstücke enthalten synthetische Fasern, die in den meisten Fällen nicht biologisch abbaubar sind. So wie im Falle der Zara-Jacke von Frau Trump enthalten die zersetzten Stoffe Chemikalien, die in den Boden und das Grundwasser gelangen.

Einige Marken proben die Wende. So schaltete der umweltbewusste amerikanische Outdoor-Ausrüster Patagonia am sogenannten Black Friday 2011, dem Tag nach Thanksgiving, der traditionell den Beginn der Weihnachtssaison einläutet, eine ganzseitige Anzeige in der *New York Times*, in der eine Fleecejacke mit Reißverschluss mit dem Text »Kauft diese Jacke nicht!« zu sehen war. In der Anzeige hieß es, die Herstellung der Jacke würde »135 Liter Trinkwasser verschlingen, was dem täglichen Bedarf (drei Gläser pro Tag) von 45 Menschen entspricht, einen CO_2-Ausstoß von beinahe 900 Kilogramm erzeugen und zwei Drittel ihres Gewichts als Müll verursachen. … Die Kosten dieser Jacke für die Umwelt übersteigen ihren Preis.« (Und das war vor der Entdeckung von Mikrofasern in unseren Gewässern.) »Deshalb unsere Bitte: Kaufen Sie weniger und überlegen Sie gut, ob Sie Geld für diese Jacke oder etwas anderes ausgeben wollen.«

Die Aktion ging um die Welt, aber die Botschaft, welche sie enthielt, traf auf taube Ohren. Wie der US-amerikanische Einzelhandelsverband berichtete, kauften die Amerikaner in jenen vier Tagen für eine Rekordsumme von über 52,4 Milliarden Dollar ein, eine Steigerung von 16 Prozent gegenüber 2010.[40]

»Es ist mir wirklich egal, und euch?«

Im alten Griechenland bedeutete das Wort Polis »Stadt«. In seinem Dialog mit Sokrates bringt der griechische Philosoph Platon hervor, dass eine ideale Polis vier Grundtugenden umfasst: Weisheit, Tapferkeit, Besonnenheit und Gerechtigkeit. Fallen all diese Tugenden zusammen, erreicht eine Stadt eine perfekte Egalität – eine »gerechte Stadt«.

Im 18. Jahrhundert war die englische Stadt Manchester die Geburtsstätte der Industriellen Revolution und der Bekleidungsindustrie, wie wir sie heute kennen. Wegen ihres enormen Produktionsvolumens bekannt geworden, entwickelte sich »Cottonopolis«, wie die Stadt genannt wurde, zum weltweit ersten Industriezentrum, in dem Industriemagnaten ganze Arbeiterbataillone wie Sklaven beschäftigten.

Wie schädlich eine solche soziale und wirtschaftliche Schieflage ist, zeigte der deutsche expressionistische Filmemacher Fritz Lang ein Jahrhundert später in seinem Stummfilm *Metropolis*. Der monumentale Science-Fiction-Film zeichnet eine Schreckensvision einer Zukunft, in der eine Unterschicht in düsteren unterirdischen Fabriken zugunsten des Profits einer glücklichen Minderheit in glänzenden Wolkenkratzern malocht. Unsere Technologie hat sich weiterentwickelt, unser Ethos aber nicht.

Cottonopolis und *Metropolis* verkörperten zu ihrer Zeit einen Kapitalismus, der nur eines kannte: Profitgier. Im heutigen »Fashionopolis« sehen wir Manchester und Lang in globalem Maßstab.

Die Geschichte der Bekleidungsindustrie ist zwar düster, aber das war sie nicht immer. Mitte des vergangenen Jahrhunderts gab es eine kurze Zeit, in der die Bekleidungsindustrie einiges richtig machte – als die Menschen wussten, wer ihre Kleidungsstücke schneiderte und nähte. Alle gingen zur gleichen Kirche, die Kinder gingen zur gleichen Schule oder waren sogar miteinander verwandt. Natürlich ging es nicht immer nur gerecht zu, aber gerechter als heute. Denn die damalige Nähe sorgt dafür, dass die Verbraucher nicht wegsahen. Das ist heute anders.

Wir bilden uns ein, gebildeter, egalitärer, menschlicher als unsere Vorfahren zu sein. Erleuchteter. Es kann sicher nicht schädlich sein, uns T-Shirts für knapp 4 Euro und Jeans für 15 Euro anzuschaffen. Im Gegenteil, denn schließlich bieten wir den Ärmsten aller Armen am anderen Ende der Welt doch gute Arbeitsplätze. Nachdem ich dort diverse Fabriken besucht und mit zahlreichen Arbeitern gesprochen habe, kann ich sagen, dass dies keineswegs der Wirklichkeit entspricht.

Dennoch erfuhr ich in dieser Zeit auch einiges, das mich hoffnungsfroh stimmte. Dank der Herkulesarbeit von mutigen Anwälten, Designern, Unternehmern, Vordenkern, Investoren und Händlern und der ungeheuchelten Nachfrage einer wachsenden Generation von gewissenhaften Verbrauchern, sieht sich die Bekleidungsindustrie gezwungen, den Weg zu einem Wertesystem mit Grundsätzen einzuschlagen.

Weltweit verwandeln Visionäre das bestehende Geschäftsmodell um in eines, das von »Hyperlokalismus« in ländlichen Gegenden wie dem Süden der USA beherrscht wird. Es erfolgt eine Rückkehr der (intelligenteren) Fertigung nach New York, Los Angeles und auch nach Europa sowie ein sauberer Herstellungsprozess von Denim – von Baumwollanbau bis hin zu den Produktionsstätten. Ein ganzheitliches Verständnis wird sich von Luxusbekleidung durch alle Ebenen der Modebranche hindurchziehen – von den Laufstegen in Paris zu den Händlern im Internet. Wir werden wissenschaftliche Durchbrüche, die wirklich wiederverwendbare Stoffe kreieren, sehen und technologische Fortschritte, welche die heutigen Fertigungsprozesse radikal ändern werden. Und wir sind auf dem Weg zu einem umfassenden, schnellen Umdenken darüber, was wir kaufen und was wir tragen.

Vor über einem Jahrzehnt spornten uns die Slow Food- und Naturkostbewegung dazu an, uns mehr darüber zu informieren, was wir essen, und über die Folgen der Industrialisierung unserer Lebensmittelproduktion nachzudenken. In der Modeindustrie fand Gleiches bislang nicht in einem solchen Ausmaß statt. Noch nicht.

Wie bei dem Streben nach mehr Nachhaltigkeit in der Lebensmittelproduktion, ist es auch das Bestreben der Mode-Erneuerer, Rohstoffbeschaffung und Produktion menschlicher zu machen – modern und verträglich. Dabei sind sich viele einig, dass die Lösung in einem vertikal integrierten System liegt, bei dem der ganze Prozess an einem Standort stattfindet. Somit würden sich die Schwierigkeiten, die mit einer weltumspannenden, intransparenten Lieferkette einhergehen, vermeiden lassen. Die Fashionopolis der Zukunft kann gut und womöglich sogar gerecht werden.

Und darin spielen wir als Verbraucher eine Schlüsselrolle. Es wird Zeit, auch beim Einkaufen den Verstand einzuschalten und zu überlegen, was wir da gerade tun, sowohl kulturell als auch ideell. Wer den Wandel vorantreiben will, muss verstehen, wie der heutige Zustand entstanden ist.

Lassen Sie uns daher einen Blick auf das werfen, was sich Fashionopolis nennt.

Erst dann können wir einiges besser machen.

Wenn wir uns die Frage stellen: »Was ziehe ich heute an?«, sollten wir in der Lage sein, sachkundig und mit ein wenig Stolz zu antworten.

Lange Zeit war uns Kleidung irgendwie gleichgültig, doch wir können uns auch mit Bedacht ankleiden.

Es ist höchste Zeit, die Gleichgültigkeit abzulegen.

Teil 1

EINS

Prêt-à-porter

Am dritten Abend der 71. Ausgabe der Filmfestspiele in Cannes im Mai 2018 schwebte die australische Schauspielerin und Jury-Vorsitzende Cate Blanchett in einem atemberaubenden ärmellosen Ballonkleid über den roten Teppich. Das üppige Blumenmuster begann auf dem Oberteil als schwarz-weiße Strichzeichnungen, die sich schließlich im unteren Bereich farbenfroh entfalteten. Ausnehmend schön ausgeführt hat dieses gewagte, komplizierte Kleid Mary Katrantzou, eine griechischstämmige, in London wohnhafte Damenmodedesignerin, von der die meisten Menschen noch nie etwas gehört, aber eventuell schon einmal eine Kopie eines ihrer Designs getragen haben.

Katrantzou zählt zu jenen Talenten, die mit ihrer Kreativität die Fashionopolis-Maschine befeuern: Die originellen Schnitte, die sie sich in ihrem kleinen Atelier in London ausdenkt, werden ausschließlich in limitierten Stückzahlen hergestellt und in Luxusboutiquen in einigen Großstädten dieser Welt verkauft. Sie steht an der Spitze der Modepyramide, dem Platz, an dem sich auch Guccis Chefdesigner Alessandro Michele, Louis Vuittons Menswear-Designer Virgil Abloh, Givenchy-Designerin Clare Waight Keller und andere Haute-Couture-Designer befinden. Die Mode, die Katrantzou und ihre Designerkollegen entwerfen, werden von Fast Fashion-Labels kopiert und in Filialen der Ketten zu Billigpreisen feilgeboten – dies ist die Masse, welche die breite Basis der Pyramide bildet. Mit den Billigkopien machen diejenigen, die sie verkaufen, groß Kasse. Katrantzou jedoch profitiert in keinster Weise von diesem unerlaubten globalen Geschäft mit ihrer Arbeit: kein Geld, kein Ruhm, keine Anerkennung für sie als Trendsetterin und für ihren Beitrag zum Mode-Dialog. Sie macht die Arbeit, andere den Profit, und wir alle tragen es. Klingt unfair? Das ist es auch. Nur dieser sogenannte Trickle-down-Effekt (Pferdeäpfel-Effekt), den Meryl Streep in der »plumpen blauen Pullover«-Szene des Kinofilms *Der Teufel trägt Prada* erklärt, zeigt genau, wie die Modeindustrie funktioniert.

Eher unspektakulär nimmt das Ganze seinen Anfang in einer ziemlich nüchternen halbjährlich stattfindenden Fachmesse namens Première Vision Paris, die etwas außerhalb von Paris, nahe dem Flughafen Charles de Gaulle, veranstaltet wird. An drei Tagen im Februar und September wird in den Messehallen in Villepinte die weltgrößte Auswahl an Stoffen und Textildesigns, Lederwaren, Accessoires und Fertigungsinnovationen an einem Ort gezeigt. Dort treffen sich mehr als 60 000 Vertreter der Bekleidungsindustrie aus 120 Ländern, um einzukaufen. Für die Auflage im Februar 2019 hatten sich 1900 Aussteller gemeldet. Eine der Hallen ist Garnen, Stoffen und Einkaufslösungen gewidmet, eine andere Designs und weiteren Stoffen – insgesamt 20 000 verschiedenen. In einer dritten Halle dreht sich alles um Leder – es gibt 10 000 verschiedene Sorten. Eine weitere Halle widmet sich Accessoires. Die endlosen Reihen von grauen Verkaufsständen werden lediglich von Installationen unterbrochen, welche die Saisontrends von Garnherstellern oder Farbproduzenten wie Pantone beleuchten, sowie von einem Heer von auf Trendforschung spezialisierten Beratern. Die Première Vision ist der Ort, an dem sich die Konturen der neuen Saison einer jeden großen – und auch kleinen – Modemarke abzuzeichnen beginnen.

Im Winter 2018 begleitete ich Katrantzous Stoffexpertin Raffaella Mandriota[1], eine 27-jährige Italienerin und Heavy-Metal-Fan mit einem Faible für Schuhwerk von Maison Margiela Tabi, auf ihre zweitägige Entdeckungsreise durch die Hallen der Première Vision – im Modejargon »PV« genannt. Sie war auf der Suche nach Artikeln für die Frühjahrs- und Sommerkollektion

2019, die neun Monate später auf dem Laufsteg in London präsentiert werden würde.

Ihren ersten Stopp machte sie bei Canepa, dem renommierten Stofffabrikanten aus Italien, der zu ihren festen Lieferanten zählt. Nach einer schnellen Begrüßung und einem Espresso flitzte sie vorbei an Regalen voller Jacquards, Prints und festen Stoffen, betrachtete sie kurz, manchmal nur für einen Sekundenbruchteil, und berührte sie, um die Textur und Biegsamkeit zu erfassen. Wenn sie einen Stoff für geeignet hielt, zog sie ihn heraus und legte ihn auf ihren Stoß – auf ihre »Auswahl« – auf dem Tisch. Als sie nach maximal 10 Minuten fertig war, nahm ein Firmenmitarbeiter ihre Bestellung auf.

Mandriota macht dies zwölf-, 13-mal pro Tag auf der PV, was auch ihren Kaffeekonsum erklärt; ihre To-do-Liste war extrem lang. Es zeichneten sich bereits einige Trends ab – natürliche Farbstoffe, Seersucker, bonbonähnliche Farben, Lurex, Hanf, changierende Seidenstoffe –, aber Mandriotas Auswahl hatte eine große Bandbreite: orangefarbener Ausbrenner auf schwarzem Chiffon, leuchtend gelbgrüne Viskose, weißes Waffelgewebe aus Polyester, mit Inkjet bedruckte graue Seide mit einem Wolkenhimmel, marineblaue, schwarze und grüne plissierte Seide im Fortuny-Stil mit grünen und blauen Korallenmotiven. »Herrlich, die hier«, sagte sie, als sie das Stoffmuster mit den Korallen auf ihren Stapel legte. »Mary liebt Plissier.«

Mandriota agierte sehr budgetbewusst. »Chinesische Seide ist sehr teuer geworden«, erzählte sie mir. »Allein in dieser Saison hatte sie einen Aufschlag von 20 Prozent. Die Nachfrage im eigenen Land ist stark angestiegen, also wird weniger exportiert. Und die Umweltverschmutzung rafft die Kokons der Seidenraupen dahin.«

Während der Jagd überschüttete Mandriota ihre potenziellen Lieferanten mit Fragen: »Gibt es eine Mindestbestellmenge?«, »Habt ihr biologisch oder nachhaltig produzierte Ware?«, »Sind noch andere Farbkombinationen verfügbar?«, »Lässt sich dieser Stoff bedrucken?«, »Lässt sich die Wolle prägen?«, »Können Sie Marys Entwurf mit der gleichen Jacquard-Technik machen?« Während der beiden Tage auf der Première Vision, an denen wir jeweils zehn Stunden unterwegs waren, bestellte sie mindestens 1000 Muster.

Sechs Wochen später trudelten die ersten Muster im Atelier von Mary Katrantzou in einem Vorkriegsloft in Islington ein. Sie und ihre Assistenten führten eine erste Bewertung aus, dann eine zweite und so weiter, bis das Ganze auf eine beherrschbare Menge geschrumpft war, mit der sich die Geschichte der kommenden Saison erzählen lassen würde.

Katrantzou, eine hellenistische Schönheit mit dunkelbraunen Augen und dunklen Haaren, die bis zu ihren Ellbogen reichen, wurde 1983 als Tochter einer Einzelhändlerfamilie in Athen geboren[2]:

Ihr Großvater gründete Katrantzou Spor, das sich zum größten Warenhaus der Stadt entwickelte, bevor es während der politischen Unruhen in den 1970ern bis auf die Grundmauern niederbrannte. Ihr Vater war in der Sicherheitsbranche tätig, und ihre Mutter betrieb ein Einrichtungsgeschäft sowie eine Möbelfabrik.

2003 zog Katrantzou in die USA, um an der Rhode Island School of Design in Providence Innenarchitektur zu studieren. Auf halber Strecke ihres zweiten Jahres siedelte sie als Austauschstudentin nach London um und studierte dort Textil- und Interior Design am Central Saint Martins College of Art and Design. »Ich liebte die Idee von mit Textilien verkleideten Oberflächen«, erzählte sie mir. »Es hat eine Unmittelbarkeit, die ich im Architekturstudium vergeblich gesucht habe.«

Begeistert beschließt sie zu bleiben und macht den Bachelor in Textildesign und den Master in Mode mit dem Schwerpunkt Prints. Ausgerechnet zu dem Zeitpunkt, als der eher handwerkliche Siebdruckprozess – bei dem ein Stück Stoff (ursprünglich Seide) mit einem Motiv bedruckt wird, indem man es auf einen Holzrahmen spannt und die Farbe mit einer Rakel durch das Gewebe streicht – im Begriff ist, von einem volldigitalisierten Prozess abgelöst zu werden. Für die Abschlussausstellung im Rahmen ihrer Masterarbeit im Februar 2008 hatte Katrantzou zehn vollkommen identische Kleider mit überdimensionalen Schmuckmotiven in Trompe-l'œil-Stil bedruckt[3], und seitdem sind Prints von stark vergrößerten Alltagsgegenständen zu ihrem Leitmotiv geworden. Mit finanzieller Unterstützung des NEWGEN-Fonds des British Fashion Council zur Förderung von talentierten Modedesignern lancierte sie während der Londoner Modewoche im September jenes Jahres ihr erstes eigenes Label, mit dem sie sofort die Aufmerksamkeit einiger einflussreicher Einzelhändler wie Browns in London, Joyce in Hongkong oder Colette in Paris auf sich zog.

2011 gewann Katrantzou den britischen Fashion Award in der Kategorie Nachwuchstalente Damenmode. Sie wurde den hochgesteckten Erwartungen gerecht – sogar so sehr, dass sie Anfang 2018 einen Firmenanteil an die in Hongkong ansässige Yu Holdings, einem Start-up-Fonds der ambitionierten, erst 27-jährigen chinesischen Mode- und Technologie-Investorin Wendy Yu, verkaufte[4]. (Wochen später kündigte Yu an, ihre Firma würde auch die Kosten für die Stelle des leitenden Museumsdirektors des Metropolitan Museum of Art's Costume Institute übernehmen.[5]) Die Geldspritze für Katrantzous Firma betrug beinahe 20 Millionen Dollar[6] – Geld für die Weiterentwicklung der Marke. »Ich bin der Meinung, dass Mary sich in den kommenden zehn bis 20 Jahren zu einer globalen Lifestyle-Marke entwickeln kann«, sagte Yu.

Die Kollektion für das zehnte Jubiläumsjahr sollte, so Katrantzou, eine Art »Best of« werden – was bedeutete, dass sie die früheren Printmuster und Umrisse überarbeiten würde, um sie etwas moderner und reifer wirken zu lassen. Bei den Themen entschied sie sich für mundgeblasene Parfumfläschchen, alte Briefmarken, Naturobjekte wie Insekten, Schmetterlinge und Muscheln sowie Kunst. Bei einigen der Stofflieferanten fragte Mandriota an, die Jacquardmuster, die sie während der »PV« ausgesucht hatte, für Katrantzous neue Printdesigns zu überarbeiten.

Anfang Mai sah sich Katrantzou die überarbeiteten Muster zusammen mit Mandriota und Gregory Amore, dem Leiter der Abteilung Damenmode, an einem Holztisch von IKEA an. Ein Jacquard, ein steppdeckenähnlicher Brokat des italienischen Stofffabrikanten Ostinelli Seta, wurde für die Chrysanthemen in unscharfen Blautönen vorgeschlagen. Mit gleichem Stoff und gleicher Technik ersetzte Katrantzou die Blumen durch eine von ihr selbst entworfene Kollage: Berge von Edelsteinen, Weihnachtskugeln und Perlenketten, wie aus der Schatztruhe eines Piraten, auf einem Bett von Korallen in den Farbschattierungen orange, azurblau, altgold und weiß-irisierend.

Um zu sehen, wie die kräftigen Stoffe die Farbe aufnahmen, lagen Katrantzou Popelin-Schnipsel aus Baumwoll-Stretch verschiedener Stofffabrikanten vor, die kundenspezifisch gefärbt oder mit Pantone-Farbtönen »lab dipped«, waren – sie entschied sich für Sandbeige, Tiffany-Blau und Sonnengelb. Richtig begeistert war sie vom ersten Versuch allerdings nicht: Die Farbtöne wirkten ein wenig stumpf, als wären sie mit schmutzigem Spülwasser abgespült worden. Für einen anderen Stoff eines anderen Herstellers konnte sie sich aber sofort erwärmen: Die Farben wirkten echter, und die Stoffqualität war deutlich besser. »Alles an diesem Stoff fühlt sich leichter, aber auch etwas dicker an«, sagte sie, als sie eines der Muster mit der Hand berührte. »Es fühlt sich sehr fest an.«

»Es ist edler «, sagte Mandriota.

»Kostet aber das Doppelte«, erwiderte Katrantzou.

»Ja.«

Als die endgültigen Stoffe eintrafen, zog Katrantzou einige Muster heraus, um sie zum Einsticken nach Mumbai zu schicken. (Da Handarbeit in Indien nach wie vor hoch angesehen ist, ist das Land auch heute noch ein Zentrum für handgefertigte Verzierungen.) Musterkleider wurden entweder im hauseigenen Atelier oder von einer Vertragsfabrik angefertigt – sie vertraut auf zwei Fabriken in Italien, eine in Portugal und drei kleine, familiengeführte Werkstätten in Großbritannien, die Kleinserien von 20 bis 50 Stück herstellen. Sechs Wochen lang probierte ihr langjähriges Hausmodel Julia, eine langbeinige Blondine aus Schweden, die Ergebnisse an. »Julia hat ein gutes Gespür für Ästhetik«, sagte Katrantzou. »Sie versteht etwas von Passformen und berät uns.«

Ende Juni, während der Herrenmode-Woche in Paris, stellte Katrantzou ihre fertige »Vorkollektion«, die eine etwas kommerziellere Handschrift trägt, lokalen Einzelhändlern in einem angemieteten Verkaufsraum vor. (Potenzielle Käufer besuchen die Herrenmodenschauen und Damen-Vorkollektionen während der gleichen Dienstreise.) Der Raum im herrlichen Pariser Belle-Époque-Stil befand sich in einer einstöckigen Etagenwohnung mit patinierten Eichenholz-Täfelungen, Fischgrätparkett und Bogenfenstern und bot einen Blick auf den Place des Victoires. Die gefertigten Kleidungsstücke, die an

Kleiderständern hingen und von den Models zwanglos präsentiert wurden, waren farbenprächtig und verführerisch. Die Einzelhändler prüften sie bedachtsam und gaben ihre Bestellungen bei Kaffee und Petits Fours an kleinen Tischen ab. Katrantzou gesellte sich zu ihnen und lauschte ihren Meinungen und Beobachtungen. Manchmal nahm sie sich ihren Rat so sehr zu Herzen, dass sie ihre Entwürfe sogar noch etwas anpasste.

Die auffälligsten Stücke, die auch fotografisch am meisten hermachten – wie jene, die Blanchett in Cannes trug –, bewahrte Katrantzou für ihre »Schau-Kollektion« auf, die sie während der London Fashion Week im September präsentierte. Pünktlich um 20 Uhr an jenem Samstagabend fanden sich die Einzelhändler, Redakteure, Blogger und andere Schreiberlinge im Roundhouse, einer Location für Rockkonzerte im Londoner Norden, ein, um der Schau beizuwohnen. Nacheinander betraten 35 Models langsam den Laufsteg und gingen im Kreis umher. Musikalisch begleitet wurden sie von himmlischen Tönen, die Katrantzous Freund, Landsmann, Oskar-Preisträger und Elektro-Jazz-Komponist Vangelis speziell für sie komponiert und eingespielt hatte. Als die Models vorbeikamen, erkannte ich einige Materialien, die Mandriota während der »PV« ausgesucht hatte: Organza-Stoff für todschicke Alltagskleider, auf den das Briefmarkenmotiv gedruckt war, sowie ein feiner, durchsichtiger Kunststoff, den Mandriota in Japan in geometrischen Schichten hatte plissieren lassen, und ein weißer, mit kaskadenförmig angeordneten Wildblumen bestickter Tüllrock für ein romantisches Trapez-Midi-Kleid. Das Publikum jubelte, als Katrantzou den Laufsteg betrat und sich verbeugte. Am Morgen danach überschlugen sich die Kommentare vor Begeisterung. So schrieb *Vogue.com*: »Eine laufende Wunderkammer von einer Kollektion«[7], und die *The New York Times*: »opulente Mosaiken aus Print und polygonen Formen«.[8] *Women's Wear Daily* hielt fest: »Ein Vergnügen«, vor allem die »fantastischen Stücke« wie das »schimmernde, bodenlange Kleid mit einer aus Pailletten aufgenähten Parfümflasche auf der Vorderseite« und »wallende, mit berühmten Kunstwerken bedruckte Nylonkleider …«[9]

Bereits vor der Veröffentlichung all dieser Kritiken hatten Katrantzous Schaugäste Fotos und Videos von den Kleidungsstücken in den sozialen

Medien hochgeladen und gepostet, oft sogar live. Designteams von Fast Fashion-Labels sahen sich die Aufnahmen genauestens an, registrierten die Zahl der »Likes« – eine kostenlose Marktstudie in Echtzeit – und wählten jene Entwürfe aus, die sie stehlen, uminterpretieren und zu minimalem Stückpreis im Ausland fertigen lassen wollten. (Als ich die Schau verließ, grübelte ein Führungsangestellter eines namhaften Modehändlers lautstark: »Wetten, dass Topshop schon an dem Schmetterlingsprint bastelt.«) Katrantzous Entwürfe münden in globale Trends, ob sie will oder nicht, und ohne dass sie daran irgendwie mitverdient.

»Ganze drei Monate dauert es, um die 40 Prints herzustellen, die wir jede Saison entwerfen«, erfuhr ich von Katrantzou. Aber es bedarf nur eines einzelnen Klicks einer Smartphone-Kamera, um sie ihr wegzunehmen. Das schadet ihrem Geschäft. Aber es schadet auch »all jenen Designern, die mit digitalen Prints arbeiten, da das Abkupfern von digitalen Prints zu einfach geworden ist«, fügte sie hinzu. Sie weiß aber auch, dass ein besserer Schutz der Designer und deren Arbeit – Wörter, Bilder und Entwürfe gleichermaßen – sich im Umkehrschluss nachteilig auf die Herstellung biologischer Produkte und auf neue Ideen in diesem Bereich auswirken wird. Nur wenige Wochen wird es dauern, bis die Katrantzou-Imitate von schlecht bezahlten Arbeitern als Teil einer zersplitterten globalen Lieferkette aus billigen, bunten Stoffen gefertigt und schließlich für weniger als 90 Euro in zahllosen Filialen verkauft werden – ein Zehntel oder gar weniger dessen, was die aufwendigeren und luxuriöseren Originale kosten.

Tonnenweise Kleidungsstücke, die nur kurz getragen und dann weggeworfen werden. Was länger als ein bis zwei Wochen in den Regalen liegen oder hängen bleibt, wird so lange herabgesetzt, bis es am Ende höchstens noch 3 Euro kostet – und dabei immer trauriger und schlaffer aussieht, je öfter es vom Kleiderbügel gezogen wird. Am Ende zieht der Vertrieb die Reste aus dem Verkehr und lässt sie schreddern oder verbrennen. So macht es die Modebranche schon seit mehr als 250 Jahren, und zwar im großen Stil: Diebstahl von geistigem Eigentum, Apathie gegenüber anderen, Korruption, Umweltverschmutzung. Und nur, weil ein englischer Unternehmer einst beschloss, dass schneller besser ist.

Niemand mochte Richard Arkwright.[10] Der Friseur und ausgebildete Perückenmacher war ein Wichtigtuer, streitsüchtig und widerwärtig. »Eine schlichte, etwas korpulente, pausbackige, dickbäuchige Person aus Lancashire«, schrieb der schottischer Historiker Thomas Carlyle 1839, »mit gequältem Ausdruck und lautstarker Verdauung«.[11]

Schlimmer noch, Arkwright hatte die Angewohnheit, Ideen anderer zu stehlen – wie Lewis Pauls Kardiermaschine oder James Hargreaves' »Spinning Jenny« –, diese weiterzuentwickeln und zu verwenden, um damit Gewinne zu erwirtschaften. (Zahlreiche seiner Patente wurden später vor Gericht angefochten.) 1771 trug er einige dieser neumodischen Maschinen im englischen Cromford, Derbyshire, zusammen und eröffnete dort die weltweit erste mit Wasserkraft betriebene Textilfabrik. Es sollte die Geburtsstunde der Industriellen Revolution werden – der Wandel von Handarbeit zu maschineller Fertigung – und der Anfang eines Fabrikwesens, auf das wir auch heute noch setzen.

Mit rhythmischem Klackern brüllten die Maschinen und ließen das fünfstöckige Gebäude erzittern. Wie Schneeflocken tanzten Baumwollfäden in der Luft. Die Arbeitstage waren lang: 13- bis 14-Stunden-Schichten mit zwei kurzen Essenspausen[12]. Nur eine Stunde lang waren die Maschinen nicht in Betrieb. Die Arbeiter wohnten in firmeneigenen Backstein-Reihenhäuschen auf dem firmeneigenen Gelände und besuchten den Gottesdienst in der firmeneigenen Kirche. Aus den anfänglich nur 200 Arbeitern waren zehn Jahre später 1000 geworden[13]. Zwischen 1770 und 1778 beobachtete der örtliche Textilfabrikant William Radcliffe, »eine enorme Veränderung beim Spinnen von Garnen … Wolle ist vollends verschwunden … Baumwolle ist das neue universelle Material«.[14] 1790 besaß Arkwright landesweit fast 200 Spinnereien, und Manchester erhielt den Spitznamen »Cottonopolis«.[15]

1810 unternahm der namhafte Geschäftsmann Francis Cabot Lowell aus Boston eine Reise nach Europa, angeblich aus gesundheitlichen Gründen. In Wahrheit hatte er aber nur ein Ziel: Arkwrights System zu stehlen.[16] In einem der größten Fälle von Industriespionage[17] besuchte Lowell die Fabriken in Manchester, merkte sich die Konstruktion der Webmaschinen und kehrte nach Massachusetts zurück, um dort die Maschinen nachzubauen. Drei Jahre später eröffnete er am Charles River in Waltham, etwas westlich der Stadt, die Boston Manufacturing Company, um heimische, von Sklaven gepflückte Baumwolle spinnen und weben zu lassen.

Die Einführung der Doppelsteppstich-Nähmaschine in den 1830er-Jahren führte zu einer erheblichen Beschleunigung in der Produktion von Konfektionskleidung. Nur war die Nachfrage zu dem Zeitpunkt sehr gering, da die meisten Menschen ihre Kleider nach wie vor lieber selbst herstellten. Ändern sollte sich die Situation mit dem Ausbruch des amerikanischen Bürgerkriegs, denn plötzlich benötigten sowohl die Südstaaten als auch die Nordstaaten robuste Uniformen in Standardgrößen, sprich Konfektionsware, die sich mit den neumodischen Nähmaschinen schnell anfertigen ließ. Fabriken entstanden und expandierten, um die Nachfrage zu befriedigen. Den Soldaten gefiel der Tragekomfort und die Passform ihrer Uniformen gar so sehr, dass sie nach dem Krieg vorzugsweise in ähnlicher Weise gefertigte Kleidung kauften und trugen. Fabrikanten reagierten prompt und fingen an, in großem Stil Bekleidung herzustellen, erst für den Mann, dann auch für die Frau. Es war die Geburtsstunde der US-amerikanischen Bekleidungsindustrie.

In jenen frühen Tagen ließ sich die US-amerikanische Bekleidungsherstellung in zwei Kategorien einteilen: einerseits die weniger feinen Stücke wie Arbeitskleidung und Unterwäsche, die in großen, standardisierten Auflagen in großen Fabriken in Massachusetts und Pennsylvania gefertigt wurden. Und anderseits die stilvolle, hochwertige Kleidung, bekannt als »Mode«, die zu kleinen Stückzahlen in Werkstätten an der Lower East Side in New York zugeschnitten und genäht wurde.[18]

Warum New York? New York war nicht nur Amerikas größte Hafenstadt, wo Wolle und Seide aus Europa eintrafen, sondern auch das Finanzzentrum des Landes. Hier befanden sich jene Banker, die eifrig in die stetig wachsende Bekleidungsindustrie investierten. Darüber hinaus war New York auch die Stadt, die Woche für Woche Tausende von Emigranten aus Europa begrüßte, die hier auf Arbeitssuche waren. Viele von ihnen waren Juden aus Ungarn, Russland und dem heutigen Polen – Ländern, in denen Handarbeit eine angesehene Tradition war.[19] Im späten 19. Jahrhundert war mehr als die Hälfte der Bewohner der Lower East Side in der Bekleidungsproduktion tätig, und drei Viertel von ihnen waren Juden.

Der Großteil der Kleidungsstücke, die sie herstellten, war von dem inspiriert – oder gar abgekupfert –, was die Pariser Haute-Couture-Häuser zeigten. Das einflussreichste Haus war das an der Rue de la Paix ansässige Worth. Gegründet hatte es der gebürtige Engländer und Wahlpariser Charles Frederick Worth, jener Mann, der gemeinhin als Vater der Haute Couture angesehen wird, in den 1850er-Jahren. Bis dahin gingen die Pariserinnen zu ihren Couturiers und gaben Kleider nach ihren Vorgaben in Auftrag. Worth änderte dieses System, indem er »Kollektionen« von Modellen entwarf, die er seinen Kundinnen – einschließlich der einflussreichen und stilprägenden Kaiserin Eugénie – präsentierte. Dann nahm er Bestellungen entgegen und fertigte jedes Kleid nach Maß. Seine Entwürfe erschienen in Modemagazinen und waren Trendsetter; er mischte die Modewelt gehörig auf. Das Trickle-down-System des Modedesigns, an dessen Spitze sich Katrantzou befindet, begann mit Worth.

Infolge des stetigen Wachstums der New Yorker Bekleidungsindustrie breitete sich die Produktion nach Midtown Manhattan im Norden der Stadt aus, wo Industriegebäude im Stahlskelettbau entstanden.[20] Dieser als »Garment District« bekannt gewordene Stadtteil erstreckte sich von der 30th Street bis zur 42nd Street und von der 5th Avenue bis zur 10th Avenue. In dessen Mitte wurde die Pennsylvania Station errichtet, sodass auswärtige Einzelhändler die Showrooms leichter besuchen konnten. Die Zahl der Unternehmen wuchs so schnell, dass der Garment District 1931 mehr Bekleidungsfabriken zählte als andernorts in der Welt.[21]

Bis auf einen kurzen Einbruch zu Beginn der Wirtschaftskrise in den USA waren die 1930er-Jahre eine Blütezeit des amerikanischen Einzelhandels. »Jeder warf sich in Schale«, erinnerte sich der New Yorker Designer Bill Blass etwa sechs Jahrzehnte später.[22] Und er übertrieb nicht: Es war eine viel formellere Zeit, in der es für Männer und Frauen gleichermaßen undenkbar war, das Haus ohne richtigen Hut zu verlassen. »Manche Frauen verbrachten ganze Tage in Umkleidekabinen und kleideten sich speziell für das Mittagessen, für Cocktails, für das Abendessen ein, während die heutige Frau die gleiche schwarze Kostümhose in der Arbeit, zum Mittagessen und zum Abendessen trägt.« Ihre Einkäufe tätigten sie in den großen Kaufhäusern wie Macy's und Bergdorf Goodman in New York, Neiman Marcus in Dallas, Selfridges & Co. und Harrods in London, den Galerien Lafayette und Le Bon Marché in Paris oder in Fachgeschäften wie dem von Hattie Carnegie in der 42 East 49th Street.

Miss Carnegie hatte ein gutes Näschen. Denn in ihrer Stadthaus-Boutique verkaufte sie neben Pariser Originalen auch deren Imitate aus eigener Fertigung, die zum Stückpreis von 79,50 bis 300 Dollar über die Ladentheke gingen. »Schwarze, körperbetonte Kleider, die hinten kurz unterhalb der Knie gerafft waren, mit rosa Rosen« und »gerade, enge Kleider mit vollen Schößchen«, berichtete die Zeitschrift *The New Yorker* 1941[23]. Joan Crawford würde einfach telegrafisch mitteilen: »Schickt mir etwas, was mir gefällt.«[24] Miss Carnegie hatte auch eine eigene Kleiderkollektion namens »Spectator Sports« im Sortiment, die sie im Vorort Mount Vernon fertigen ließ, mit Kleidern zu erschwinglichen Preisen von 16,50 Dollar das Stück.

Bill Blass traf 1939 als 17-Jähriger aus Fort Wayne im Bundesstaat Indiana in Manhattan ein. »In jenen Tagen stand die Aufregung einer teuren Broadway-Eröffnung in direkter Konkurrenz mit dem kostenfreien Erlebnis, am Donnerstagabend, wenn die Kaufhäuser ihre neuen Fenster enthüllten, die 5th Avenue rauf und runter zu gehen«, erinnerte er sich. »Man fing bei Altman's in der 34th Street an und lief nach einem Abstecher zu Hattie Carnegie in der East 49th Street weiter in Richtung Bergdorfs in der 57th Street. Die Schaufenstergestalter übertrumpften sich gegenseitig mit immer originelleren und zügelloseren Einfällen. Bonwit Teller engagierte sogar berühmte Künstler wie Dalí zum Dekorieren der Schaufenster.«

Erst im Zweiten Weltkrieg schwächte sich diese Entwicklung ab – vorbei die Zeiten der Etuikleider mit Schößchen. »Wir trugen Anzüge«, erzählte mir die treue Mode-Followerin Olivia de Havilland einmal. »Sogar zur Hochzeit.« Die Fabriken verlagerten ihren Schwerpunkt auf Uniformen und andere

Kriegsausrüstung. Doch mit dem Wirtschaftsboom der Nachkriegszeit kehrte auch die amerikanische Bekleidungsindustrie mit Eifer zur Mode zurück: Allein in den Bekleidungsfabriken des Garment District arbeiteten 200 000 Menschen und produzierten 66 Prozent der heimischen Damenkleidung[25]. Blass war damals einer von ihnen: »Von uns wurde erwartet, einfach nur unsere Arbeit zu machen« und »dankbar zu sein, dass man die Chance bekommen hatte, Kopien von Dior-Kleidern zum Stückpreis von etwa 79 Dollar zu entwerfen«.[26]

Ende der 1950er-Jahre verlagerte sich die Bekleidungsindustrie und damit auch die Arbeitsplätze von Manhattan in andere New Yorker Stadtteile wie Bronx, Queens und Brooklyn, ins Hinterland nach Rochester und nach Pennsylvania und Chicago.[27] Es war, wenn man so will, eine Art inländische Ausgabe der späteren Produktionsverlagerung ins Ausland. Der Grund dafür war ein rein wirtschaftlicher: Wegen der gestiegenen Immobilienpreise und Arbeitskosten lagen die Produktionskosten für ein Kleid in New York City 17 Prozent höher als im nordöstlich gelegenen Bundesstaat Pennsylvania.[28] Die Folgen bekamen die Arbeiter in Manhattans Bekleidungsindustrie zu spüren: Zwischen 1947 und 1956 sanken deren Löhne um 20 Prozent.[29]

Firmen, die dem Standort im Garment District treu blieben, vollführten einen radikalen Wechsel in ihrer Geschäftspolitik: Zwar wurde der Stoff noch in Werkstätten in Manhattan geschneidert, danach aber zu Fabriken außerhalb der Stadt transportiert, um dort zu Kleidungsstücken zusammengenäht zu werden. Anschließend wurden die fertigen Kleidungsstücke wieder zu den Showrooms in Midtown und den Lagerhäusern im Zentrum verfrachtet, von wo sie an Einzelhändler verkauft wurden. Vereinfacht wurde der Transport durch das neu eröffnete Fernstraßennetz, das unter der Präsidentschaft von Dwight D. Eisenhower entstanden war. Dennoch war das Ganze extrem kompliziert – und das alles wegen ein paar weniger Kröten. Nichtsdestotrotz war es erfolgreich und wurde somit zur Geburtsstunde der heutigen, äußerst zersplitterten globalen Lieferkette.

Als die Bekleidungsfabriken anfingen, dem Garment District den Rücken zuzukehren, wurden sie durch etwas viel Kreativeres ersetzt: Modedesign.

Blass und seine Kollegen eröffneten Ateliers an oder nahe der 7th Avenue und boten ihre Entwürfe den Fabriken in unmittelbarer Nähe feil, was dem Garment District einen neuerlichen Aufschwung bescherte. Midtown-Arbeiter rollten Kleiderständer mit fertiger Kleidung die Bürgersteige entlang zu den Showrooms und Versanddepots in der Stadt. 1973 waren dort 400 000 Menschen beschäftigt, doppelt so viele wie in den 1950er-Jahren.[30] Da der Platz im Garment District nicht mehr reichte, dehnte sich die New Yorker Bekleidungsindustrie wieder in Richtung Innenstadt aus, insbesondere nach Chinatown, wo Immobilien und Arbeitskräfte – jetzt Einwanderer aus Hongkong mit Führungsqualitäten und Nähkenntnissen – deutlich billiger waren. 1965 gab es an der Lower East Side 35 Werkstätten in chinesischer Hand, 1980 waren es 430 mit etwa 20 000 Beschäftigten[31]. Zu diesem Zeitpunkt wurden noch 70 Prozent aller Kleidung, welche die Amerikaner kauften, in den USA gefertigt.[32]

Dann trat die Politik auf die Bühne, und alles änderte sich.

Ronald Reagan war es, der während des Auftakts seiner Kampagne für die Präsidentschaftswahl 1980 erstmals die Idee eines nordamerikanischen Freihandelsabkommens (NAFTA) lancierte. Er betrachtete ein solches Abkommen als einen gemeinsamen Markt, »in dem die Völker und der Handel von drei starken Nationen freier die gegenwärtigen Grenzen passieren würden als heute«.[33]

Handelsabkommen, insbesondere für Textil und Bekleidung, waren auch damals nicht neu.

Nach dem Zweiten Weltkrieg beschloss die US-Regierung auf Druck der amerikanischen Baumwollerzeuger, Japan bei dem Wiederaufbau der Textilindustrie zu unterstützen. Dazu führte Präsident Harry S. Truman sogenannte Handel-statt-Hilfe-Maßnahmen mit niedrigen Zöllen ein. Aber bereits Ende der 1950er-Jahre bekam die US-amerikanische Textilindustrie diese billigen Importe aus Japan und auch aus Südkorea, Hongkong, Singapur sowie Taiwan – den asiatischen »Tigerstaaten«, wie sie wegen ihrer kräftigen durch Exportüberschüsse befeuerten Volkswirtschaften genannt wurden –, schmerzlich zu spüren.[34] Washington reagierte, nicht nur für die Zeit von Eisenhowers

Präsidentschaft, sondern auch für die anschließenden Jahrzehnte, und zwar mit höheren Zöllen und komplizierten Importquoten und Ausnahmen.[35]

Doch den höheren Zöllen zum Trotz erkannten die Modemanager, dass es immer noch billiger war, im Ausland zu produzieren als zu Hause, und so fingen sie an, einen Teil der Produktion nach Asien zu verlagern. Der deutlich höheren Durchlaufzeit – der Transport per Schiff dauerte mehrere Wochen –, standen wesentlich höhere Gewinnmargen gegenüber.[36] 1960 wurden etwa 10 Prozent der in den USA verkauften Damenbekleidung importiert.[37] Mitte der 1970er-Jahre war Hongkong zum größten Bekleidungsexporteur der Welt geworden und hatte sich auf westliche Billigkleidung spezialisiert.

»Niemals!«[38] Die New Yorker Damenmodedesignerin Liz Claiborne rastete aus, als ihr Geschäftspartner Jerome Chazen zum ersten Mal vorschlug, die Produktion ins Ausland zu verlagern. »Wie wollen wir die Arbeit kontrollieren, wenn diese Tausende von Kilometern entfernt durchgeführt wird? Das ist ja völlig unmöglich.« Aber Chazen insistierte, er könne schließlich nicht genügend Produktionskapazitäten in den USA finden, um die stark gestiegene Nachfrage zu befriedigen. Bevor Chazen zu Claiborne kam, war er als Einkäufer für das Kaufhaus Winklemans in Detroit tätig gewesen und hatte dort manchmal auch Produkte aus Asien beschafft. Vielleicht wäre das die Lösung, dachte er. »Ich fühlte mich eigentlich ziemlich wohl bei dem Gedanken«, erinnerte er sich Jahre später in seinen Memoiren.

Claiborne dagegen ganz offensichtlich nicht. Deshalb schlug Chazen vor, nur eine etwas schwierige Bluse in Taiwan fertigen zu lassen, quasi als Test. »Einige Wochen später traf die erste Charge per Flugzeug bei uns ein, und Liz war völlig aus dem Häuschen«, so Chazen. »Sie war schöner als alles andere, das wir im eigenen Land gemacht hatten, und kostete weit weniger.« Gute Qualität, geringe Fixkosten: Chazen hatte die magische Formel für den wirtschaftlichen Erfolg gefunden.

Schon bald ließ auch Liz Claiborne Inc. den Großteil ihrer Bekleidung in Asien fertigen[39] – was eine entsprechende Anpassung des Produktionszeitplans erforderte. »Die Ware musste mindestens sechs Monate vor der Verschiffung an unsere Kunden bestellt werden«, erklärte Chazen. Um dies zu erreichen,

»reisten Liz und Art alle zwei bis drei Monate nach Hongkong und wohnten in jener Zeit in ihrer Suite im Peninsula Hotel«[40], der luxuriösesten Unterkunft weit und breit, erinnerte sich Robert Zane, Liz Claibornes Vizevorsitzende für Herstellung und Beschaffung. »Und sie kehrten erst zurück, wenn die Arbeit erledigt war, was bedeutete, dass die Kollektion für die nächste Saison entworfen und die Produktionstermine fix gemacht worden waren.«

Dann kam die »Reagan-Revolution« und damit – wie im Wahlkampf versprochen – eine Wirtschaftsagenda, die stark auf Freihandel setzte. Allerdings waren die Vereinbarungen für die Bekleidungsindustrie oftmals kompliziert – wie damals, als die USA den karibischen Ländern nur unter der Prämisse, dass der Stoff in den USA gewebt und geschnitten sein musste, erlaubten, unbegrenzt Kleidung für den amerikanischen Markt zu exportieren. Dennoch ermutigten sie auch andere Marken, dem Beispiel von Liz Claiborne zu folgen.

Die daraus resultierende Verlagerung von Arbeitsplätzen bereitete den amerikanischen Gewerkschaften so große Sorgen, dass sie den Kongress – erfolgreich – dazu drängten, den Dezember 1986 zum »Made in America Month« auszurufen. In der gemeinsamen Entschließung wurde betont, »wie wichtig es sei, amerikanische Produkte zu kaufen« und davor gewarnt, dass die Importschwemme die Produktionskapazitäten des Landes dauerhaft schrumpfen lassen könnte.[41]

Die Gewerkschaften und Handelsverbände ließen sich aber auch noch auf etwas ein, das ihren Untergang bedeuten würde: Quick Response. Diese hocheffiziente Methode zur Reduzierung von Durchlaufzeiten war eine Erfindung des US-amerikanischen Verbandes der Bekleidungsfabrikanten Mitte der 1980er-Jahre und der Versuch, sich gegen die steigenden Importe aus Billiglohnländern zu stemmen.[42] Damals schätzten Experten, dass allein ineffiziente Geschäftspraktiken, wie jene von Claiborne, die amerikanische Bekleidungsindustrie jährlich um die 25 Milliarden Dollar kosteten. Der Grund: Da die Kleidung in großer Entfernung produziert wurde, mussten Designer neue Kollektionen bereits ein Jahr im Voraus entwerfen und Läden ihre Bestellungen bereits sechs Monate vor Erhalt der Ware aufgeben. Einzelhändler mussten frühzeitig einschätzen, welche Produkte erfolgreich sein könnten, und wenn sie falsch lagen, mussten sie die Ware zu reduzierten Preisen verkaufen oder gar wegwerfen. So kam es, dass ein ganzer Industriezweig, der darauf gegründet war, neue Ideen zu verkaufen, sich letztendlich wieder nur der alten bediente.

Die Einführung von Quick Response veranlasste Marken und Händler dazu, anstehende Kollektionen erst auf Zielgruppen zu testen, bevor Fertigungsaufträge erteilt wurden. Die Folge war, dass die Aufträge kleiner waren, dafür aber häufiger stattfanden, und Nachbestellungen nur bei entsprechenden Verkaufszahlen erteilt wurden. So wurde versucht, die Lagerbestände zu verringern, den Lagerbestandswechsel zu erhöhen und Restbestände und Preisnachlässe zu vermeiden. Die Abwicklung sollte so effizienter über die Bühne gehen, die Kosten gesenkt und Abfallberge und Verluste reduziert werden. Für den Kunden bedeutete Quick Response, dass er bekommen sollte, was, wo und wann er wollte.

Die Unternehmensberatung Kurt Salmon Associates wurde engagiert, um Produzenten bei der Umsetzung des Plans zu helfen. Allerdings waren die Kosten erheblich und betrugen schon für eine kleine Fabrik 100 000 Dollar. Kosten, die sich nur langsam amortisieren würden, da die Implementierung des Systems ein ganzes Jahr in Anspruch nahm.

1987 gab eine Studie des einstigen Instution Congressional Office of Technology Assessment einen Einblick in die Auswirkungen einer vollends implementierten Quick Response auf die Produktion (*The U.S. Textile and Apparel Industry: A Revolution in Progress*). Die Prognosen mussten damals wie eine Geschichte von Isaac Asimov geklungen haben, erwiesen sich aber als unheimlich vorausahnend:

»Nicht Baumwolle, sondern Chemikalien, nicht Nähmaschinen, sondern Roboter stellen unsere Kleidung her. In der Fertigung von Textilien und Bekleidung ist Handarbeit praktisch vollständig verschwunden. Nur in den Bereichen Design und Maschinenwartung ist sie nach wie vor unverzichtbar. Und mit dem Titel ›Textilstadt‹ können sich nur noch wenige Kommunen rühmen.

> *Faser-, Textil- und Bekleidungsproduzenten und Einzelhändler sind über ausgeklügelte Kommunikationsnetzwerke miteinander verbunden und reagieren fast in Echtzeit auf Markttrends.*
> *Der Vorteil für die Kunden: Sie bekommen auf ihren spezifischen Geschmack abgestimmte Kleidung und profitieren von einer größeren Auswahl an Stilen und Größen. Nur möglicherweise ist die Nachfrage nach Blusen und Hosen nicht so groß wie die nach Textilien und Stoffen für die Verwendung im Straßenbau und in Raketenschiffen.*
> *Die zunehmende Verbreitung von Exportanreizen und Importschutz in zahlreichen Ländern dieser Welt hat die öffentliche Politik fast so wichtig gemacht wie die traditionellen Wirtschaftskräfte. Wenn auf dem Etikett ›Made in the USA.‹ steht, heißt das noch lange nicht, dass die Fertigung auch tatsächlich vollständig in den USA stattfand. Die heimische Industrie besteht neben großen multinationalen Konzernen aus kleinen Vertragswerkstätten – mittelständische Unternehmen, die zwei Jahrhunderte lang das Rückgrat der Branche waren, sind fast restlos verschwunden.«*

Eine Reihe von Herstellern scheute die Investition und schloss sich nicht der Quick Response an. Daher ließ die vollständige Erfüllung dieser Prophezeiung noch Jahrzehnte auf sich warten. Die Zahl jener Produzenten, welche sich für die Implementierung des Systems entschieden, war jedoch so groß, dass die heimische Produktion wieder wuchs und die Importe zurückgingen.

Doch wie lange würde es so bleiben? In einem 1990 veröffentlichten Bericht warf die Harvard Business School die ominöse Frage auf: »Wie groß ist die Wahrscheinlichkeit, dass ausländische Mitbewerber Quick-Response-Konzepte nutzen, um erneut heimische Produzenten vom Markt zu verdrängen?«

Die Antwort lautete: »Ganz sicher nicht undenkbar.«

Tatsächlich überlegte der Modemanager Amancio Ortega Gaona in der im Nordwesten Spaniens gelegenen Hafenstadt La Coruña zu jener Zeit, inwiefern Quick Response seinem in Spanien ansässigen Bekleidungsunternehmen Zara, das Kleidung im mittleren Preissegment anbietet, von Nutzen sein könnte.

Ortega hat sein Leben der Modebranche verschrieben: Der Sohn eines Eisenbahners und eines Hausmädchens trat 1949 als Bote für einen örtlichen Hemdenmacher in die Branche ein. 1963 lancierte er »Confecciones Goa« – seine Initialen in umgekehrter Reihenfolge, eine auf völlig langweilige Hausmäntel spezialisierte Bekleidungslinie. Zwölf Jahre später, 1975, eröffnete er mit seiner damaligen Frau Rosala Mera an der schicken Shoppingmeile von La Coruña eine Modeboutique namens Zorba.[43]

Als sie entdeckten, dass es in der Stadt bereits ein Café gleichen Namens gab, änderten sie den Boutiquenamen in Zara ab.

Für seine Kleidung folgte Ortega einem altbewährten Modell: saisonale Kollektionen aus trendigen Raubkopien, die ausnahmslos in Spanien produziert wurden. Dieser Ansatz funktionierte so gut, dass aus dem einzigen Laden 14 Jahre später 85 geworden waren – nur in Spanien –, die höchst profitabel waren. Aber Ortega wollte mehr.

Quick Response hieß der Schlüssel zum Erfolg. Wenn Ortega seinen schnellen Produktionsprozess mit Direktvermarktung verschmelzen würde, könnte er alles – Trends, Umsätze, Gewinne – ankurbeln. Da er nur den heimischen Markt bediente und die Entfernungen somit kurz waren, ließ sich die Kleidung schnell in die Läden bringen, schnell verkaufen und schnell nachliefern. Vorbei die Idee der Saisonware; Zara verkaufte am laufenden Band neue Stile. Durch diese regelmäßigen Aktualisierungen wurden Kunden dazu verleitet, öfter vorbeizuschauen – und gingen mit mehr Ware nach Hause. Ortega bezeichnete seine neue Methode als »Instant Fashion«. Für die Bekleidungsbranche war Ortegas Ansatz ein Paradigmenwechsel. Die steigende Nachfrage zwang ihn dazu, die Produktion nach Marokko jenseits der Straße von Gibraltar zu verlagern. Dort gab es mehr und billigere Arbeitskräfte als in Spanien. Und die Fabriken waren dennoch noch in Reichweite – was eine einfache Qualitätskontrolle und schnelle Lieferung ermöglichte. Das Ergebnis: höhere Gewinnmargen.

Bei Ortegas Mitbewerbern wie Gap, Urban Outfitters, H&M oder Benetton blieb all dies nicht unbemerkt. Wie Zara stibitzten auch sie Entwürfe von

Top-Modehäusern, kopierten sie mit Stoffen von schlechterer Qualität und boten sie den Verbrauchern im mittleren Marktsegment preisgünstig an. Produktion und Vertrieb wurden so sehr beschleunigt, dass diese Gruppe von Marken den Namen »Fast Fashion« erhielt. Und sie würde den Planeten neu formen.

Ein Jahrzehnt nachdem Ronald Reagan seine Idee, die USA, Kanada und Mexiko zu einem »gemeinsamen Markt« werden zu lassen, lanciert hatte, wagten der amerikanische Präsident George H. W. Bush und der kanadische Premierminister Brian Mulroney den ersten Schritt und unterzeichneten das Kanadisch-US-Amerikanische Freihandelsabkommen. Kurz darauf wurde auch der mexikanische Präsident Carlos Salinas de Gortari mit ins Boot geholt und das Abkommen in North American Free Trade Agreement (Nordamerikanisches Freihandelsabkommen, NAFTA) umbenannt. Allerdings sollten bis zum endgültigen Abschluss der Verhandlungen noch einige Jahre vergehen.

Infolge der NAFTA wurden die meisten Zölle abgeschafft[44] – ein Segen für die amerikanische Wirtschaft, wie Befürworter argumentierten, da die mexikanischen Zölle auf US-amerikanische Waren vormals bei durchschnittlich 10 Prozent gelegen hatten. Außerdem entstand so ein Markt mit über 360 Millionen Verbrauchern und einer jährlichen Wirtschaftsleistung von insgesamt mehr als 6 Billionen Dollar. Die Menschen sollten mehr kaufen und dadurch die Produktion in den US-amerikanischen Unternehmen ankurbeln. »NAFTA bedeutet Arbeitsplätze, amerikanische Arbeitsplätze, gut bezahlte amerikanische Arbeitsplätze«, sagte der US-amerikanische Präsident Bill Clinton im September 1993 während des Auftaktes seiner Kampagne, um das Abkommen durch den Kongress zu bekommen.[45]

Nicht alle stimmten dem zu. Der texanische Milliardär Ross Perot, der 1992 als unabhängiger Präsidentschaftskandidat gegen Clinton und George H. W. Bush antrat, prophezeite, durch NAFTA würden sich die amerikanischen Unternehmen mit »giant sucking sound« (mit lautem Sauggeräusch) in Richtung Mexiko mit seinen billigen Arbeitskräften verabschieden.[46] Dazu warf Perot mit Zahlen um sich, wie etwa der Behauptung, 85 Millionen Amerikaner könnten ihren Arbeitsplatz verlieren, welche die *New York Times* in einem Leitartikel als »absurd« abtat. Natürlich waren sie völlig übertrieben, aber mit seiner Kernaussage lag er dennoch richtig: US-amerikanische Unternehmen verlagerten ihre Produktion tatsächlich nach Mexiko und anderswo. Bis 2006 hatte NAFTA zum Verlust von mindestens einer Million Arbeitsplätzen geführt – oder gar noch mehr, wie einige Analysten schätzten – und den Untergang einiger einst florierender heimischer Industriezweige, allen voran die Textil- und Bekleidungsindustrie, herbeigeführt.[47]

Das alles hielt Regierungen nicht davon ab, neue Handelsabkommen, welche die Produktionsverlagerung ins Ausland förderten, abzuschließen, ohne verbesserte Kontrollvorschriften oder deren Durchsetzung zu regeln. 2001 trat China der interstaatlichen Welthandelsorganisation (WTO) mit Sitz in Genf bei, die den Welthandel regelt. Zwei Jahre später, 2003, kündigte die Weltbank an, dass die Abschaffung von Handelssubventionen, Handelshemmnissen und Zöllen die Löhne von 320 Millionen Arbeitnehmern bis 2015 über die Armutsgrenze von 2 Dollar pro Tag anheben würde.[48] Drei Jahre später revidierte die Bank diese Zahl: Die Produktionsverlagerung in Billiglohnländer würden tatsächlich nur 6 bis 12 Millionen Menschen in ihrer monatlichen Lohntüte zu spüren bekommen.

Unterdessen verfünffachten sich Chinas Bekleidungsexporte in die USA zwischen 2003 bis 2013, obwohl die Zölle auf Bekleidung bis zu 13,2 Prozent betrugen – fast zehnmal so viel wie auf die meisten anderen Importprodukte.[49] Dies zeigte, wie wenig die Produktion von Mode kostet: Sogar bei solch hohen Zöllen konnte jeder entlang der Lieferkette, einschließlich Markeninhaber, einen anständigen – oder mehr als anständigen – Gewinn erzielen.

Was war passiert?

Der globale Boom von Fast Fashion war eingetreten.

In den 1990er-Jahren entwickelte sich die Fast Fashion-Branche, wie auch der Rest der Bekleidungsindustrie, in einem ziemlich hohen Tempo. Im Jahr 2000 beliefen sich die privaten Konsumausgaben für Bekleidung und Accessoires weltweit auf fast 900 Milliarden Dollar, gleichmäßig aufgeteilt auf die wichtigsten Märkte: die USA 29 Prozent, Westeuropa 34 Prozent und Asien 23 Prozent.[50] Schon damals war der Anteil der Fast Fashion beträchtlich. 2001 hatte Zara weltweit 507 Filialen und benötigte nur fünf bis sechs Wochen, um Kleidung zu entwerfen, zu produzieren und in die Läden zu bringen.[51] Dagegen brauchten die traditionellen Marken dafür gerne mal sechs Monate. Im Mai desselben Jahres notierte die Zara-Mutter Inditex an der Madrider Börse einen Anteil an der Marke von 26 Prozent, Ortega selbst hielt zu diesem Zeitpunkt mehr als 60 Prozent.[52]

Der Börsengang ermöglichte die weitere Expansion. Zwischen 2001 und 2018 – als die Handelsbarrieren fielen und die Globalisierung ihren Höhepunkt erreichte – eröffnete Zara fast 1700 neue Läden und hob damit die Gesamtzahl an auf insgesamt 2200 Geschäfte in 99 Ländern.[53] In der Regel suchte man die Nähe zu Geschäften von Luxusmarken wie Louis Vuitton oder Gucci, um einerseits den Reiz dieser schicken Häuser zu nutzen und andererseits deren reiche Kunden anzuziehen.

Während der ganzen Zeit hielt sich Inditex weitgehend im Hintergrund. Keine Interviews, keine Werbung, keine Fotos – nicht einmal von Ortega; von ihm gibt es nur sehr wenige öffentliche Bilder, und über sein Privatleben ist nur wenig bekannt: Von seiner Frau Rosa, mit der er Inditex gegründet hatte, ließ er sich 1986 scheiden; sie verstarb 2013. 2001 heiratete er wieder. Ein Freund, ein für *Women's Wear Daily* tätiger ehemaliger Wirtschaftsjournalist, erzählte mir, dass er zehn Jahre lang fast täglich in der Inditex-Zentrale angerufen um ein Interview gebeten und immer wieder die gleiche Antwort erhalten hatte: »Heute nicht.« 2015 erhielten Imran Amed, der Gründer des unternehmerfreundlichen Online-Modeportals *Business of Fashion*, und einer seiner Journalisten eine von Inditex unterschriebene Einladung in das Hauptquartier in La Coruña. Das Portal veröffentlichte anschließend einen schmeichelhaften Artikel, der einen von den Verantwortlichen abgesegneten Einblick in das Wirken des Unternehmens gewährte.[54] Amed war erstaunt über das, was er sah. »Die Größenordnung war außergewöhnlich, ebenso wie sie sich alles ausgedacht haben, von der Größe der Kleiderbügel bis hin zur Aufbewahrung«, erzählte er mir. »Sie optimieren wirklich jeden einzelnen Schritt.«[55]

Auf dem Campus der Firma in La Coruña verarbeitet ein Rechenzentrum rund um die Uhr summend und surrend Informationen über Lieferketten,

Vertrieb, soziale Medien, Treibhausgasemissionen, Energieverbrauch und vieles mehr – alles mit dem Ziel, Zeit-, Ressourcen- und Geldverschwendung zu vermeiden.[56] »Hier lässt sich die ganze Welt kontrollieren«, erklärte Jess Echevarra, der Pressesprecher von Inditex, den Vertretern von *Business of Fashion.*

Zweimal pro Woche versorgt Inditex die 6500 Boutiquen der Gruppe und die Depots für den Online-Handel mit neuen Artikeln.[57] Um zu verstehen, wie sich dieser Nonstop-Zyklus der Bestandsaktualisierung und Bevorratung auf die Umsätze auswirkt, muss man wissen, dass die Kunden in den Filialen der meisten Fast Fashion-Marken viermal jährlich einkaufen, bei Zara dagegen 17-mal.

Wenn ein neuer Stil nicht binnen einer Woche vergriffen ist, wird er aus dem Verkauf genommen, und die Fertigungsaufträge werden storniert.[58] Verführt er die Kunden jedoch – ein Phänomen, das die Datenanalysten in La Coruña sofort registrieren –, wird umgehend nachgeordert und in kleinen Auflagen in Fabriken in Spanien, Portugal und Marokko – nur einen Katzensprung vom Hauptquartier entfernt – gefertigt. Nach ungefähr einem Monat läuft der Stil aus und wird durch einen anderen ersetzt.

Diese geschickten Praktiken machen Zara etwa viermal profitabler als seine Mitbewerber und erklären, warum Ortega regelmäßig in *Forbes*' Top Ten der reichsten Personen der Welt auftaucht; ab und an ist er sogar die Nummer eins. Als größter Anteilseigner von Inditex verdiente er zwischen 2009 und 2014 45 Milliarden Dollar. 2011 erklärte er seinen Rücktritt[59], gab die Kontrolle allerdings erst 2017 ab. 2018 erntete er weiterhin die Früchte: 348 Millionen Euro an Dividenden. *Forbes* erklärte dazu: »Mit einem Vermögen von 70 Milliarden Dollar (circa 63 Milliarden Euro) wäre Ortega die sechstreichste Person der Welt – nach Jeff Bezos, Bill Gates, Warren Buffett, Bernard Arnault und Mark Zuckerberg«.[60] Zum Vergleich: 2017 betrugen die Jahresumsätze von Zara »nur« 19 Milliarden Dollar.[61]

Mitbewerber folgten erneut Zaras Beispiel und eröffneten ebenfalls Hunderte von Filialen auf der ganzen Welt. Mithilfe von neuen Digital- und Kommunikationstechnologien wurden die Betriebe weiter optimiert, Fertigungszyklen gestrafft und die Produktion weiter gesteigert. Zwischen 2000 und 2014 verdoppelte sich die Zahl der produzierten Kleidungsstücke auf 100 Milliarden pro Jahr – oder, wie McKinsey-Forscher vorrechneten: im Schnitt 14 neue Kleidungsstücke pro Jahr für jeden einzelnen Erdenbürger. Auch die Zersplitterung der Lieferkette schritt weiter voran: Stoff wurde an einem Standort gewebt und gefärbt, an einem anderen geschnitten, an einem dritten genäht und an einem vierten mit Reißverschlüssen und Knöpfen versehen. Und für die Veredelung – beispielsweise Used Look oder Stickereien – war ein weiterer Standort in einem anderen Land verantwortlich. Fast jeder Schritt wurde und wird weiterhin von Vertragsfirmen oder Subunternehmern ausgeführt, denn eigene Fabriken haben nur noch die wenigsten Modeunternehmen.

Der Transport findet bevorzugt auf dem Seeweg statt. Der braucht zwar Zeit, kostet aber wesentlich weniger als per Flugzeug. Um diesen Prozess zu beschleunigen und die Kosten weiter zu senken, geht das Gerücht, dass ein großes Fast Fashion-Unternehmen Frachtschiffe mit Nähmaschinen und anderen Produktionsanlagen umgerüstet hat, um die Kleidung während der Seereise in internationalen Gewässern zu fertigen.

Da Fast Fashion-Unternehmen stets den niedrigsten Fertigungspreisen hinterherjagen, können sie die Einzelhandelspreise senken, ohne ihre Gewinne zu schmälern. Zwischen 2000 und 2014 schossen die realen Verbraucherpreise in den USA um 50 Prozent in die Höhe[62], während die Preise für Bekleidung aber fielen[63]. In den Läden wimmelte es plötzlich von 5-Euro-T-Shirts und 20-Euro-Kleidchen – kaum teurer als die Spectator-Sports-Kleider, die Hattie Carnegie einst während der Wirtschaftskrise auf den Markt brachte. Preise, die die Kunden ermutigten, noch mehr zu kaufen. Und das taten sie. Wie McKinsey berichtete, »ist die Zahl der Kleidungsstücke, die der durchschnittliche Verbraucher jedes Jahr kauft, um 60 Prozent gestiegen«.[64] In nie dagewesener Geschwindigkeit verbrauchten Menschen Kleidung. »Wegwerfkleidung« wurde ganz normal.

Manche behaupten, Zara und seine Mitbewerber hätten die Mode demokratisiert, indem sie Haute Couture massentauglich gemacht haben. Anna Wintour, die Herausgeberin der amerikanischen *Vogue*, erzählte mir einmal: »Je mehr Leute sich Mode leisten können, umso besser«. Aber dieses Prinzip nutzt auch unsere Verunsicherung und unsere immer kürzer werdenden Aufmerksamkeitsspannen aus. Wir sind anfällig für die Flut von Modebildern – in den sozialen Medien, im Fernsehen, auf Plakatwänden, in der Presse –, die uns anflehen, uns herausfordern, uns daran zu versündigen, was ein Manager einst als »temporären Schatz«[65] bezeichnete.

Die Zielgruppe von Fast Fashion ist jung – 18 bis 24 Jahre alt, eine demografische Gruppe, die gekaufte Kleidung nicht arg lang trägt. Einer Studie der Einzelhandelsberatungsunternehmen Kurt Salmon zufolge kauft ein Drittel dieser Gruppe alle 14 Tage ein Kleidungsstück, 13 Prozent sogar allwöchentlich. Sie bestellen online, und bei den Jüngeren unter ihnen – den 18- bis 20-Jährigen – wollen 20 Prozent die Lieferung noch am gleichen Tag erhalten. Sie ziehen das erworbene Kleidungsstück sofort an und machen Selfies, die sie auf Instagram oder Snapchat posten.[66] Danach werfen sie es weg, verschenken es oder verkaufen es, um erneut shoppen gehen zu können.

Dieser Strudel hat sich in jedes Segment der Mode hineingefressen. »Selbst für die Fertigung von Designerkollektionen gelten heute ein industrielles Tempo und industrieller Maßstab […], um gegen Fast Fashion-Giganten wie Zara und H&M bestehen zu können«, beklagte der französische Designer Jean Paul Gaultier bereits 2016.[67] 2015, im 40. Jahr des Bestehens seiner Firma, zwang ihn dieser Hamsterrad-Zyklus dazu, auf Konfektionskleidung zu verzichten und sich ausschließlich auf Maßanfertigungen zu konzentrieren. »Das Ganze funktioniert nicht … Es gibt nicht genug Menschen, um sie zu kaufen. Wir stellen Kleidung her, die nicht zum Tragen bestimmt ist«, sagte er. »Zu viele Kleidung tötet Kleidung.«[68]

Trotzdem kaufen wir sie immer wieder und werfen sie weg, was die Fast Fashion-Industrie unvermindert dazu anregt, die Ideen anderer Designer zu stehlen. In den frühen 2010er-Jahren hatte Mary Katrantzou die Nase so voll von den Diebstählen des irischen Einzelhändlers Primark, dass sie einen Anwalt einschaltete. Sie war nicht die Erste, die eine Fast Fashion-Marke wegen Urheberrechtsverletzungen verklagte; 2011 veröffentlichte *Forbes* einen Bericht, wonach Forever 21 etwa 51-mal verklagt worden sei. Alle Fälle wurden beigelegt, gegen Bezahlung einer Summe, über die man sich ausschwieg. Manchmal wurden die Beträge dennoch bekannt: Es waren Almosen im Vergleich zu den Gewinnen, welche die betroffenen Marken anhäufen.[69]

2011 zahlte Primark an den Textildesigner Ashley Wilde 140 000 Dollar, strich im selben Jahr aber mehr als 480 Millionen Dollar Gewinn ein[70].

Wenngleich die bezahlte Summe gering war, hat sich die Klage nach Katrantzous Meinung dennoch gelohnt – ihr primäres Ziel war es, Primark am Verkauf der Imitate zu hindern. »Nach monatelangen Diskussionen – sie stellten sich tot – lautete die Antwort, die wir erhielten, dass es sich nicht wirklich auf meine Arbeit bezöge. Es soll sich auf einen brasilianischen Designer bezogen haben, von dem ich noch nie gehört hatte«, erzählte sie mir. »Ich flog hin und schaute mir den brasilianischen Designer an: Er hatte mich tatsächlich kopiert. Eine 100-prozentige Kopie!« Es scheint, als glaubten Fast Fashion-Unternehmen, sie hätten den Urheberrechtsschutz um eine Ebene erweitert, wenn ihre Designer von weniger bekannten Kopierern abkupferten.

»Das Ganze zog sich acht Monate hin«, fuhr sie fort, »und am Ende stimmte Primark zu, die gesamte Ware aus dem Verkauf zu nehmen. Doch zu diesem Zeitpunkt gab es gar keine Ware mehr. « Sie sah mich mit aufgerissenen Augen an und seufzte. »Sie hatten alles verkauft.«

DUSTRIES LTD

ZWEI

Der Preis der rabiaten Mode

In der obersten Etage des Bendix Building, einem heruntergekommenen elfstöckigen Büroturm im neugotischen Stil im Herzen des Modeviertels von Los Angeles, sah ich durch angelehnte Metalltüren, wie Arbeiter in schlecht beleuchteten Räumen über Maschinen hingen und Kleidung nähten. Der Linoleumboden war mit Stoffbergen übersät und überall lagen Fäden, Stofffetzen und Wollmäuse herum.

Plötzlich wurden die Türen eine nach der anderen zugeknallt. Bam! Bam! Bam!

»Wow, das ging schnell«, stellte Mariela ›Mar‹ Martinez[1], eine Organisatorin der in Los Angeles ansässigen gemeinnützigen Organisation Garment Worker Center, fest. Irgendjemand hatte sie entdeckt und die Nachbarn alarmiert.

Wir stiegen die Treppe zum achten Stockwerk hinab, aber dort waren die Werkstatttüren ebenfalls bereits geschlossen und verriegelt. Unsere Anwesenheit hatte sich rasch im ganzen Gebäude herumgesprochen. Am Ende des Flurs blickten wir zum Allied Crafts Building jenseits der Straße hinüber, einem weiteren der zahlreichen trostlosen Türme in der Innenstadt, die sogenannte »Sweatshops« (»Ausbeutungsbetriebe«) beherbergen. Die Art-déco-Fassade bröckelte, und zahlreiche Fenster waren mit weißer Farbe blickdicht zugekleistert. Einige Fenster waren jedoch gekippt, sodass wir die Nähmaschinen rattern hörten.

Mit dem Aufzug fuhren wir zum Parterre zurück und gingen hinüber. In der Lobby befanden sich eine Scheckkasse und ein Lateinamerikaner, der mit einem Münztelefon telefonierte. Martinez erklärte, dass die meisten Sweatshop-Mitarbeiter in der Stadt Lateinamerikaner und die Fabrikeigentümer meistens Koreaner seien. Wir stiegen die Treppe zur dritten Etage hinauf, im Treppenhaus waren zahlreiche Fensterscheiben zerbrochen. Ein Mann in den 30ern – womöglich ein Manager – saß auf einer Stufe einer rostigen Feuertreppe und rauchte. »Würdest du da hinabsteigen?«, fragte mich Martinez. Die dünnen Kabel und beinahe 100 Jahre alten Wandhalterungen wirkten so, als würden sie dem Gewicht mehrerer Menschen nicht standhalten. Und wer den zweiten Stock, wo die Treppe endete, erreicht hatte, musste in einen Container springen.

»Ich nenne dies den ›weißen Lärm‹ von Los Angeles«, sagte Martinez, als wir das Gebäude wieder verließen. »Niemand sieht ihn oder nimmt ihn zur Kenntnis, aber er ist da.«

Los Angeles ist aktuell das größte Bekleidungszentrum der USA.[2] Die Entstehungsgeschichte der Bekleidungsindustrie in dieser Stadt geht zurück auf das frühe 20. Jahrhundert, als lokale Strickfabriken begannen, sich auf Badebekleidung zu spezialisieren. Bekannte Marken jener Zeit waren Cole of California und Catalina. Nach dem Zweiten Weltkrieg wuchs die Branche weiter, als der »California Look«, ein lässig-schicker Stil mit leichteren Stoffen, im ganzen Land populär wurde. Schließlich verdrängte Los Angeles in den frühen 1990er-Jahren New York als Zentrum der heimischen Modefertigung – steigende Immobilienpreise in Midtown und das Freihandelsabkommen NAFTA waren ein fataler Doppelschlag für den Garment District gewesen. 2017 erfuhr ich von Ilse Metchek, Präsidentin des kalifornischen Modeverbandes California Fashion Association, dass die Bekleidungsindustrie in Los Angeles einen Jahresumsatz von etwa 42 Milliarden Dollar erzielt. Martinez'[3] Schätzung zufolge arbeiten etwa 45 000 Menschen in der lokalen Bekleidungsindustrie, von denen nur etwa die Hälfte ganz offiziell registriert ist und mindestens den kalifornischen Mindestlohn erhält, der 2017 bei 10,50 Dollar pro Stunde lag.

Die andere Hälfte ist nicht erfasst und näht in geheimen Fabriken Kleidung für heimische Marken für nur 4 Dollar pro Stunde. Kein Überstundenausgleich. Keine Krankenversicherung. Entsetzliche Arbeitsbedingungen. Doch die großen Marken im mittleren Marktsegment, die ihre Waren von diesen Sweatshops beziehen, verkünden, ihre Produkte seien »Made in the USA«, als würde ein solches Prädikat automatisch Rechtsgültigkeit, Seriosität und bessere Qualität gegenüber im Ausland produzierter Ware implizieren. Es ist nicht mehr als ein Marketingtrick, mit dem Unternehmen zwar an den Patriotismus der Verbraucher appellieren, gleichzeitig aber die nationalen Arbeitsgesetze mit Füßen treten.

Sweatshops gab es in den USA schon immer. Zu Zeiten von Richard Arkwright war fast jede Fabrik ein Sweatshop. Gleiches galt auch für die New Yorker Fabriken an der Lower East Side im späten 19. und frühen 20. Jahrhundert. Als Gewerkschaften und Arbeitsgesetze ihr Aus herbeiführten, verschwanden sie in die Illegalität. Von der organisierten Kriminalität betrieben, wurden heimische Sweatshops zu geheimen Drehkreuzen für Menschenhandel und Geldwäsche. Ab und an flog mal einer auf und machte Schlagzeilen, aber insgesamt ist die Szene furchterregend. 1995 durchsuchten Mitarbeiter der Bundespolizei und der kalifornischen Polizei in El Monte, einem Vorort von Los Angeles, eine illegale Fabrik, die von Stacheldraht und Metallzäunen mit scharfen Spitzen umgeben und von einem Wachdienst bewacht wurde. Dort entdeckten sie 72 thailändische Arbeiter, die als Sklaven gehalten wurden, 750 000 Dollar in Banknoten und Goldbarren sowie Aufzeichnungen, aus denen Banküberweisungen in Höhe von einigen Hundertausend Dollar hervorgingen.[4]

Der gegenwärtige Widerstand gegen die Globalisierung und der damit einhergehende Ruf nach Protektionismus und Kauf von amerikanischen Produkten haben die marktbeherrschende Stellung der heimischen Sweatshops vor allem in Los Angeles verstärkt, nicht zuletzt wegen der vielen illegalen Einwanderer, die dort leben. 2016 veröffentlichte das Labor Center der Universität von Kalifornien eine von Martinez mit verfasste Studie unter Arbeitern in der Bekleidungsindustrie in Los Angeles.[5] Dabei gaben 72 Prozent an, die Fabriken wären dreckig, 60 Prozent erwähnten, die Fabriken seien schlecht belüftet und würden zu Atemwegsbeschwerden führen, 47 Prozent berichteten von ekelhaften Toiletten und 42 Prozent hatten schon mal Ratten gesehen. Den Recherchen zufolge zählten zu den Marken, die angeblich unter solchen Bedingungen produzieren ließen, Forever 21, Wet Seal, Papaya und Charlotte Russe.

2016 warf das amerikanische Arbeitsministerium den oben genannten und auch anderen Bekleidungsproduzenten in Südkalifornien vor, zu 85 Prozent der Zeit gegen grundlegende Bundesbestimmungen wie Mindestlohn und Überstunden zu verstoßen, und zwang sie zur Zahlung von insgesamt 1,3 Millionen Dollar an Lohnnachzahlungen und Bußgeld.[6] (Forever 21 und Russe erklärten später, sie nähmen Arbeitsfragen »sehr ernst«. Forever 21 fügte noch hinzu, »diese Unternehmen seien völlig unabhängig von Forever 21 und würden unabhängige Geschäftsentscheidungen treffen«.[7]) Die meisten jener Produzenten befanden sich »mitten im Modeviertel – nur 20 Blocks vom Rathaus entfernt«, sagte die Koautorin der Studie Janna Shadduck-Hernéndez später.[8]

Genau das brachte Martinez auf die Barrikaden. Aufgewachsen war die junge Frau im Stadtteil South, nur wenige Kilometer vom Garment Worker Center entfernt. Ihre Eltern arbeiteten in der anerkannten Bekleidungsindustrie vor Ort – ihr Vater an einer Stickmaschine, ihre Mutter als Schneiderin von Mustern für Modemarken. Schon während ihrer Schulzeit war sie als Menschenrechtsaktivistin aktiv, und als Studentin an der Brown University im Bundesstaat Rhode Island an der Ostküste der USA wurde sie Mitglied der Jugendorganisation United Students Against Sweatshops (USAS), die sich mithilfe von Kampagnen und Boykotts für Veränderungen in der Bekleidungsindustrie einsetzt. Nach ihrem Studium kehrte sie nach Los Angeles zurück und trat als Organisatorin dem Garment Worker Center bei. An zwei Nachmittagen der Woche trifft sie sich in den fensterlosen Büros des Centers in einem verwahrlosten einstöckigen Gebäude in der Los Angeles Street mit Arbeitern und hört sich deren Beschwerden an.

»Lohndiebstahl« ist allgegenwärtig und weitverbreitet. Dies ist der Fall, wenn Arbeitern deutlich weniger als der gesetzliche Mindestlohn bezahlt wird. In der Regel wenden sich Betroffene direkt an den Arbeitgeber und versuchen, einen Deal auszuhandeln. Ist der Diebstahl extrem gravierend, bietet sich der Gang zu einer staatlichen beziehungsweise Bundesbehörde, wie dem amerikanischen Arbeitsministerium, an. Die leitet dann eine Untersuchung ein, die sogar zu einer Hausdurchsuchung führen kann. Martinez begleitet die Beamten bei solchen Razzien, und manchmal entdeckt sie dabei, wie sie mir erzählte, Etiketten von Marken, die ihre Kleidung als »Sweatshop-frei« vermarkten. Treffen die Beschuldigungen zu, bedienen sich die Marken oftmals der Schutzbehauptung, sie wüssten nicht, dass ihre »Vertragsbetriebe« in Sweatshops fertigen ließen. Dieses Sub- oder Nachunternehmertum ist in der Bekleidungsindustrie ebenfalls weit verbreitet und führt zu einer stark zersplitterten Lieferkette, in der Arbeitnehmer großen Risiken ausgesetzt sind.

Anschließend reichen entweder Martinez oder Regierungsbeamte gegen den Unternehmer – oder den Subunternehmer, Auftragnehmer, die Marke oder den Einzelhändler – eine Klage auf Lohnnachzahlung ein: Zahlung der Differenz zwischen Mindestlohn und dem, was den Betroffenen tatsächlich bezahlt wurde. »Danach lässt der Betreiber den Sweatshop entweder schließen oder führt ihn unter einem anderen Namen fort«, sagte sie. »Sie verwenden gefälschte Papiere oder lassen die Fabrik auf einen Namen registrieren, der nicht der des Arbeitgebers ist. Das gilt es dann zu lösen.«

Wenn es Martinez einmal gelingt, ihre Forderung durchzusetzen, beträgt die geschuldete Summe in der Regel »nicht einmal die Hälfte dessen, was tatsächlich geschuldet wird«, sagte sie. »Wir haben Lohnforderungen, die sich auf bis zu 50 000 Dollar belaufen, Schadensersatzansprüche exklusive, und erhalten dann gerade mal 5000 oder 10 000 Dollar – höchstens. Und das auch nur, wenn sich die Betroffenen rechtlich vertreten lassen. Ohne diese Hilfe zahlt der Arbeitgeber 100, 200 Dollar, mehr nicht, und die meisten akzeptieren es, weil es mehr als nichts ist.«

»Nach solchen Treffen«, fuhr Martinez fort, »sagen Marken ihren Subunternehmern: ›Entweder du behebst dieses Problem oder du bekommst keine Aufträge mehr von uns.‹ Sie waschen ihre Hände in Unschuld. Wenn die Marke geht, hat der Subunternehmer kein Geld für die Begleichung der Lohnachzahlungen. Den Subunternehmern bin ich ein Dorn im Auge, aber sie sind wichtige Figuren in diesem System. Wenn jeder Bekleidungsarbeiter in Los Angeles seine Lohnforderung einreichen würde, käme ein Millionenbetrag zusammen – Millionen, die in den Taschen der CEOs verschwinden.« Und der Aktionäre.

Sie sah mich niedergeschlagen an. »Schau, wir alle wissen, dass unser Zeug in Sweatshops hergestellt wird«, sagte sie. »Aber wir verdrängen es gern. Es interessiert niemanden.«

Damit seine Spinnereien erfolgreich waren, brauchte Richard Arkwright Baumwolle. Viel Baumwolle. Und dank des weltumspannenden Handelsroutennetzes des britischen Empire war Baumwolle in großen Mengen verfügbar. Denn im 18. Jahrhundert war Baumwolle der wirtschaftliche Eckpfeiler der britischen Kolonien in Übersee und in der Karibik. Sklaven bauten sie an, ernteten sie und verluden sie auf Schiffe, welche die Ware zu Arkwrights Fabriken in England transportierten. Wie Karl Marx, der Koautor des Kommunistischen Manifests, später bemerkte: »Ohne Sklaverei keine Baumwolle; ohne Baumwolle keine moderne Industrie.«[9]

Um die Baumwolle zu spinnen, brauchte Arkwright Armeen von Arbeitern. Zu Hunderten strömten die Armen, meistens Frauen, aus Stadt und Land herbei. Die Männer blieben auf dem Hof, um die Felder zu bewirtschaften. Vor Arkwright waren die Frauen Hausfrauen und zogen ihre Kinder groß. Durch ihn wurden sie zu Lohnarbeiterinnen. Dann heuerte er auch deren unbeaufsichtigte Kinder an, denen er jedoch nur einen Bruchteil dessen bezahlte, was die Erwachsenen erhielten.

Friedrich Engels, Sohn eines deutschen Textilmagnaten und Lehrling in der Baumwollindustrie in Manchester, war so entsetzt über das, was er dort sah, dass er das Buch *Die Lage der arbeitenden Klasse in England* verfasste, das 1845 in deutscher Sprache erschien. Die Arbeiter seien »entmenscht« und »ihre Wohnungen ärmlich«, schrieb er.[10] Die durchschnittliche Lebenserwartung der Arbeiterklasse in Manchester betrug 17 Jahre[11]. Epidemien – Cholera, Pocken, Scharlach – waren in Liverpool »dreimal tödlicher« als auf dem Land[12], der Alkoholismus nahm zu und auch die »Menge schwankender oder in den Rinnsteinen liegender Betrunkener«.[13] Die Hälfte der britischen Fabrikarbeiter waren Frauen; sie kosteten weniger und waren fügsamer als Männer. In den 1840er-Jahren war die Hälfte der Arbeiter nicht mal 18 Jahre alt – zur Hälfte männlich, zur Hälfte weiblich. Das »Eintrittsalter« betrug in der Regel gerade mal acht oder neun Jahre.[14]

Die endlosen Stunden, die Kinder stehend im Cottonopolis verbrachten, führten dazu, dass sie in ihrem Wachstum gehemmt wurden und zahlreiche Beschwerden wie chronische Rückenschmerzen, Krampfadern und große, infizierte Geschwüre an ihren Beinen davontrugen[15]. Allein im Sommer 1843, so *The Manchester Guardian*, starb ein Junge an Wundstarrkrampf, nachdem seine Hand zwischen Rädern pulverisiert worden war, geriet ein weiteres Kind in ein Zahnrad und wurde zu Tode gequetscht, und ein Mädchen geriet in eine Schlinge und wurde 50-mal um die Maschine gesponnen.[16] Da überrascht es nicht, dass die Kinderarbeiter versuchten, dem zu entfliehen. Einige versteckten sich in Lagerräumen zum Schlafen – bis sie von den Chefs gefunden und verprügelt wurden. Die Geschichten, die der ehemalige Fabrikjunge Robert Blincoe 1832 in seinen Memoiren aufzeichnete, waren so erschütternd, dass das Buch womöglich Charles Dickens zu *Oliver Twist* inspirierte.

Die Erwachsenen waren nicht weniger gefährdet. Stundenlang in falscher Haltung zu stehen, schwere Maschinen zu bedienen und schwere Lasten zu tragen, führte bei Frauen zu Beckendeformation, was in Fehlgeburten oder gar Todgeburten resultierte.[17] Vergewaltigungen am Arbeitsplatz waren an der Tagesordnung, vor allem in den nächtlichen Schichten stiegen die Schwangerschaftsraten rasant an. Der Faserstaub, den die Arbeiter in der Fabrik einatmeten, löste Atemwegsinfektionen, Asthma, »Blutspucken« und Schwindsucht aus. Manche trugen bei der Arbeit mit den Maschinen Verletzungen davon, wie »dem Verlust des ganzen Fingers, der Hälfte oder einer ganzen Hand, eines

Arms, etc.«. So gesehen war die Arbeit in den Spinnereien, so Engels, eine neue Form von Sklaverei.

Der öffentliche Aufschrei drängte die britische Regierung schließlich dazu, eine Reihe von Gesetzen über Arbeitsbedingungen und Löhne zu verabschieden. Aber die neuen »Fabrikgesetze« wurden ignoriert, da, wie Engels betonte, die »etwaige Strafe doch sehr gering ist gegen den Nutzen«[18]. Am ärgerlichsten war jedoch das, was Engels als die »Heuchelei unter den besitzenden Klassen« Englands betrachtete. Mit ihren »Wohltätigkeitskitzel« bejubelten sie sich selbst als »gewaltige Wohltäter der Menschheit«, wenn sie mit solchen wohltätigen Spenden »dem Ausgesogenen den hundertsten Teil dessen wiedergeben, was ihm zukommt!« Er glaubte, dass dies das schlimmste Verbrechen überhaupt war.[19]

Als die Bekleidungsindustrie im 19. Jahrhundert nach Amerika übersiedelte, zogen auch die Arbeitsmissstände mit um. Und auch dort erwies sich die Wohltätigkeit größtenteils als wirkungslos. Aber es gab Ausnahmen. 1890 gründeten zwei junge, wohlhabende Reformerinnen – Josephine Shaw Lowell, die Witwe des Neffen von Francis Cabot Lowell, der im Bürgerkrieg gefallen war, und Maud Nathan, eine sephardische Jüdin, die mit einem Börsenmakler verheiratet war – die Consumers League of New York City.[20] Diese gemeinnützige Organisation entsprang einer Gruppe von Frauen aus der Mittelschicht, die sich der Verbesserung der Beschäftigungsbedingungen in der lokalen Bekleidungsindustrie verschrieben hatte. Sie taten dies nicht nur aus bürgerlichem Pflichtbewusstsein, sondern auch aus persönlichen Motiven: Nicht nur die Berichte über die Ausbeutung von Arbeiterinnen und Kindern beunruhigten sie sehr, sondern auch jene über die Gefahr, sich über Kleidung mit Krankheitserregern anstecken zu können, bereiteten ihnen große Sorgen.

Daraufhin beschloss das amerikanische Repräsentantenhaus, die amerikanische Bekleidungsindustrie auf den Prüfstand zu stellen, und nahm überwältigende Beweise für die Notwendigkeit von Reformen entgegen.[21] Aber es änderte sich nichts. Deshalb startete die Aktivistin Florence Kelley einen regelrechten Kreuzzug für die Abschaffung der amerikanischen Sweatshops.

Als erste Generalsekretärin der National Consumers League – eines 1899 gegründeten landesweiten und gemeinnützigen Dachverbandes von lokalen Verbraucherorganisationen – führte sie ins Feld, dass moderne Mechanisierung und einheitliche, gerechte Löhne die effektivste Art der Produktionskostensenkung sei. Tatsächlich glaubte sie, dass das Sweatshop-System die Kosten steigerte und die Eigentümer davon abhielt, in neue Maschinen zu investieren. Sie forderte Boykotts mit der Begründung: »Wenn die Menschen Marshall Field (eine Kaufhauskette in Chicago) und andere spüren lassen würden, dass sie bei ihnen keine in Sweatshops gefertigte Kleidung mehr kaufen, wäre der Spuk schnell vorbei.«[22]

1899 führte die National Consumers League das »White Label« ein – ein Gütesiegel, das Bekleidungsproduzenten erhielten, die Arbeits- und Sicherheitsgesetze sowie die organisationseigenen Standards respektierten. Das Gütesiegel stärkte die Verbraucher und forderte sie dazu auf, ihre Kaufentscheidungen aus ethischer Perspektive zu betrachten. »Entweder kaufen wir billige Unterwäsche, die gerecht und sauber produziert wurde, oder billige Unterwäsche, die entwürdigend und dreckig produziert wurde«, erklärte Kelley. »Von nun an sind nur wir selbst verantwortlich für unsere Entscheidung.«[23]

Einige Einzelhändler wehrten sich, nicht aber John Wanamaker, der Kaufhausmogul aus Philadelphia. Ganz im Gegenteil, denn er schloss sich der Kampagne zur Verbesserung der Arbeitsbedingungen an und förderte in seinem Geschäft den Verkauf von White-Label-Kleidung. Außerdem ließ er die Schaufenster in der Broad Street mit Tafeln bestücken, aus denen die Unterschiede zwischen Sweatshops und anerkannten White-Label-Fabriken hervorgingen.[24] Bilder jener Schaufensterausstellung wurden später auf internationalen Messen gezeigt. Fünf Jahre später hatten 60 amerikanische Produzenten die Zertifizierung erhalten und durften ihre Kleidung mit dem White Label auszeichnen.[25]

Ungeachtet dessen wurden in vielen Fabriken nach wie vor die Gesundheits- und Sicherheitsvorschriften kaum beachtet, wenn sie überhaupt Anwendung fanden. Ein häufiger Verstoß gegen bestehende Gesetze war das Verriegeln von Notausgängen, um Diebstahl durch Mitarbeiter zu verhindern.

Solche Maßnahmen führten nicht selten zu Katastrophen – wie dem Brand in der Triangle Shirtwaist Factory im Jahr 1911. Als Arbeiter versuchten, über die klapprige Feuertreppe zu fliehen, brach diese unter der Last zusammen. Dutzende Arbeiter sprangen aus Fenstern und vom Dach hinunter – viele mit brennenden Haaren und Kleidungsstücken. Insgesamt 146 Angestellte – 123 Frauen und 23 Männer – starben.[26] Es war die schlimmste Katastrophe an einem Arbeitsplatz bis zum 11. September 2001.

Dies zu ändern, sah Frances Perkins als ihre Aufgabe an. Als dynamische Verfechterin für mehr Arbeitnehmerrechte nahm sie 1910 ihre Arbeit als Geschäftsführerin der New York City Consumers League auf, wo sie mit Florence Kelley zusammenarbeitete. Nach der Katastrophe in der Triangle-Fabrik wurde Perkins Mitglied in der Industrial Commission des Bundesstaates New York, welche die Aufgabe hatte, Fabriken zu regulieren. In den 1930er-Jahren ernannte Präsident Franklin D. Roosevelt sie zur Arbeitsministerin – und somit zum ersten weiblichen Kabinettsmitglied der USA. Während ihrer zwölfjährigen Amtszeit – der längsten in diesem Amt – wurde eine Vielzahl von wegweisenden Gesetzen verabschiedet und zahlreiche Behörden geschaffen. Dazu zählten die Public Works Administration, eine Organisation zur Förderung der amerikanischen Wirtschaft, der Social Security Act, das Gesetz, das die Arbeitslosenversicherung, Sozialhilfe und Rentenleistungen regelte, sowie der Fair Labor Standards Act (FLSA), das Gesetz, mit dem der erste Mindestlohn des Landes festgelegt, Überstundenzahlungen garantiert, Kinderarbeit verboten und die 40-Stunden-Woche eingeführt wurden. Mit der FLSA wurde die amerikanische Produktion aufpoliert, und es brach eine goldene Ära für sie an.

Nicht jedoch für den Garment District.[27] Denn der blieb »ein Ort von schier unfassbaren Mengen an Ruß und Fusseln«, erinnerte sich Bill Blass. »Die Produzenten taten ihr Bestes, um eine Atmosphäre der Verachtung zu fördern … Auch diejenigen von uns, die aus dem Krieg nach Hause gekommen waren und noch eine Uniform trugen, durften nicht mit unseren Arbeitgebern im selben Aufzug fahren. Wir waren nur Hinterzimmer-Burschen in dem schmutzigen Geschäft, das alle schmutzige Geschäfte beenden sollte – Seventh Avenue.«[28]

Und so blieb es, bis die Bekleidungsindustrie die Produktion infolge der NAFTA ins Ausland verlagerte und die meisten Werkstätten geschlossen wurden. Produktionsverlagerung ins Ausland, das alte Sweatshop-System, war wieder zum Leben erweckt. In den Entwicklungsländern waren die Arbeitsgesetze weit weniger restriktiv, und Kontrollen gab es wenig oder gar keine. Da stellt sich schon die Frage, warum der Unterausschuss für Arbeitsmarktfragen des Repräsentantenhauses 1993, nicht einmal sechs Monate nach Inkrafttreten des NAFTA-Abkommens, Anhörungen abhielt über den Missbrauch von Arbeitern in einer honduranischen Fabrik, in der die amerikanische Damenbekleidungsmarke Leslie Fay fertigen ließ.

Lange Zeit war Leslie Fay die Vorzeigemarke der amerikanischen Modeindustrie. 1947 gegründet von Fred Pomerantz, einem Zigarre kauenden Bekleidungsmanager, der seit seinem elften Lebensjahr im Garment District gearbeitet hatte, war die Marke bekannt für ihre schmeichelhaften Kleider, die in der Fabrik in Wilkes-Barre von Gewerkschaftsmitgliedern genäht wurden.[29] Als Fred 1982 in Rente ging, wurde Kleidung dieses Labels landesweit in 13 000 Kaufhäusern und Fachgeschäften vertrieben, und die Firma erwirtschaftete einen beeindruckenden Jahresumsatz von 500 Millionen Euro.

Freds Sohn John, der seinen Abschluss an der Wharton School gemacht hatte, übernahm die Geschäfte im mittleren Alter und nach jahrzehntelanger Vorstandstätigkeit und führte das Unternehmen durch eine schwierige Zeit. Dies tat er mithilfe eines in den Boom-Jahren der 1980er beliebten Tricks der fremdfinanzierten Übernahme.[30] Zwei Jahre später brachte John Pomerantz eine zweite fremdfinanzierte Übernahme durch einen ehemaligen Manager der Firma und unabhängige Investoren weitere satte 41 Millionen Dollar ein.[31] Mit diesem immensen Reichtum wurden John und seine Frau Laura zu gern gesehenen Gästen der »New Society«, wie die amerikanischen Superreichen in jenem Jahrzehnt genannt wurden.

1986 war die Marke Leslie Fay wieder an der Börse notiert, und 1990 erreichte der Jahresumsatz beeindruckende 859 Millionen Dollar. John wurde zum Firmenchef und Laura, die ehemalige Investmentbankerin und Tochter eines Einzelhändlers, zu seiner Stellvertreterin ernannt.[32] Im Januar 1993 erhielt John Pomerantz während einer Geschäftsreise in Toronto einen Anruf vom Finanzvorstand Paul F. Polishan. »Wir haben ein Problem«, klang es unheilverheißend. »Vielleicht auch ein wenig mehr als nur ein Problem.«[33]

Kleine Bekleidungsunternehmen in Privatbesitz sind dafür bekannt, ihre Jahreszahlen von Saison zu Saison zu schönen, indem Bestellungen und Gewinne verbucht werden, bevor sie getätigt respektive verdient wurden. Leslie Fay war jedoch ein börsennotiertes Unternehmen, und ihre Zahlen waren mehr als nur geschönt: Als die Marke berichtete, sie hätte 24 Millionen Dollar verdient, hatte sie in Wahrheit einen Verlust in Höhe von 13,7 Millionen Dollar gemacht.

Als diese Nachricht sich verbreitete, stürzte die Aktie des Unternehmens ab, und die Aktionäre reichten eine Sammelklage ein. Zwei Monate später musste Leslie Fay Insolvenz beantragen. Pomerantz schwor, er hätte von dem Buchhaltungsbetrug nichts gewusst, der, wie er sagte, auf skrupellose Mitarbeiter zurückginge. (Polishan wurde später angeklagt und saß seine Strafe im Gefängnis ab.[34])

Die Führungskräfte in der Firmenzentrale in Wilkes-Barre arbeiteten einen Plan zur Kostensenkung aus, in dem auch die Verlagerung der Produktion kein Tabuthema mehr war. Bis dahin hatte sich Pomerantz erfolgreich dagegen gewehrt, weil er glaubte, dass die Fertigung im eigenen Land wegen der kurzen Wege zwischen Fabrik und Laden das bessere Geschäftsmodell war. Außerdem betonte er, er sehe es als eine Art moralische Verpflichtung an, die Fertigung im eigenen Land zu belassen.[35]

Mit der Insolvenz blieb nicht nur der gesunde Menschenverstand auf der Strecke, sondern auch die Moral. Leslie Fay lagerte die Produktion nach Honduras aus – fernab von der Firmenzentrale im Bundesstaat Pennsylvania im Nordosten der USA. Bald wurde klar, dass die Führungskräfte von Leslie Fay und von so vielen anderen amerikanischen Bekleidungsfirmen, die außerhalb der USA fertigen ließen, keine Ahnung davon hatten, wie die Kleidung ihrer Marke hergestellt wurde.

Denn das erfuhren sie peinlicherweise erst von Zeugen während der Kongressanhörungen in Wilkes-Barre im Jahr 1994. Unter anderem von Dorka Nohemi Diaz Lopez, einer 20-jährigen Honduranerin, die Kleider und Blusen für Leslie Fay genäht hat. Sie schilderte ihre Erfahrungen auf Initiative der gemeinnützigen Enthüllungsorganisation National Labor Committee (seit 2011 Institute for Global Labour and Human Rights) aus Pittsburgh, das sich der Beendigung von Menschenrechts- und Arbeitsrechtsverletzungen verschrieben hat. Lopez erzählte den Mitgliedern des Unterausschusses, dass in der Fabrik 13-jährige Mädchen arbeiteten und nur 40 bis 50 Cent pro Stunde verdienten; Leslie Fays Arbeiter in den USA erhielten 7,80 Dollar pro Stunde. Die Arbeitsbedingungen in der Fabrik in Honduras waren wie jene in Manchester vor langer Zeit. Die Mädchen berichteten von Schichten von zwölf Stunden oder mehr. Oft lagen die Temperaturen über 38 Grad Celsius, und es gab kein sauberes Trinkwasser. »Die Türen sind verriegelt«, bezeugte sie, »hinaus kommst du erst, wenn sie dich lassen.«[36]

Die heftigen Folgen waren bis in Leslie Fays Firmenzentrale in Wilkes-Barre zu spüren: Kinder von entlassenen Arbeitern schrieben an Pomerantz und fragten ihn, warum er ihren Eltern den Arbeitsplatz weggenommen habe, Prediger stellten das Unternehmen in Sonntagspredigten an den Pranger, entlassene Arbeiter inszenierten Proteste, die Regionalzeitungen druckten brutale Kommentare ab, in welchen sie Pomerantz für die Produktionsverlagerung ins Ausland verantwortlich machten. »Wir hatten immer das Gefühl, wir wären eine Familie«, sagte die 56-jährige Jeannie Kowalewski, seit 38 Jahren Maschinenführerin von Leslie Fay, dem Unterausschuss.

Pomerantz war erstaunt. In einem Brief an den Unterausschuss des Kongresses schrieb er: »Dies ist ein Scheinproblem. Die Abwanderung gering qualifizierter Arbeitsplätze … darum ging es in der NAFTA-Debatte, und diese Debatte ist vorbei.«

Zahlreiche amerikanische Bekleidungsunternehmen, darunter bekannte Namen wie Kathie Lee Gifford, J. Crew, Eddie Bauer und Levi Strauss, sahen sich ähnlichen Vorwürfen ausgesetzt. Als Reaktion darauf fingen einige an, eigene »Verhaltenskodizes« aufzustellen: Standards für Zulieferer, deren Einhaltung erwartet wird. Erwartung. Keine Verpflichtung. Alles freiwillig. Die Notwendigkeit von Verhaltenskodizes zeigte, in welchem scheinbar unlösbaren

Dilemma die Modeindustrie steckte: einerseits die Fertigung von Waren zum niedrigsten Preis und andererseits die Gewährleistung von sicheren, humanen Arbeitsbedingungen und anständiger Bezahlung.

Levi Strauss' Konzernleitung billigte den ersten Verhaltenskodex der gesamten Modebranche im März 1992[37] – vor dem Inkrafttreten des NAFTA. Der von einer internen Arbeitsgruppe der Firma namens »Sourcing Guidelines Working Group« (SGWG; Arbeitsgruppe für Beschaffungsrichtlinien) ausgearbeitete Kodex sollte »sicherstellen, dass die Menschen, die unsere Produkte in Vertragsfabriken herstellen, mit Würde und Respekt behandelt werden und unter sicheren und gesunden Arbeitsbedingungen arbeiten«, so das Unternehmen.[38] Als Leitfäden verwendete die SGWG die Menschenrechtserklärung der Vereinten Nationen und die Regeln der Internationalen Arbeitsorganisation (ILO): keine Kinder- oder Zwangsarbeit, keine Diskriminierung aufgrund von Geschlecht, Rasse oder Herkunft, gesetzliche Arbeitszeiten, faire Löhne, Arbeitgeberleistungen, Versammlungsfreiheit und Tarifverhandlungen, Einhaltung aller Gesundheits-, Sicherheits- und Umweltstandards durch alle bei der Fertigung von Kleidung involvierten Produzenten.

Die Motivation hinter diesem Schritt war fragwürdig. Levi Strauss führte seinen Kodex ein, kurz nachdem man den Vertrag mit einer Fabrik auf Saipan (amerikanisches Territorium), die einer Familie in Hongkong gehörte, wegen angeblicher Verstöße gegen Arbeitnehmerrechte gekündigt hatte[39]. Die Zustände in der Fabrik waren so schlimm wie jene in Entwicklungsländern: heruntergekommene Schlafsäle, endlose Überstunden, dreckige Toiletten, verriegelte Notausgänge und ein von Stacheldraht umgebenes Gelände, das von bewaffnetem Wachpersonal gesichert wurde. Da die Fabrik sich offiziell auf US-amerikanischem Boden befand, durften die Unternehmen, die ihre Ware dort fertigen ließen, darunter Levi's, Gap, Ralph Lauren und Liz Claiborne, ihre Produkte mit »Made in the USA« auszeichnen.[40] Wenige Tage nachdem Levi's seinen Kodex in Kraft gesetzt hatte, entdeckte das amerikanische Arbeitsministerium Verstöße gegen die nationalen Gesundheit- und Sicherheitsvorschriften in mehr als einem Dutzend auf Saipan ansässigen Fabriken, die ebenfalls im Besitz der gleichen Hongkonger Familie waren, und erhob

Anklage.[41] Schließlich wurde der Eigentümer zu Lohnnachzahlungen von mehr als 9 Millionen Dollar verurteilt.[42]

Um sicherzustellen, dass ihre Kodizes tatsächlich eingehalten wurden, beauftragten die Marken unabhängige Kontrolleure. Wie heute nach wie vor üblich, kündigten die Kontrolleure ihre Besuche im Voraus an, sodass die Fabriken rechtzeitig gereinigt werden konnten und die Arbeiter darauf vorbereitet wurden, was sie sagen durften. In einigen Ländern sollen beinahe die Hälfte aller Fabriken ihre Mitarbeiterakten aufpoliert haben, um Kontrollen leichter zu bestehen. Den Kontrolleuren fehlte es an Einblick, Bestechung war an der Tagesordnung. Und immer wieder wurden skandalöse Praktiken aufgedeckt.[43]

So flogen 2003 die amerikanischen Rap-Stars Sean »P-Diddy« Combs und Jay-Z auf, als herauskam, dass Kleidung für ihre Hip-Hop-Modemarken Sean John und Rocawear in honduranischen Sweatshops gefertigt worden waren. Bei einer Anhörung der Demokraten im Senat im November desselben Jahres berichtete Lydda Eli Gonzalez, eine 19-jährige honduranische Bekleidungsarbeiterin, über einen Dolmetscher von ihren schrecklichen Erfahrungen bei Southeast Textiles (SETISA). Grob geschätzt waren 80 Prozent der SETISA-Produktion für Sean John, die restlichen 20 Prozent für Rocawear.[44]

Das Industriegebiet, in dem sich SETISA befand, war von einer hohen Mauer umgeben. Der Zugang zum Gelände, ein verriegeltes Metalltor, wurde von bewaffnetem Wachpersonal gesichert. Die offiziellen Arbeitszeiten waren von 7.00 bis 16.45 Uhr, die Bezahlung lag bei 75 bis 98 Cent pro Stunde, unbezahlte Überstunden waren jedoch Usus. Die Sean-John-Hemden, von denen in der Fabrik mehr als 1000 am Tag gefertigt wurden, gingen in amerikanischen Kaufhäusern wie Bloomingdale's für umgerechnet 32 Euro pro Stück über die Ladentheke. »Schon ein einzelnes Hemd brachte mehr ein als ich in einer Woche verdiente«, so Gonzalez.[45]

»Von oben herab schrien die Aufseher uns an und brüllten, um uns anzutreiben, und beschimpften uns mit schmutzigen Bezeichnungen wie *maldito* [verdammte] Esel, Schlampe oder gar Schlimmeres«, fuhr sie fort. Die Temperaturen waren so hoch, dass die Arbeiter »den ganzen Tag schwitzten«. Ihre Haare waren voller Stofffasern und Staub und färbten sich »weiß oder rot oder was auch immer die Farbe der Hemden war, an denen wir arbeiteten«. Angeblich war das Trinkwasser mit Fäkalien belastet. Miteinander sprechen durften die Arbeiter nicht. Und die Toilette durften sie nur einmal am Vormittag und einmal am Nachmittag benutzen, und bevor sie hineingingen, wurden sie durchsucht.[46] Toilettenpapier oder Seife gab es nicht. Frauen wurden Schwangerschaftstests unterzogen, die bei positivem Ergebnis zur Entlassung führten. Beim Betreten der Fabrik wurde man jeden Tag gefilzt, und alles, was gefunden wurde, einschließlich Süßigkeiten oder Lippenstift, wurde beschlagnahmt. Gleiches passierte nachts beim Ausstempeln.

Combs begriff, dass diese Nachricht das Ende seiner Marke bedeuten könnte, und reagierte prompt. Nicht einmal zehn Wochen später gab das National Labor Committee (NLC; später unbenannt in Institute for Global Labour and Human Rights) bekannt, dass der Produktionsleiter der SETISA-Fabrik und dessen Stellvertreter entlassen worden waren, Überstunden fortan freiwillig waren und bezahlt würden, die Toiletten den ganzen Tag zugänglich wären, das Wachpersonal abgezogen wurde und neben einer Klimaanlage auch eine Wasseraufbereitungsanlage installiert wurde. Sämtliche Arbeitnehmer würden registriert werden, damit sie Zugang zum Gesundheitssystem bekämen, und ihnen wurde erlaubt, eine Gewerkschaft zu gründen. Auch die Abschaffung der Schwangerschaftstests stand im Raum.[47]

Nichtsdestotrotz blieben die Löhne hoffnungslos gering.

»Wirklich, man arbeitet nur für das tägliche Essen. Es ist unmöglich zu sparen. Und kaufen kann man nichts. Es reicht zum Überleben, mehr nicht«, sagte Gonzalez vor dem Unterausschuss des Senats. »Mir geht es nicht besser als vor zwei, drei Jahren. Wir sitzen hier regelrecht in der Falle.«[48]

Nirgendwo ist ein Entkommen aus dieser Falle so aussichtslos oder qualvoll wie in Bangladesch.

Der schmale Landstreifen zwischen Indien und Myanmar in der Region Bengalen zählte 2019 168 Millionen Einwohner, von denen etwa ein Viertel unterhalb der Armutsgrenze lebte. Nach Bevölkerungszahl steht das Land an neunter Stelle, nach Bevölkerungsdichte an zehnter der Welt.

Im Geschäftsjahr 2018 fertigten 40 Millionen Arbeitnehmer Konfektionsware für den Export im Wert von mehr als 30 Milliarden Dollar.[49] Bangladesch belegte im Ranking der weltgrößten bekleidungsproduzierenden Länder Platz zwei, hinter China/Hongkong, so die Welthandelsorganisation WTO.[50] »83 Prozent unserer Devisen stammen aus diesem Wirtschaftszweig«, erfuhr ich von Siddiqur Rahman, dem Präsidenten des bangladeschischen Verbandes der Bekleidungsproduzenten und -exporteure. »50 Millionen Menschen sind von der Bekleidungsindustrie abhängig und unsere gesamte Wirtschaft ebenfalls.«[51] Nach Plänen der Regierung soll die Produktion in den nächsten fünf Jahren sogar verdoppelt werden.

Die Bekleidungsindustrie von Bangladesch ist noch relativ jung und entstand in den 1970er-Jahren, nach Entstehen der Unabhängigkeit des Landes von Pakistan. Da Südkorea damals seine amerikanischen Bekleidungs- und Textilquoten ausgereizt hatte, fingen koreanische Produzenten an, Fabriken in den ländlichen Gebieten von Bangladesch aufzubauen. Wie bei jedem neuen Standort der Bekleidungsindustrie strömten auch jetzt arme, junge Frauen herbei, in der Hoffnung, hier Arbeit zu finden – oder wurden von ihren Familien geschickt. Mit Dumpinglöhnen und unverschämt langen Arbeitszeiten wurde Bangladesch zum billigsten Fertigungsstandort der Bekleidungsindustrie – ein neues Manchester.

Zu Tausenden schossen die Fabriken wie Pilze aus dem Boden, oft ohne Genehmigung oder grundlegende Sicherheitsvorkehrungen wie Erdungskabel oder Notausgänge, aber immer mit erstklassigen Wachdiensten – um die Arbeiter drinnen und Diebe draußen zu halten. Für die Zentralen ihrer Auftraggeber, der Modemarken, blieben die bangladeschischen Fabriken somit unsichtbar und unbekannt.

Dies änderte sich erst, als sich NGO-Vertreter wie Judy Gearhart einmischten.[52] Gearhart arbeitet für das International Labor Rights Forum (ILRF), eine 1986 gegründete gemeinnützige Menschenrechtsorganisation aus Washington, D. C., die sich zum Ziel setzt, »die Würde und Gerechtigkeit für die Arbeitnehmer in der globalen Wirtschaft« zu verbessern. Sachlich, aber freundlich und engagiert, begann Gearhart 1992 während der Proteste gegen das NAFTA-Abkommen in Mexiko Arbeiter zu verteidigen; seit 2011 ist sie als Geschäftsführerin der ILRF tätig.

Schon seit Langem engagiert sich die ILRF in Bangladesch für den Kampf gegen Kinderarbeit. Als am 11. April 2005 kurz nach Mitternacht die neunstöckige und mangelhaft konstruierte Fabrik von Spectrum Sweater Industries Ltd. im Dhaka-Vorort Savar einstürzte und 64 Menschen tötete und 80 verletzte[53], sagte mir Gearhart: »Danach haben wir unsere Anstrengungen in dieser Branche erheblich intensiviert. Wir fingen an, zu inventarisieren, wo und wann Fabrikbrände und -einstürze stattfanden, und intensivierten unsere Zusammenarbeit mit der Clean Clothes Campaign (Kampagne für saubere Kleidung) sowie dem Worker Rights Consortium, um gegen Unternehmen vorzugehen, die in diesen Fabriken fertigen ließen.«

Dabei fährt das ILRF eine dreigleisige Strategie: das Vorantreiben von rechtlichen und politischen Reformen, die Forderung nach einer verschärften Rechenschaftspflicht der Unternehmen und die Förderung und Stärkung des Einflusses von Arbeitnehmern und lokalen Arbeitnehmerorganisationen. Doch der Widerstand bleibt. Die Bekleidungsindustrie generiert einen enormen Kapitalfluss für die Regierung von Bangladesch, nicht nur im Sinne von Staatseinnahmen. Denn 2018 waren 10 Prozent aller Abgeordneten des bangladeschischen Parlaments selbst Eigentümer einer Bekleidungsfabrik, und 30 Prozent von ihnen hatten Angehörige, die eine Fabrik besaßen, erfuhr ich von Liana Foxvog[54], der Direktorin für Organisation und Kommunikation des ILRF. »Sie können sich also die Preisabsprachen vorstellen«, sagte sie. Und die Korruption. Und die Bestechung. Was, wie vor 100 Jahren in New York, zu einer Katastrophe führen wird.

Im Dezember 2010 brach in der zehnstöckigen Fertigungsfabrik von That's It Sportswear außerhalb von Dhaka Feuer aus – und das, obwohl Vertreter von Gap die Fabrik kurz davor einer Kontrolle unterzogen hatten.[55] Die Situation vor Ort war vertraut: Verriegelte (Not-)Ausgänge, die Arbeiter sprangen aus den Fenstern. Dabei trugen 100 von ihnen Verletzungen davon, und 29 starben.[56] Sie waren nicht die Einzigen, denn zwischen 2006 und 2012 kamen über 500 bangladeschische Arbeiter bei Bränden in Bekleidungsfabriken ums Leben. Da in der Fabrik von That's It Sportswear Kleidung für bekannte Marken wie Gap, Tommy Hilfiger oder Kohl's gefertigt wurde, geriet sie weltweit in die Schlagzeilen, und es wurden Forderungen nach Reformen laut.

Gewerkschaften und NGOs suchten das Gespräch mit Marken, um über die Sicherheit in den Fabriken zu diskutieren. Und sie arbeiteten ein rechtsverbindliches Abkommen namens Bangladesh Fire and Building Safety Agreement zur Verbesserung des Brandschutzes und der Gebäudesicherheit aus. Unterzeichnet wurde es aber erst im Winter 2012, nachdem ABC News am Jahrestag der Brandkatastrophe in der Fabrik von That's It Sportswear den Designer Tommy Hilfiger und seinen Geschäftsführer in New York fragten, warum sie in einer solchen Feuerfalle fertigten. Erst danach erklärte sich PVH Corp., der Konzern, dem die Marken Tommy Hilfiger, Calvin Klein, Van Heusen, IZOD und Arrow gehören und der auch Lizenznehmer von Michael Kors, Sean John sowie Speedo ist, bereit, das Abkommen zu unterzeichnen.[57] Sechs Monate später trat auch Tchibo dem Abkommen bei. Aber sonst tat dies niemand, und so blieb das Abkommen wirkungslos, da es erst in Kraft treten kann, wenn mindestens vier Unternehmen es unterzeichnet haben.

An einem Novemberabend, acht Wochen nachdem die Unterzeichnung des Abkommen ins Stocken geraten war, saß die 23-jährige Sumi Abedin an ihrer Nähmaschine im vierten Stock der neunstöckigen Tazreen-Fashion-Fabrik im Dhaka-Vorort Ashulia, als, wie sie sich erinnerte, »ein Mann auftauchte und schrie, dass es brennt«.[58]

Ihr Manager und ihr Aufseher versicherten, dass alles in Ordnung sei. »Es gibt kein Feuer, gehen Sie einfach zurück an Ihre Plätze und arbeiten Sie weiter«, sagten sie den Arbeitern und verriegelten die Tür.[59]

Die Feuermelder ertönten. Aufseher und Sicherheitsleute erklärten nachdrücklich, es würde sich nur um eine Übung handeln, und forderten die Arbeiter auf, die Arbeit fortzusetzen.[60]

»Nach fünf bis sieben Minuten roch ich Rauch«, erinnerte sich Abedin. »Ich rannte zu den Ausgängen zum Treppenhaus und stellte fest, dass sie mit Vorhängeschlössern verriegelt waren … Von unten stieg Rauch auf.« Sie schaffte es bis in den zweiten Stock, »aber weiter nicht«, sagte sie. Das Treppenhaus war »durch das Feuer blockiert« worden.

Mehr als 1100 Menschen waren im Gebäude gefangen. Die Türen und Treppenhäuser, die offen waren, waren schmal, und die wenigen Feuertreppen, die es gab, waren baufällig. Die Arbeiter versuchten, die Fenstergitter zu entfernen. Einer schaffte es und sprang hinaus. Dann sprang ein zweiter.

»Und auch ich sprang«, sagte Abedin.

Sie brach sich einen Arm und einen Fuß. Der Kollege, der nach ihr gesprungen war, überlebte den Sturz nicht.

Insgesamt wurden mehr als 200 Menschen verletzt, und mindestens 117 Menschen starben, von denen fast die Hälfte bis zur Unkenntlichkeit verbrannt war. Es war der schlimmste Unfall in der Bekleidungsindustrie seit dem Brand in der Triangle-Shirtwaist-Fabrik ein Jahrhundert zuvor. Ermittler entdeckten später Etiketten, Kleidung und Papiere, aus denen hervorging, dass Sears, Walmart und Disney dort fertigen ließen. Anschließend behaupteten alle drei, Tazreen wäre kein Vertragslieferant gewesen.[61]

Auch nach der Tazreen-Katastrophe, die weltweit große Beachtung in den Medien fand, war es bemerkenswert, dass »sich die Marken, immer noch nicht in der Pflicht fühlten«, das Abkommen zu unterzeichnen, sagte Liana Foxvog von ILRF. Ein Signal, durch das sich zwielichtige Bekleidungsfabrikbesitzer wie Sohel Rana unantastbar fühlten.

Sohel Rana war ein Verbrecher. Einst, als Mittdreißiger, war der Bangladescher für seine schikanösen Geschäftstaktiken ebenso bekannt wie für seine Prahlerei. Oft fuhr er auf seinem Motorrad in Savar umher, mit seiner Motorradbande im Schlepptau. Als jemand, der verstand, wie das politische System funktionierte, hatte er Beamte und Polizei gleichermaßen im Griff, was ihm ermöglichte, mit Drogen zu handeln und vermeintliche Feinde ungestraft grob zu behandeln. Zusammen mit seinem Vater, der Ende der 1990er-Jahre den Grundbesitz der Familie auf dem Land gegen Land in Savar eintauschte, baute er ein Vermögen auf. Unterstützt von seiner Leibgarde, sicherte sich Rana einen Teil eines Grundstücks, das einem ehemaligen Geschäftspartner gehörte, und ein weiteres angrenzendes Stück Grund eignete er sich mithilfe von Urkundenfälschung an. Polizei und Strafverfolgungsbehörden sahen tatenlos zu. Oder wie es eines von Ranas Opfern sagte: »Die Polizei hatte Angst.«[62]

2006 errichteten die Ranas einen sechsstöckigen Komplex, der Bekleidungsfabriken, Geschäfte und eine Bank beherbergen sollte. Der Bau verlief schnell und billig, gesetzliche Abstandsgrenzen und Sicherheitsvorschriften wurden außer Acht gelassen. 2011 gelang es Rana, eine Genehmigung für die Aufstockung um zwei weitere Stockwerke zu erhalten – wie Einheimische vermuten, mit Bestechungsgeldern, was üblich in Savar war. Die Stadt sei »schnell und planlos gewachsen«, wie ein ehemaliger Kommunalpolitiker einräumte. »Gebäude wie das Rana Plaza gibt es in der Stadt viele.«

Am Morgen des 23. April 2013 nähten die Arbeiter der fünf im Rana Plaza ansässigen Bekleidungsproduzenten eifrig, als eine Explosion das Gebäude erschütterte und ein Stück Wand im zweiten Stock wegriss. »Der Riss war so riesig, dass meine Hand hineinpasste«, erinnerte sich Shila Begum, eine kleine, stämmige junge Frau, die als Näherin bei Ether Tex Ltd. im 5. Stock tätig war, fünf Jahre später.[63]

Verängstigte Mitarbeiter strömten auf die Straße. Der Ingenieur, den die Geschäftsführung zur Untersuchung des Schadens hinzugezogen hatte, hätte das Gebäude am liebsten sofort zum Abriss freigegeben.[64] Sohel Rana hielt dagegen und soll Reportern auf dem Rana Plaza gesagt haben. »Der Putz an der Wand ist kaputt, mehr nicht. Alles kein Problem.« Das gesamte Personal wurde an dem Tag nach Hause geschickt, aber aufgefordert, am nächsten Morgen wieder pünktlich zu erscheinen.

Am nächsten Tag – einem Dienstag – hörte Mahmudul Hassan Hridoy[65] gegen 8 Uhr ein Klopfen an seiner Haustür. Es war sein Chef und Nachbar, der ihn daran erinnerte, dass er in der Fabrik erwartet wurde. Hridoy, ein freundlicher 27-Jähriger, war in bester Stimmung: Nicht nur hatte er an dem Wochenende seine schwangere Freundin, mit er seit drei Jahren zusammen war, geheiratet, sondern auch zwei Wochen zuvor seine schlecht bezahlte Tätigkeit als Erzieher gegen die weitaus lukrativere Stellung als Qualitätskontrolleur bei dem Modezulieferer New Wave Style Ltd. im Rana Plaza eingetauscht.

Da er gut in Mathematik war, hatte ihm die Geschäftsführung versichert, dass er schnell die Karriereleiter hinaufsteigen würde. »Deshalb hatte ich mich für die Arbeit im Rana Plaza entschieden«, erzählte er mir 2018 bei einem Mittagessen in einem örtlichen Fast Food-Restaurant.

Er hörte auf seinen Chef und ging zur Arbeit, wie alle anderen, einschließlich Shila Begum. »Ich hatte Angst«, erinnerte sie sich, als wir unter der brennenden Mittagssonne auf einem Bürgersteig in Savar miteinander sprachen. »Alle waren gekommen«, sagte sie, »denn wenn sie es nicht täten, fürchteten sie, am Ende des Monats nicht bezahlt zu werden.« Damals betrug der Mindestlohn in Bangladesch umgerechnet knapp 48 Euro pro Monat – oder ein Drittel eines existenzsichernden Lohns, der nach Berechnungen von Ökonomen benötigt wird, um die wesentlichen Bedürfnisse wie Wohnen, Nahrung und Kleidung abzudecken. (Im Januar 2019 wurde der Mindestlohn auf monatlich 73 Euro erhöht, was immer noch lediglich der Hälfte eines existenzsichernden Lohns entspricht.)

»Ich machte meine Arbeit, und fertigte Jeans, wie du sie trägst, für eine französische Marke, als der Strom ausfiel«, erzählte sie mir. »Ein paar Minuten später sprangen die Generatoren an.« Als die Motoren starteten, fing das Gebäude an zu beben.

»Und dann«, sagte sie, »stürzte es ein«.

Sie hielt kurz inne und sah mich an. Ihre dunklen Augen waren matt, als hätte jemand das Licht in ihr ausgelöscht.

»Die Betondecke fiel auf meine Hand, und mein Haar verfing sich in der Nähmaschine«, berichtete sie.

»Nur mit größter Mühe gelang es mir, meine Haare zu entwirren, aber meine Hand konnte ich nicht befreien.« 16 Stunden später wurde sie gerettet, von Nachbarn, die sich den Hundertschaften von Rettungskräften vor Ort angeschlossen hatten. »Sie tauchten mit Eisenstangen und Rohren auf und befreiten mich«, sagte sie. »Sie sagten, meine Därme seien heraus gequollen. Ich verlor das Bewusstsein, und erst 27 Tage später wachte ich wieder auf.«

An diesem Tag kontrollierte Hridoy die Jeansfabrikation in der siebten Etage, als es plötzlich dunkel und still wurde. Die Generatoren sprangen an, erinnerte er sich, »und ich hatte das Gefühl, dass sich der Boden unter meinen Füßen bewegte. Auf einmal war er weg.« Als er im Schutt liegend kurz danach seine Augen öffnete, bemerkte er, dass er unter einem Betonpfeiler eingeklemmt war. Er blickte sich um und erkannte direkt vor ihm das Gesicht eines seiner besten Freunde, Faisal, der in der zweiten Etage an einer Nähmaschine gearbeitet hatte. »Ich weiß nicht, wie das passiert ist,« erzählte mir Hridoy leise. »Ich denke, dass der Boden unseres Stockwerks auf den zweiten Stock gestürzt ist.« Faisals Schädel war zerschmettert. »Sein Gehirn quoll heraus.«

Hridoy fing an zu weinen. »Ich kann nicht vergessen, wie sein Kopf direkt vor meinen Augen zerplatzte«, sagte er schluchzend. »Diese Erinnerungen verfolgen mich noch immer.« Mit 1134 Toten und 2500 Verletzten ist die Katastrophe von Rana Plaza der fatalste Fabrikunfall in der Bekleidungsindustrie in jüngster Geschichte.

»Ich habe all meine Freundinnen verloren«, sagte Begum. »Viele von ihnen hat man nicht einmal gefunden.«

Um 5 Uhr Stockholmer Zeit wurde Helena Helmersson, die Direktorin für Nachhaltigkeit bei H&M, vom Klingeln ihres Telefons geweckt. Als sie den Anruf annahm, hörte sie die Stimme ihres Kontaktmannes in Savar, der ihr von dem Einsturz des Rana Plaza berichtete und ihr versicherte, dass H&M hier nicht offiziell hatte fertigen lassen. Damit wurde ihr klar, dass die Vertragspartner von H&M womöglich eine der Werkstätten im Rana Plaza für die Fertigung engagiert hatten.[66] Aber das ließ sich erst nach Abschluss der Ermittlungen mit Sicherheit sagen. H&M war der größte Bekleidungsexporteur von Bangladesch, und wenngleich die Marke über jeden Verdacht erhaben war, galt H&M unter Arbeiter- und Verbraucherorganisationen als Symbol jener Missstände, die mit der Produktionsverlagerung in Entwicklungsländer einhergingen: dem Fehlen von Kontrollen und Durchsetzungsmaßnahmen in puncto Sicherheit, Menschenrechtsverletzungen und intransparente, nicht rückverfolgbare Lieferketten. Zwei Stunden später, um 7 Uhr, traf sich Helmersson mit Karl-Johan Persson, dem Firmenchef von H&M, um die Reaktion des Unternehmens sorgfältig vorzubereiten.

»Keine der Textilfabriken in dem Gebäude fertigte für H&M«, hieß es darin. »Es ist wichtig, zu bedenken, dass diese Katastrophe auf ein infrastrukturelles Problem in Bangladesch zurückzuführen ist und kein spezifisches Problem der Textilindustrie darstellt. Die Tatsache, dass keine der Fabriken zu unseren Lieferanten zählte, bedeutet jedoch nicht, dass wir nicht bereit wären, einen Beitrag zum Lösungsfindungsprozess zu liefern.«[67]

Viele andere Marken reagierten hingegen überhaupt nicht.

»Nach Rana Plaza trat niemand vor, um zuzugeben, dass man dort fertigen ließ«, erzählte Foxvog mir.

Um herauszufinden, welche Marken dort produzierten, durchkämmten Forscherteams monatelang die Trümmer nach Etiketten und durchsuchten Importdatenbanken und Webseiten von Fabriken auf der Suche nach Informationen. »Eine echte Triangulation«, sagte sie.

Mit den Beweisen konfrontiert, behauptete Walmart, seine Aufträge seien ohne Genehmigung des Unternehmens an Fabriken im Rana Plaza vergeben worden, während Carrefour aus Frankreich bestritt, dort produziert zu haben, und JCPenney und Lee Cooper/Iconix sich gar nicht dazu äußerten. Als klar wurde, dass dort aber tatsächlich mehr als ein Dutzend europäische und US-amerikanische Marken Kleidung fertigen ließen, lehnten die meisten von ihnen Forderungen nach Entschädigungen für die Familien und Hinterbliebenen der Opfer ab. Schließlich gab es keine Vereinbarungen über Arbeitnehmerrechte, und somit auch keine Zahlungsverpflichtung, so die Argumentation.[68]

Nach kompromittierenden Berichten in den Medien brach den Marken der Angstschweiß aus. Die Doppelkatastrophe von Tazreen und Rana Plaza hatte das Fass zum Überlaufen gebracht. Sie mussten reagieren. Dann erinnerten sie sich an die Initiative, die sie zwei Jahre lang völlig ignoriert hatten: das Abkommen Bangladesh Fire and Building Safety Agreement.

Nicht einmal sechs Wochen später hatten 43 Unternehmen, darunter Primark, Inditex, Abercrombie & Fitch, Benetton und H&M das Abkommen, das inzwischen in Accord on Fire and Building Safety umbenannt worden war, unterzeichnet; im Oktober waren bereits 200 Unternehmen, darunter auch

Fast Retailing (Mutterunternehmen von Uniqlo) sowie American Eagle, dem Abkommen beigetreten.

Eine ganze Reihe von weiteren – meist US-amerikanischen – Marken wehrte sich unter Berufung auf Haftungsbedenken. Im Juli kündigte Walmart die Verabschiedung eines ähnlichen Abkommens an, der Alliance for Bangladesh Worker Safety. Zu den Unterzeichnern gehörten Gap, Target, Hudson's Bay Company (Eigentümer von Saks Fifth Avenue und Lord & Taylor) sowie VF Corporation (Eigentümer von Lee Jeans, Wrangler, The North Face und Timberland). Die Allianz hatte jedoch keine Rechtskraft, und die NGOs betrachteten sie als weniger effizient und aufrichtig als das Abkommen. Es sei »geringfügiger und arbeitete mit kleineren Fabriken«, erklärte Foxvog. Und es war auf freiwilliger Basis – ein System, das sich in all den Jahrzehnten mit zahlreichen Bränden und Einstürzen als nutzlos erwiesen hatte.[69]

Die Nachrichten über Rana Plaza waren schonungslos und unausweichlich, die anschließenden Aufklärungskampagnen lautstark. Doch wenn es um Bekleidung ging, änderten die Amerikaner ihre Einkaufsgewohnheiten nicht. 2013 gaben sie 340 Milliarden Dollar für Mode aus[70] – mehr als das Zweifache jener Summe, die sie für neue Autos ausgaben. Ein Großteil der gekauften Kleidungsstücke wurde in Bangladesch gefertigt, ein Teil davon von Arbeitern im Rana Plaza in jenen Tagen vor dem Einsturz.

Im April 2018 reiste ich nach Bangladesch, um zu überprüfen, ob sich die Bedingungen in den Bekleidungsfabriken seit der Rana-Plaza-Katastrophe verbessert hätten.

Mein Fazit: jein.

Erstens: ja.

In den fünf Jahren zwischen 2013 und 2018 wurden in 1600 Fabriken 97 000 Verstöße gegen die geltenden Sicherheitsvorschriften, darunter verriegelte Türen, das Fehlen von Notausgängen und gefährliche Verkabelungen, aufgedeckt und behoben. Die Regierung legte 900 Fabriken still, die nicht den Normen entsprachen. Eine Woche vor meiner Reise veröffentlichte das Stern Center for Business and Human Rights der Universität von New York eine Studie, nach der immer noch Reparaturen im Wert von 1,2 Milliarden Dollar ausstünden, um in den Bekleidungsfabriken des Landes »bestehende Gefahrenstellen zu beseitigen«, und forderte die Einberufung einer Arbeitsgruppe, um die Verstöße zu identifizieren und zu beheben. Das Abkommen war erst wieder für drei Jahre verlängert worden, und es zeichneten sich erste Fortschritte ab.[71]

Davon überzeugen konnte ich mich mit eigenen Augen in der Abkommen konformen Fabrik von Rizvi Fashions Ltd: ein sechsstöckiges fliederfarbenes Stuckgebäude an der Straße nach Savar, das 2014 im Auftrag von Shakil Rizvi, dem ehemaligen Präsidenten der Börse von Dhaka, errichtet worden war. Im Inneren bedienten über 2000 Arbeiter 1450 Maschinen und fertigten jeden Monat zwei bis 2,5 Millionen Kleidungsstücke.

Rizvi Fashions war sauber und sicher. Teams von Männern und Frauen, die meisten von ihnen unter 30 fertigten schiefergraue Baumwollslips für Primark, bonbonrosa Frotteeshorts mit Rüschensäumen für Deltex Organic und weiße Baumwoll-Unterhemden für Fruit of the Loom. Jeder von ihnen, von der Näherin bis hin zum Qualitätskontrolleur, trug eine Gesichtsmaske, um das Einatmen von Fasern zu vermeiden. Verschleierte Frauen schoben breite, Wischmopp ähnliche Kehrer durch die Gänge, um diese sauber zu halten. Die Leuchtstofflampen waren hell, und wandlange Fenster ließen das Sonnenlicht hinein. Riesige Ventilatoren kühlten die Luft, wälzten sie um, und sorgten dafür, dass die Temperatur im Inneren der Fabrik, trotz Außentemperaturen von an die 38 Grad Celsius, erträglich war.

Beim Bau der Fabrik wurden die damals geltenden Vorschriften eingehalten, was bedeutete, dass die Verkabelung von den Decken baumelte, und Brandschutz Fehlanzeige war. Dann kamen die Inspektoren im Rahmen des Abkommens, und die Dinge änderten sich. Jetzt sind die Kabel isoliert und in Kabelschächten verlegt. Es gibt ausgeklügelte Rauchmelder, Notstrahler, Regale mit Feuerlöschern, Äxten und Helmen, allmonatliche Brandübungen und Brandschutzteams, deren Leiter neongelbe Westen tragen, sodass sie leicht erkennbar sind. Ein Fünftel der Belegschaft absolviert eine Ausbildung bei der örtlichen Feuerwehr, um die Grundlagen von Erster Hilfe, Brandbekämpfung und Rettung zu erlernen. »Es ist ein stetiger Prozess«, sagte mir Anwar Hossain, Direktor für Compliance, als wir einen Rundgang durch die Fabrik machten.

Es gab noch mehr Annehmlichkeiten, die man in Sweatshops vergeblich sucht: Eine firmeneigene Kantine, in der die Arbeiter Sandwiches und Getränke zum Selbstkostenpreis kaufen können, sowie eine Krankenstation und eine Krippe. Als ich mich dort umsah, spielten ein Kleinkind und ein siebenjähriges Mädchen – Töchter zweier verschiedener Arbeiter – miteinander. Darüber hinaus ruht die Arbeit nachts und freitags, dem muslimischen Feiertag.

Anschließend führte Hossain mich über den Parkplatz zum »Pumpenhaus«, einem freistehenden Gebäude mit einem ausgeklügelten Hydrauliksystem, das an ein betriebseigenes, mehr als 550 000 Liter fassendes Löschwasserreservoir angeschlossen ist. Eine Anlage, auf die er und sein Team mächtig stolz sind.

Die im Abkommen vorgeschriebenen Vorkehrungen zahlten sich vollends aus: Bei Rizvi hat es nicht ein Mal gebrannt.

Das bedeutete aber nicht, dass Bangladesch frei von Sweatshops war. »Ich habe Fabriken gesehen, die noch viel schlimmer waren«, erzählte mir mein Guide auf dem Weg zu einer Fabrik in Dhaka. »Wir sind gerade an einigen vorbeigefahren, die viel schlimmer sind.«

Die in einer völlig heruntergekommenen Seitenstraße gelegene Fabrik, die wir besichtigen wollten, stammte zwar erst aus den frühen 2000er-Jahren, war aber so baufällig, dass sie doppelt so alt aussah. Vier uniformierte Sicherheitsleute – ältere Männer, die nicht sonderlich bedrohlich wirkten – saßen an einem kleinen Tisch vor dem Eingang. Einer begrüßte uns mit »as-salāmu 'alaikum« – »Friede sei mit dir/euch« –, hob die Hand und nickte leicht.

Wir stiegen die Treppe hinauf zum Empfangsbereich im ersten Stock – der Dreck an den Wänden war unfassbar.

Der Chef und sein Team luden uns auf einen Tee ein. Mir bot man einen alten Holzstuhl an, dessen Farbe bereits stark abgeblättert war. Mein Übersetzer setzte sich auf einen Plastikhocker, während der Chef sich hinter seinem Schreibtisch mit Resopal-Platte auf einen Bürostuhl mit abgewetztem lila Kunstlederbezug niederließ, dessen Füllung aus den aufgeplatzten Seitennähten herausquoll. Das Büro wirkte so, als hätte man die ganze Einrichtung an der Straße aufgesammelt.

Ein zerbrechlich wirkendes, in einen violetten Sari und orangeroten Baumwollschleier gehülltes Mädchen mit großen Augen huschte stumm durch den Raum.

»Sie ist noch jung«, flüsterte ich meinem Übersetzer zu.

»Vielleicht gerade 15«, erwiderte er ebenso leise.

Nachdem sich unser Vermittler und der Chef fünf Minuten unterhalten hatten, bot man uns eine Führung an. Das Treppenhaus – der einzige Ausgang – war zugestellt mit großen Kartons, in denen sich offenbar Produkte für Russland befanden. An der Wand waren große Schilder angebracht, auf denen alle Sicherheits- und Arbeitsvorschriften, die die Fabrik angeblich einhält, in Bengali und Englisch aufgeführt waren. Der Vermittler flüsterte: »Alles Lug und Trug.«

Neben der Eingangstür standen rote Löscheimer – randvoll mit Müll, während die großen schwarzen Wasserbehälter aus Kunststoff zerborsten und halb leer waren. Wir betraten den Nähbereich – einen langgezogenen, dunklen und schwach beleuchteten Raum. Dort saßen über 100 Arbeiter – teils sehr alt, teils sehr jung, einige von ihnen im Teenageralter – hinter alten Maschinen und nähten Kleidung in rasendem Tempo. Wie das Mädchen, das ich zuvor im Büro gesehen hatte, waren alle Frauen in farbenprächtige Saris und Kopftücher gehüllt. Alle waren barfuß. Und trotz der Sicherheitsschilder und Maskenzeichen an den Wänden trug niemand Atemschutzmasken. Stromkabeln hingen herum, und die Fenster, viele mit zerbrochenen Scheiben, waren vergittert. Der Boden war mit Stoffresten, Fäden und Haufen fertiger Kleidung übersät. Es war unerträglich heiß im Raum – mehr als 38 Grad Celsius. Kleine Ventilatoren wirbelten zwar den Staub auf, sorgten aber kaum für Abkühlung.

Es gab mehrere Stockwerke mit hohen Decken, in denen jeweils unterschiedliche Fertigungsaufgaben erfolgten. Die Etage mit der Endfertigung stand voller Tische, auf denen sich schwarze Jeans stapelten. Junge Frauen und Männer, ebenfalls barfuß und auf Pappfetzen stehend, kontrollierten die

Hosen, schnitten Fäden ab und korrigierten etwaige Fehler. Im Schneideraum zeichneten und schnitten die Arbeiter Papiermuster von Hand, was andernorts inzwischen in der Regel per Computer gemacht wird. Stoffballen lagen kreuz und quer herum und wären im Falle eines Brandes weitere Hindernisse auf dem Weg zum Ausgang. Der Schneider, ein junger Mann von etwa 20 und so dünn, dass er unterernährt wirkte, schob eine alte Handstichsäge schnell mit seiner rechten Hand durch ein fast 13 Zentimeter dickes Denim-Bündel in Richtung seiner linken Hand, die nur mit einem Anti-Cut-Handschuh bekleidet war – als ob dies ausreichend Schutz gegen Verletzungen wie Fingerverlust bieten würde. In modernen Anlagen wird diese Arbeit längst von Maschinen erledigt.

Zurück auf der Straße erzählte unser Vermittler, dass die Fabrik im Besitz eines Ehepaares, beide Augenärzte, sei, das man vor Ort noch nie gesichtet hatte. Er sagte, dass hier wohl Walmart und Lidl fertigen lassen würden, aber er wüsste nicht, ob die Arbeiter direkt für diese Firmen oder für Subunternehmer fertigten.[72]

Wir bedankten uns für seine Hilfe, stiegen in unseren uralten Toyota, der nicht über Sicherheitsgurte verfügte, und ließen uns vom dichten Verkehr mittreiben. Da wir inmitten von Tuk-Tuks, Rollern und Bussen, die ständig hupten und klingelten, nur langsam vorankamen, nutzte mein Übersetzer die Zeit, um die Fabrik auf seinem Handy zu googeln – er wollte herausfinden, ob wir wirklich alles wussten. Auf der Homepage der Fabrik entdeckten wir Fotos mit lächelnden Arbeitern in hellen, sauberen Räumen und von Verwaltungsmitarbeitern in gepflegten, neuen Büros.

Der Firmenpräsentation zufolge war das Unternehmen vor neun Jahren gegründet worden und hatte 700 Arbeiter und 600 Maschinen. Diese würden Kleidung »100 % für den Export« für Kunden wie etwa Camaeu aus Frankreich, Roadrunner aus Kanada und CJ Apparel aus Großbritannien fertigen.[73] Ich fragte mich, ob die Kunden – wie etwa die Russen, deren Adresse auf den Kartons im Treppenhaus stand – diese Fabrik jemals betreten hatten.

Delwar Hossain, der Eigentümer von Tazreen, wurde schließlich verhaftet und wegen fahrlässiger Tötung angeklagt: Mit seiner Missachtung der Sicherheitsvorschriften hatte er den Tod von Arbeitern billigend in Kauf genommen[74]. Der Prozess, der 2015 begann, zog sich in die Länge und war im November 2018, am sechsten Jahrestag der Brandkatastrophe, immer noch nicht abgeschlossen, was auch daran lag, dass die Anklage keine Zeugen auftreiben konnte.[75]

2016 wurden Sohel Rana und 17 weitere Personen, darunter seine Eltern, der verantwortliche Bauingenieur von Rana Plaza, der Bürgermeister von Savar, drei Regierungsinspektoren und Savars Stadtplaner wegen verschiedener Verbrechen angeklagt, darunter Mord.[76] Ein Jahr später wurde Rana zu drei Jahren Gefängnis verurteilt, weil er der Antikorruptionskommission die wahre Höhe seines persönlichen Vermögens verschwiegen hatte. Die Anklage wegen Mordes und anderer Vergehen wurde aufgrund von Berufungen vor einem höheren Gericht vertagt.[77]

So blieben beide Fälle völlig wirkungs- und beispiellos in der Bekleidungsindustrie von Bangladesch.

1998 waren in lediglich etwa 15 Prozent aller Verhaltenskodizes in der Bekleidungsindustrie von Bangladesch Vereinigungsfreiheit und Tarifverhandlungen als Rechte verankert, erzählte Gearhart. Heute sind beide eine Selbstverständlichkeit. Marken veröffentlichen ihre Lieferantenlisten – noch vor fünf Jahren undenkbar – und zahlen eine Entschädigung, wenn ein Arbeitnehmer stirbt.

Wie bei jedem anderen Fortschritt in der Bekleidungsindustrie von Bangladesch war die Katastrophe von Rana Plaza der Auslöser. Entweder wegen aufrichtiger Schuldgefühle oder, wahrscheinlicher, aus Angst vor Imageschäden, fühlten sich die Marken plötzlich gezwungen, eine Zahlung zu leisten, wenn Arbeiter ihr Leben oder Gliedmaßen verloren. »Aber es durfte nur nicht ›Entschädigung‹ heißen«, stellte Foxvog klar, »sondern ›Rana-Plaza-Regelung‹.« Die von der Kampagne für saubere Kleidung ausgearbeitete Regelung, die eine 30 Millionen Dollar schwere Stiftung ins Leben rief, um Familien von Verstorbenen und überlebende Opfer von Brandkatastrophen zu entlasten, wurde von diversen Marken unterschrieben. Doch der Zugang zu diesen Mitteln war kompliziert.

Shila Begums Verletzungen waren schwer: Sie muss ein medizinisches Korsett tragen und hat eine Klammer am rechten Unterarm. »Meine Nieren wurden gequetscht und beschädigt«, erzählte sie mir. »Ich kann meine rechte Hand kaum benutzen.« Sie hat keine staatliche Entschädigung erhalten und »nichts von den Marken«, sagte sie. Wegen ihrer Behinderung kann sie nicht arbeiten, und als Witwe bekommt sie keine finanzielle Unterstützung. Dies zwang sie dazu, ihre 14-jährige Tochter von der Schule zu nehmen. Die Ausbildung wäre zwar offiziell kostenlos, aber die Nebenkosten wie Bücher und Mittagessen konnte sie sich nicht mehr leisten. Für die täglichen Ausgaben »muss ich bei meiner Familie um Geld betteln.« Sie fing an zu weinen. »Wenn ich hierherkomme«, sagte sie mit Blick auf das leere Gelände, auf dem einst das Rana Plaza stand, »will ich nicht mehr leben.«

Der frisch verheiratete Hridoy benötigt zum Gehen eine Krücke und leidet unter schrecklichen Kopfschmerzen. Manchmal reißt er sich im Schlaf seine Haare aus. Während seiner langen Genesung verließ ihn seine schwangere Frau und ließ das gemeinsame Kind abtreiben. »Rana Plaza hat mein Leben zerstört«, sagte er, und wischte sich die Tränen aus den Augen.

Dennoch tat er sein Bestes, um es wiederaufzubauen. Hridoy war der einzige der Überlebenden, denen ich in Savar begegnete, dem es gelang, eine Entschädigung aus dem Rana-Plaza-Treuhandfonds zu erhalten. Geld, das er verwendete, um eine kleine Apotheke zu eröffnen. Außerdem gründete er die Savar Rana Plaza Survivors Association, eine Selbsthilfegruppe der Überlebenden mit 300 Mitgliedern, die sich einmal im Monat informell in seinem Geschäft treffen, um sich gegenseitig aufzubauen. Nur manchmal reicht auch ein solcher Zusammenhalt nicht aus: 2015 und 2016 begingen zwei Mitglieder der Gruppe Selbstmord, indem sie sich in ihren Wohnzimmern erhängten.

Nach wie vor gibt es von Regierungsseite Widerstand gegen Vereinigungs- und Gewerkschaftsfreiheit, und auch der sexuelle wie der physische Missbrauch in den Fabriken ist noch allgegenwärtig. Und die Arbeitnehmer erhalten immer noch keine Abfindung, wenn der Arbeitgeber in Konkurs geht.

Sie sind auch weiterhin den Marken ausgeliefert – trotz der vertraglich abgesicherten Arbeit. Seit der Sommernacht 2016, als bewaffnete Islamisten ein schickes, bei Expats und Ausländern beliebtes Café in Dhaka stürmten, 40 Geiseln nahmen und 20 von ihnen töteten, ist auch der Terrorismus eine ständige Bedrohung. Bei der Rettungsaktion der Polizei wurden fünf Islamisten, zwei Polizisten und zwei Mitarbeiter des Cafés getötet.[78] Modevertreter sagten geplante Bangladesch-Reisen ab, und Mitarbeiter wurden aus dem Land abgezogen, was Arbeiter und Fabrikbesitzer gleichermaßen alarmierte. »Was passiert mit uns, wenn die Einkäufer nicht mehr nach Bangladesch kommen?«, klagte eine Näherin, eine zweifache Mutter. Westliche Hotels schützten ihr Gelände mit Betonabsperrungen, Metalldetektoren, Röntgengeräten und mit Sprengstoffdetektoren ausgerüsteten Sicherheitsdiensten. Die Branche beruhigte sich wieder.[79]

Und dann ist da noch das endlose Tauziehen um die Zahlung eines existenzsichernden Lohns. 2016 organisierten die Arbeiter Proteste und forderten sofortige Erhöhungen. Die Eigentümer und die Regierung antworteten mit Gewalt: 55 Fabriken wurden für eine Woche geschlossen, und 1500 Arbeiter wurden entlassen, 35 von ihnen landeten im Gefängnis, 24 sogar ohne Möglichkeit, auf Kaution freizukommen. »Das war deprimierend für uns«, erinnerte sich Gearhart. »Niemals wurden so viele Arbeiter verhaftet, so lange festgehalten und nicht einmal auf Kaution freigelassen.«[80]

Und alles nur, weil »die Branche von immer besseren vierteljährlichen Zahlen besessen ist«, sagte mir Mark Anner[81], Direktor des Center for Global Workers' Rights (Zentrum für weltweite Arbeitnehmerrechte) des Bundesstaates Pennsylvania. »Wie soll man eine langfristige Vision entwickeln, wenn Aktionäre alle drei Monate höhere Gewinne erwarten oder damit drohen, den Vertrag zu kündigen? Logisch, dass dies die Arbeiter verunsichert.« Und Bangladesch als Land ebenso. »Wenn die Arbeiter anständig bezahlt würden, dann würde die Wirtschaft wachsen, da die Arbeiter Geld hätten, um sich ein Mittagessen zu kaufen oder zum Friseur zu gehen«, sagte Gearhart. »Aber wo ist sie denn, die Investition in Arbeitskräfte? Oder sind sie nur die sprichwörtlichen kleinen Rädchen im Getriebe?«

DREI

Schmutzige Wäsche

Sie tragen wahrscheinlich Jeans, wenn Sie dies lesen. Wenn nicht, stehen die Chancen gut, dass Sie sie gestern getragen haben oder morgen tragen werden. Anthropologen zufolge trägt die Hälfte der Weltbevölkerung zu einem willkürlichen Zeitpunkt Jeans. 6 Milliarden Jeans werden alljährlich produziert. Der durchschnittliche Amerikaner besitzt sieben Stück[1] – eine für jeden Wochentag – und kauft jedes Jahr vier neue[2]. »Ich wünschte, ich hätte die Jeans erfunden«, gestand der französische Couturier Yves Saint Laurent. »Jeans haben Ausdruckskraft, Bescheidenheit, Sexappeal, Einfachheit – alles, was ich mir für meine Kleidung auch erhoffe.«[3]

Mit Ausnahme von Unterwäsche und Socken sind Jeans die beliebtesten Kleidungsstücke aller Zeiten. Sie sind das, was viele der Rana-Plaza-Arbeiter nähten oder kontrollierten, als das Gebäude einstürzte. Und sie waren das Rückgrat der amerikanischen Textil- und Bekleidungsindustrie, bis Levi's diese Arbeitsplätze ins Ausland verlagerte. Und zwar alle. Jeans sind extrem umweltverschmutzend – sowohl während als auch nach ihrer Produktion.

Jeans verkörpern alles, was gut, schlecht und falsch in der Mode ist.

Echte (blaue) Jeans werden aus Baumwolle hergestellt, einem landwirtschaftlichen Erzeugnis, das zu den ältesten der Menschheit zählt. Allgemein wird angenommen, dass sie bereits 3500 v. Chr. zur Kulturpflanze wurde (manche Archäologen glauben, sogar schon im 6. Jahrtausend v. Chr.). Der altgriechische Historiker Herodot[4] beschrieb Baumwolle als »eine Wolle, die, was Schönheit und Güte anbelangt, die Wolle von Schafen übersteigt«. Nachdem der makedonische König Alexander der Große 327 – 326 v. Chr. mit seiner Armee in Indien einmarschiert war, verwendeten seine Truppen Baumwolle für ihre Bettwäsche und Sattelpolster und nannten sie »Gemüsewolle«.[5] Im Jahr 63 v. Chr. ließ der römische Konsul Publius Lentulus Spinther Markisen aus Baumwolle am Theater für die Apollinischen Spiele anbringen[6], und zwei Jahrzehnte später war es Caesar, der das Forum und die Straße, die den Palast mit dem Kapitol verband, mit Baumwollplanen überdachen ließ.[7]

Etwa 28 Milliarden Kilogramm (oder 121,4 Millionen Ballen) Baumwolle werden jedes Jahr auf etwa 33,4 Millionen Hektar Land[8] in mehr als 100 Ländern der Welt[9] geerntet. Indien ist der größte Baumwollproduzent, vor China und den USA. Baumwolle wird unter anderem verwendet für Fischernetze, Kaffeefilter, Buchbindungen, Verbandsstoffe, Einwegwindeln, Röntgenstrahlen – sogar für Banknoten: So bestehen die Banknoten der USA zu 75 Prozent aus Baumwolle und zu 25 Prozent aus Leinen[10]. Am häufigsten wird Baumwolle jedoch für Kleidung verwendet: 60 Prozent aller Damenbekleidung enthält sie und 75 Prozent aller Männerkleidung. Jeans werden zu 100 Prozent aus Baumwolle gefertigt.[11]

Trotz aller Bequemlichkeit und Schutz, die sie einst bot, wird kaum ein anderes Erzeugnis so stark ver- und bearbeitet wie Baumwolle: Sie wird gespleißt, besprüht und aufgemotzt bis sie, wie ein viel gelesenes Playboy-Heft, kaum noch wiedererkennbar ist.

Der konventionelle Anbau von Baumwolle zählt zu den umweltschädlichsten überhaupt: Ein Fünftel aller Insektizide und über 10 Prozent aller Pestizide werden zum Schutz der konventionellen Baumwollpflanzen eingesetzt[12], obwohl die gesamte Anbaufläche von Baumwolle lediglich 2,5 Prozent der weltweiten Ackerflächen[13] ausmacht. Die Weltgesundheitsorganisation (WHO) hat acht von zehn in den USA meistverwendeten Baumwollpestiziden als »gefährlich« eingestuft[14].

Außerdem verbraucht der herkömmliche Baumwollanbau extrem viel Wasser: Für ein Kilo Baumwolle werden durchschnittlich 10 000 Liter Wasser[15] benötigt, und die Verarbeitung zu einem T-Shirt und einer Jeans verbraucht sogar noch mehr: fast 19 000 Liter Wasser[16]. Wenn die Modeproduktion weiterhin so stark wächst wie heute, wird die Nachfrage nach Wasser die weltweiten Reserven im Jahr 2030 um 40 Prozent übersteigen[17].

Über die Entstehungsgeschichte von Denim und Jeans ist nicht arg viel bekannt. Einige Historiker behaupten, der strapazierfähige indigogefärbte Baumwollstoff würde aus der südfranzösischen Stadt Nîmes stammen – und deshalb *de Nîmes*, wie die Franzosen sagen, heißen. Andere meinten, Christoph Kolumbus aus Genua – oder »Gênes«, auf Französisch – hätte Baumwollstoff für seine Segel verwendet und dass die Genueser Matrosen blaue Baumwollhosen getragen hätten.

Heute glauben Modewissenschaftler, dass Denim oder Jeansstoff, wie wir ihn heute kennen, im 19. Jahrhundert in den Textilfabriken von Manchester im US-amerikanischen Bundesstaat New Hampshire entwickelt und *jean* genannt wurde. Die Konstruktion des Stoffes war damals wie heute einfach: Die Außenseite, bekannt als Kette, besteht aus zwei oder drei Garnen, meist dunkelblau, die miteinander verwoben werden; die Unterseite, Schuss genannt, ist ein einzelnes Garn in Weiß oder in einem anderen hellen Farbton, was dem Stoff eine Art 3-D-Effekt verleiht. Es gibt Jeansstoff in diversen Qualitäten, von denen »selvedge« die höchste ist. Dieser wird auf älteren, schmaleren Schützenwebmaschinen (mit 150 Zentimeter Breite nur halb so breit wie die üblichen Maschinen) mit einem durchgehenden Schussfaden gewebt. Selvedge-Denim hat eine höhere Dichte und ist dauerhafter, und die Kanten, Selbstkanten genannt, sind gewebt, um Ausfransen vorzubeugen. Liebhaber von Selvedge-Jeans zeigen diese Selbstkanten wie Abzeichen, indem sie die Hose umschlagen.

Ursprünglich wurde das in New Hampshire gesponnene Garn mit natürlichem Indigo der im amerikanischen Süden kultivierten Scheinindigo-Pflanze gefärbt. Indigo zählt zu den ältesten natürlichen Farbstoffen der Menschheit und wird aus den Blättern von Indigofera-Pflanzen gewonnen. Erstmals kultiviert wurden Pflanzen dieser Gattung Mitte des 18. Jahrhunderts in den USA, von Sklaven von Eliza Lucas Pinckney, einer Antiguanerin englischer Abstammung. Auf den Plantagen ihrer Familie in South Carolina säte sie jene Samen aus, die ihr Vater, der Vizegouverneur von Antigua, ihr schickte.[18] Wie Baumwolle wurde Indigo zu jener Zeit von Sklaven geerntet und bald zu einer der lukrativsten Anbaukulturen der amerikanischen Kolonie.[19]

Lange Zeit blieb Jeansstoff ein Nischenprodukt. Dies änderte sich erst in den frühen 1870er-Jahren, als der Schneider Jacob Davis aus Reno im US-Bundesstaat Nevada bei seinem Stofflieferanten Levi Strauss, einem Immigranten aus Bayern, der sehr erfolgreich eine Kurzwarenhandlung in San Francisco betrieb, anfragte, ob dieser Davis' jüngsten Entwurf in Massenproduktion fertigen könnte. Es handelte sich um Arbeitshosen mit Nieten an den Spannungsstellen, die Davis zufolge ein großer Erfolg unter Bergleuten, Bauern und Arbeitern waren: »Ich komme mit der Produktion gar nicht mehr hinterher.«

Wäre Strauss bereit, die saftige Patentgebühr von 68 Dollar zu zahlen, wie Davis vorschlug, könnte man Geschäftspartner werden und die genietete Hose in San Francisco herstellen. Davis fügte seinem Brief zwei Versionen der Hose hinzu – eine aus Naturleinen, die »Ente« genannt wurde, und eine aus Denim. Strauss gefiel, was er sah, und beantragte das Patent, das ihm am 20. Mai 1873 erteilt wurde. Daraufhin ließ sich Davis in San Francisco nieder, und schon wenige Wochen später beaufsichtigte er die Fertigung der ersten Levi Strauss & Co.-Jeans.[20] Der Stoff stammte von der Amoskeag Manufacturing Company, einer Spinnerei in New Hampshire[21], und genäht wurden die Jeans von 50 Näherinnen in der neuen Fabrik an der Market Street. Heute entwirft und verkauft Levi Strauss & Co. die meisten Jeans, und die Firma ist eine der erfolgreichsten Bekleidungsmarken aller Zeiten.

Die älteste erhalten gebliebene Levi's-Jeans der Welt befindet sich in »The Vault«, dem Archiv in der Firmenzentrale, Levi's Plaza. Dieser in den frühen 1980er-Jahren errichtete Bürokomplex aus braunem Backstein und dunklem Glas befindet sich gegenüber dem Embarcadero in San Francisco. Das Archiv ist die Domäne der firmeneigenen Historikerin Tracey Panek[22], einer freundlichen, scharfsinnigen Frau mittleren Alters, die an eine Schulbibliothekarin erinnert.

An einem sonnigen Freitag im Herbst 2017 besuchte ich Panek im Levi's-Archiv, um das Beste aus der Vintage-Kollektion zu sehen. Sie trug eine schwarze Levi's-Jeans, eine nicht mehr ganz neue blaue Jeansjacke und einen knallroten Rollkragenpullover – vielleicht eine Anspielung auf die charakteristische scharlachrote Lasche des Unternehmens. Wir begannen mit einer Jeans aus dem Jahr 1879. Panek zog ihre weißen Baumwollhandschuhen an, öffnete eine Schublade in einem der drei feuerfesten Tresore, hob die Hose heraus und legte sie auf einen langen Archivtisch.

Sie war kurz, breit und verblasst, und der Schmutz von Jahrhunderten auf den Oberschenkeln war derart stark, dass Waschen auch nichts mehr genutzt hätte. Panek erklärte, dass Jeans damals nicht billig waren und Bergleute sie deshalb so lange flickten und teilten, bis sie wirklich völlig abgetragen waren. »Ich bezeichne sie als das erste nachhaltige Kleidungsstück, da man sie stopfen und weitergeben könnte«, sagte sie.

1890 stellten Strauss und Davis eine neuartige Jeans namens »501« vor, die nach der Chargennummer benannt wurde. Panek zeigte mir eine aus dieser Zeit: Sie war aus Denimstoff hergestellt, der »XX«, die Bezeichnung für extra stark, genannt wurde, und hatte Knöpfe für Hosenträger (anstelle von Gürtelschlaufen), einen geknöpften Hosenschlitz und vier Taschen – drei auf der Vorderseite, darunter eine kleinere für eine Taschenuhr, und eine auf der Rückseite. Die heute übliche fünfte Tasche auf dem Po kam erst 1901 hinzu. Seitdem ist die 501 unverändert geblieben.

Die Gewinne, die sein Jeans-Imperium erwirtschaftete, machten Strauss zu einem der reichsten Bürger Kaliforniens. Man sah es ihm an: Mit fast zwei Metern Körperlänge und immer leicht rundlicher Gestalt, war er immer tadellos in einem dunklen Anzug aus feinem Tuch mit Weste, Seidenkrawatte und Hut gekleidet[23]. Die Jeans, die seine Firma produzierte, trug er jedoch nie. Und er heiratete nie, da er behauptete: »Mein Geschäft ist mein Leben.« Als er 1902 im Alter von 73 Jahren starb, vermachte er einen Großteil seines Millionen-Nachlasses lokalen Wohltätigkeitsorganisationen und das Unternehmen seinen vier Neffen.[24] Einer von ihnen, Sigmund Stern, und dessen Schwiegersohn Walter Haas übernahmen die Firmenleitung. Sie modernisierten das Design der Jeans und ersetzten den geknöpften Hosenschlitz durch einen Reißverschluss und die Hosenträgerknöpfe durch Gürtelschlaufen. Und neben Amoskeag Mills als Denim-Lieferant wurde eine neue Quelle im Süden erschlossen: die White Oak Cotton Mills in Greensboro im US-Bundesstaat North Carolina.[25]

Cone Mills war Mitte der 1890er-Jahre von den Brüdern Moses und Ceasar [sic] Cone, die wie Strauss bayerische Wurzeln hatten, gegründet worden. Als sie von Strauss' Erfolg im Westen hörten, sahen sie auch für sich eine profitable Geschäftsmöglichkeit und wandelten ein stillgelegtes Stahlwerk um in eine Denim-Fabrik namens Proximity (»Nähe«) Manufacturing, eine Anspielung auf die Nähe zu den Baumwollfeldern. 1905 eröffneten sie eine zweite Anlage, White Oak Cotton Mills, benannt nach einer majestätischen, 200 Jahre alten Eiche in der Nähe der Fabrik.

Ein Großteil des dort hergestellten Jeansstoffs wurde mit synthetischem Indigo gefärbt, den der deutsche Chemiker Adolf von Baeyer entwickelt und BASF (Badische Anilin und Soda Fabrik) erstmals 1897 auf den Markt gebracht hatte. Im Gegensatz zu natürlichem Indigo war das synthetische Pendant nicht saisonabhängig, nicht anfällig für Krankheiten oder Witterungseinflüsse. Ja, er wurde aus verschiedenen chemischen Stoffen hergestellt, darunter welche, die – wie wir heute wissen – umweltschädlich waren. Doch der neue Indigo war beständiger und billiger und ermöglichte Cone und anderen, das ganze Jahr hindurch zu produzieren. Gegen 1914 war das Färben mit natürlichem Indigo Geschichte – für immer. White Oak stieg zum größten Denim-Produzenten der Welt auf, und Moses durfte sich fortan »Denim King« nennen.

1915 trafen sich die Levi-Strauss-Neffen mit den Cone-Brüdern, um die Belieferung von Denim durch White Oak zu besprechen. Es folgte eine rasche Einigung, die mit dem besiegelt wurde, was als »goldener Handschlag« in die Geschichtsbücher einging. Von diesem Zeitpunkt an belieferte Cone Levi Strauss exklusiv mit Denim für die 501-Jeans. Und die Beliebtheit der Jeans wuchs stetig, bis sie in den 1970er-Jahren völlig unerwartet einbrach – vor allem an der New Yorker Modemeile Seventh Avenue.

Die Emanzipation der Frau und die Popularität lässigerer Kleidung brachten die New Yorker Modedesigner dazu, eine neue Modekategorie zu entwickeln: Designer-Jeans. Mit dieser eng sitzenden, figurbetonten Hose wurde diese Jeans zum Sinnbild für den grassierenden Hedonismus und für die Prahlerei an der Madison Avenue. »Jeans sind Sex«, sagte Calvin Klein. »Je enger sie sind, desto besser verkaufen sie sich.«[26]

Um dies unmissverständlich zu unterstreichen, engagierte Klein 1980 die erst 15-jährige Brooke Shields, Schauspielerin und Model, für seine Jeans-Werbung: »Willst du wissen, was zwischen mir und meine Calvins kommt?«, säuselte sie damals mit ihrer Kinderstimme, breitbeinig sitzend und gekleidet in eine Jeans und eine taupefarbene Bluse. »Nichts.« Die Werbung war so provozierend, dass sich die New Yorker TV-Sender ABC und CBS prompt weigerten, sie auszustrahlen.[27] Zu spät, wie sich herausstellte, denn die Werbung verfehlte ihre Wirkung nicht: In der Woche nach der Erstausstrahlung der Werbung verkaufte Klein 400 000 Exemplare dieser Jeans und im ersten Monat danach 2 Millionen[28]. Die Jeans-Verkäufe erreichten Rekordhöhen: Allein 1981 wurden mehr als 500 Millionen Jeans verkauft[29].

Noch bis in die 1970er-Jahre waren viele Jeans aus steifem, einlaufendem – oder »nicht gekrumpftem« Denim gefertigt. Vorgeschrumpfter Baumwollstoff – gekrumpft oder sanforisiert genannt – gab es bereits seit den 1930er-Jahren, er wurde jedoch erst in den 1960er-Jahren, als das Vorwaschen ganz gängig wurde, von der Denim-Industrie entdeckt.[30] Damals kaufte man nicht gekrumpfte Jeans ein oder gar zwei Größen größer und machte sie passend, indem man sie vor dem Tragen in die Waschmaschine steckte oder – noch besser – anzog und sich damit in eine warme Badewanne setzte. Wirklich.

Damit Jeans weicher wurden, musste man sie einfach tragen. Lange. Es dauerte gut sechs Monate, bis eine Jeans richtig eingelaufen war. Nach ein paar Jahren – Jahren! – konnte es passieren, dass Säume und Taschenränder anfingen auszufransen und sich an den Knien Risse bildeten. Der Stoff verblasste zu einem Puderblau mit Strähnchen. Zeit und Hingabe waren gefragt, um die eigene Jeans zu Höchstform auflaufen zu lassen.

Bis in den 1980er-Jahren die sogenannten »stone washed«-Jeans beliebt wurden. Dafür legte man nicht gekrumpfte Jeans mit Bimsstein in industrielle Waschmaschinen und ließ sie so lange in der Trommel, bis sie ausreichend abgerieben waren. (Das in Los Angeles ansässige Modeunternehmen Guess nutzte bekanntlich ein Verfahren, bei dem die Jeans ganze sieben Stunden lang so gewaschen wurden – ein Marathon, der heute als blanke Umweltsünde gilt.[31]) Manchmal rückte man den Jeans auch mit Säure, Schleifpapier, Raspeln und Feilen zu Leibe, um den einst mühsam durch Tragen herbeigeführten Verschleiß nachzuahmen. Das gesamte Verfahren wurde »finishing« (Veredelung) getauft und durchgeführt in sogenannten »Waschhäusern«, die wie Pilze aus dem Boden schossen und mühelos Tausende von Jeans pro Tag verarbeiten konnten.

Heute arbeiten manche dieser Waschhäuser – vor allem in Los Angeles, dem amerikanischen Jeans-Finishing-Zentrum – mit modernster Technik und nach strengen Arbeitssicherheits- und Umweltstandards, aber eben nur manche. Andere nicht, wie ich in Ho-Chi-Minh-Stadt an einem feuchtwarmen Aprilmorgen im Jahr 2018 mit eigenen Augen feststellen konnte.

Vietnams Textil- und Bekleidungsindustrie ist alt und jung zugleich: Jahrhundertelang spannen und webten Frauen Seide zu exquisiten Tüchern für Wohnzwecke und Kleidung, Fabriken nach dem Arkwright-Modell, die massenweise Stoff und Kleidungsstücke ausspuckten, fassten dort erst Mitte des 20. Jahrhunderts Fuß. Jahrzehntelang war der Anteil der heimischen Bekleidungs- und Textilindustrie am vietnamesischen Bruttoinlandsprodukt nur gering: Als ich das Land Anfang 1993 besuchte und es von Hanoi nach Da Nang im Süden bereiste, entdeckte ich lediglich ein paar wenige Fabriken. Wie die Landschaft mit den endlosen smaragdgrünen Reisfeldern zeigte, war Vietnam zu jener Zeit ein Agrarland.

Handelsabkommen und Globalisierung veränderten die Landschaft: 2018 zählte Vietnam grob 6000 Textil- und Bekleidungsfirmen mit etwa 2,5 Millionen Mitarbeitern, die ungefähr 16 Prozent aller Ausfuhren des Landes und über 30 Milliarden Dollar erwirtschafteten.[32] Experten zufolge wird der Gesamtumsatz der Branche 2020 auf über 50 Milliarden Dollar ansteigen.

Dabei geht es überwiegend um die Veredelung von Jeans. 2012 betrug der Umsatz der vietnamesischen Jeans-Fertigung über 600 Millionen Dollar, eine Zahl, die sich bis 2021 voraussichtlich verzweifacht haben wird.[33]

Zusammen mit einem lokalen Denim-Experten fuhr ich im Industriegebiet am Stadtrand von Ho-Chi-Minh-Stadt zu einer heruntergekommenen, lagerähnlichen Anlage, die sich hinter einem unüberwindbaren Tor versteckte. Im Inneren arbeiteten etwa 200 junge Vietnamesen bei schlechtem Licht und einer Temperatur von über 38 Grad Celsius. Große Ventilatoren surrten und versuchten, den Raum zu kühlen. Vergebens.

Auf Metalltischen und Transportwagen türmten sich ganze Stapel makelloser, nachtblauer Jeans. Junge Männer in buttergelben T-Shirts, Hosen – meist Jeans – und kniehohen Gummistiefeln nahmen sie und stopften sie in zwei Dutzend riesige Waschmaschinen, während andere ebenfalls junge und gestiefelte Männer klitschnasse Jeans aus den Maschinen zogen. Auf dem Fußboden stand das marineblaue Wasser zentimeterhoch. Die Männer trugen keine Handschuhe, ihre Hände waren schwarz gefärbt.

Einige der Maschinen waren älteren Baujahrs und verbrauchten 20 Liter Wasser pro Kilogramm Jeans – was drei Paar Jeans entspricht. Andere waren sparsamer und hatten einen Wasserverbrauch von nur 5 Litern pro Kilogramm Jeans. Die Produzenten »wissen, wie verschwenderisch das Ganze ist«, sagte mir mein Guide.

Und teuer: Das Abwasser muss geklärt werden, die vietnamesischen Waschhäuser dürfen es nicht mehr direkt in die Wasserstraßen kippen – zum Glück. Auf der anderen Seite der Stadt sah ich einen Kanal, der den Jeans-Waschhäusern seit Jahren als Abwasser dient. Das Wasser sieht aus wie Teer, und der Gestank löste bei mir Brechreiz aus.

Es ist schwer, Fabrikeigentümer dazu zu bringen, ihre Methoden auf den Prüfstand zu stellen.

»Ihr Geschäft ist Waschen, nicht die Sorge um unseren Planeten«, sagte mir ein Jeans-Experte.

Die nassen Jeans wurden in riesige Kisten gehievt und in einen anderen Raum gefahren, in dem sie in ebenso riesige Trockner geworfen wurden. Einige der Jeans wurden mit Chemikalien behandelt und in einem riesigen Ofen gebacken, um den Used-Look nachzuahmen – »Trockenverfahren« genannt.

Im Veredelungsraum schliffen junge Männer und Frauen in himmelblauen T-Shirts – jede Abteilung hatte eine eigene Farbe – Jeans an den Knien und Oberschenkeln von Hand ab – wie ein Schreiner, der Holz bearbeitet. Einige trugen Atemschutzmasken, um das Einatmen des Denim-Staubs zu verhindern, die meisten jedoch nicht.

Die Schnelligkeit, mit der sie ihre Aufgabe erledigten, war besorgniserregend: Die Verwandlung einer einzelnen Hose von jungfräulich in abgenutzt geschah in weniger als einer Minute. Die Arbeiter waren sehr fokussiert – sie sprachen nicht miteinander und nahmen keine Notiz von dem, was um sie herum geschah. Ein Ausrutscher, und ihr Gehalt würde gekürzt. Zu der Zeit, als ich die Fabrik besuchte, verarbeiteten die Arbeiter mindestens 400 Jeans pro Tag, sechs Tage die Woche, Überstunden nicht mitgerechnet.

Und das war nur die manuelle Veredelung. Die maschinelle Veredelung ging noch schneller. Ich beobachtete, wie eine Frau einer abgeschnittenen Jeans mit einer Art überdimensioniertem Zahnbohrer zu Leibe rückte, dessen kreischendes Geräusch so hoch war, dass es Glas zum Bersten hätte bringen können. Mit dem Gerät versetzte sie die Taschen und Säume der Shorts in nur zehn Sekunden in einen modisch löchrigen Zustand, Sechs Hosen pro Minute. Und das den ganzen Tag – ohne Atemschutzmaske und in einem Raum, in dem es schwer war, nicht zu niesen.

Ähnliches lässt sich in den Waschhäusern von Xintang beobachten, der Stadt in der chinesischen Provinz Guangdong, die von sich behauptet, die »Welthauptstadt der Jeans« zu sein. Hier produzieren 200 000 Arbeiter in 3000 Fabriken und Werkstätten alljährlich 300 Millionen Jeans – 800 000 pro Tag. Da die örtliche Kläranlage bereits vor Jahren geschlossen wurde, leiten die Fabriken ihre Abwässer direkt in einen Nebenfluss des Perlflusses ab. Das Wasser wurde trüb, das Ökosystem des Gewässers brach zusammen. Greenpeace zufolge enthält das Flussbett hohe Konzentrationen von Blei, Kupfer und Cadmium.[34]

Die Straßen in Xintang sind mit blauem Staub bedeckt, und viele Arbeiter leiden unter Hautausschlag, Unfruchtbarkeit und Lungenentzündung.

Das müsste nicht sein, wie mir die Baumwollexpertin Sally Fox[35] an einem frühen Herbstmorgen erklärte. Wir saßen an einem einfachen Holztisch in ihrem doppeltbreiten Wohnwagen auf der Viriditas Farm, dem 52 Hektar großen Anwesen im Capay Valley nordwestlich von Sacramento. Ihr Wohnzimmer war mit Türmen aus Pappkartons und zahlreichen Eichenholzschränken bestückt, die wiederum mit Material über Baumwolle gefüllt waren: Studien, Aufträge, Stoffmuster. Die Fenster waren geöffnet. Lediglich ein paar blökende Merinoschafe auf der Weide, ein krähender Hahn im Hühnerstall und der Nordwind, der durch den Schattenbaum vor dem Haus wehte, durchbrachen die Stille.

Fox, 167 Zentimeter groß, mit einem schneeweißen Bob und einem ehrlichen Lächeln, war in eine wasserblaue Tunika aus Chambray-Stoff und eine karamellfarbene Jeans gekleidet. Ihr Gesicht passte zu ihren 61 Lebensjahren und war ungeschminkt, ihre türkisfarbenen Augen waren klar.

Ich besuchte sie, weil sie für viele in der Bekleidungsbranche die Mutter der modernen Bio-Baumwolle ist. Schon mit zwölf Jahren kaufte die gebürtige Nordkalifornierin ihre erste Spindel von dem Geld, das sie sich als Babysitterin verdient hatte, und fing an, Wolle, Baumwolle, alles, was sie finden konnte, zu spinnen. Als sie 1979/1980 für das US-Friedenskorps in Gambia verweilte, war sie aktiv an der Entwicklung von natürlichen Schädlingsbekämpfungsmethoden beteiligt. Seit etwa 40 Jahren baut sie in Arizona und Kalifornien farbige Bio-Baumwolle an.

Farbige Baumwolle gibt es schon, seitdem Gossypium barbadense angebaut wird, und zwar in unterschiedlichen Farbtönen: braun, hellbraun, grün, blau. Die Chinesen züchteten und kultivierten eine blassgelbe Art für Tuch namens Nanking, das in den amerikanischen Kolonien beliebt war, erzählte Fox während meines Besuchs. »Jeder wollte eine goldene Nanking-Hose.«

Nach ihrem Master trat Fox in Kalifornien eine Stelle bei dem unabhängigen Pflanzenzüchter Robert Dennett unweit von Davis an. Als sie eines Tages das Gewächshaus reinigte, entdeckte sie in einer Schublade eine Tasche mit brauner Baumwolle. Die Fasern waren kurz, zerbrechlich und rau, erinnerte sie sich. Aber sie war davon sehr angetan und dachte: »Wenn man es spinnen könnte, würden die Leute es wollen, da man es nicht färben muss«.

Daraufhin bestellte sie bei dem amerikanischen Landwirtschaftsministerium Saatgut und säte es in Dennetts Gewächshaus in Töpfen.

Von dem Ergebnis war Fox so begeistert, dass sie ein Viertel Hektar Land nahe Bakersfield, der Hauptstadt des kalifornischen Baumwollanbaus, mit Saatgut bestellte. »Im darauffolgenden Jahr«, sagte sie, »habe ich einen halben Hektar gepachtet, dann fast drei, dann fast sechs und so weiter.« Sie entdeckte, dass ihre Baumwolle Tannine enthielt, welche der Baumwolle nicht nur ihre Farbe, sondern auch ihre natürliche Resistenz gegen Krankheiten und Schädlinge verliehen. Das brachte sie dazu, die Baumwolle rein biologisch anzubauen, und das zu einer Zeit, in der »niemand Bio-Baumwolle anbaute«, sagte sie. »Niemand.«

Sie gründete Natural Cotton Colours Inc., ein Unternehmen, mit dem sie ihre farbig gewachsene Bio-Baumwolle, die sie »FoxFibre« nannte, verkaufte. Sie fing an, mit unabhängigen Modedesignern zusammenzuarbeiten, und schloss Abnahmeverträge ab. Auch mit Levi's. Dort verwendete man Fox' Baumwolle für die Entwicklung eines karamellfarbenen Denims, und ihr Freund und Levi's-Designer Dan DiSanto kaufte ihre Baumwolle für eine neue Linie ein. Die Jeans, die Fox an dem Morgen unseres Treffens trug, war aus genau diesem Denim gefertigt.

Mit Levi's schloss Fox einen Dreijahresvertrag ab, lieferte ihr Baumwollsaatgut an Landwirte in West-Texas, welche nicht nur den Anbau übernahmen, sondern auch das Spinnen und Weben zu Denim in der eigenen kooperativen Fabrik. Levi's kaufte den fertigen Denim und verwandelte ihn in Kleidung. Im ersten Jahr bestellten die Landwirte für Levi's etwa 60 Hektar mit dem Fox-Saatgut, im zweiten Jahr über 500 Hektar, und im dritten über 1500 Hektar. »Die Landwirte verdienten richtig viel Geld«, erinnerte sich Fox. »Sie waren überglücklich.«

Und Levi's ebenso. Die Jeans und Jacken seien »sehr beliebt«, wie es hieß. Als Fox die 500-Hektar-Marke erreichte, flüsterte Levi's-Chef (und Strauss'

Ur-Ur-Großneffe) Bob Haas ihr zu: »Das könnte die Welt verändern. Wenn du 50 000 Hektar auftreiben kannst, bin ich dabei, ich kann es möglich machen.«

»Das kostet mich zwei Jahre«, erwiderte sie, »aber das schaffe ich.«

»Dann tu es, bitte«, sagte er.

Diesmal schlossen Fox und Haas keinen Vertrag ab. »Ich hatte es mir einfach zum Ziel gesetzt, weil ich meinen Beitrag zur Reduzierung dieser enormen Umweltkatastrophe leisten wollte«, erzählte sie mir. »Darauf verwettete ich mein Geschäft. Ich bekam das Saatgut, zahlte eine Millionen Dollar für das Ganze und stand in den Startlöchern, um 50 000 Hektar mit dem Saatgut zu bestellen.«

In der Zeit, als Fox das Projekt vorantrieb, geriet Levi's in eine Managementkrise. 1996 meldete die Marke einen Rekordjahresumsatz von 7,1 Milliarden Dollar – mehr als Nike –, und Haas initiierte eine fremdfinanzierte Übernahme. Der Deal brachte einer Reihe von Verwandten Stimmrechte ein, führte aber zu einem Schuldenberg von 3,3 Milliarden Dollar, was das börsennotierte Unternehmen in eine prekäre finanzielle Lage brachte.[36]

Wie sich herausstellte, war 1996 Levi's einmalige Umsatzspitze: In den folgenden Jahren brach der Umsatz unerwartet ein, da das Unternehmen auf dem hart umkämpften Markt Anteile an Start-ups verlor. Es rollten Köpfe.

Fox traf sich mit dem Führungsteam in San Francisco – Haas war immer noch Firmenchef – und erinnerte sich: »Der Vizepräsident ließ keine Gelegenheit aus, klarzumachen, wie sehr er Braun und Grün hasste. ›Hast du jemals ein grünes Auto gesehen?‹, sagte er.«

Levi's stornierte die Baumwollbestellung.

Fox' Unternehmen, Natural Cotton Colours, musste Insolvenz beantragen.

Sie blickte stumm durch das Fenster ihres Wohnwagens über die nordkalifornische Prairie.

»Ich hatte alles verloren.«

Während eines Großteils des 20. Jahrhunderts genoss Levi's in der Bekleidungsindustrie den Ruf, ein Unternehmen mit Gewissen zu sein. Das lag einerseits daran, dass die Familie, die es leitete – Strauss' Nachkommen, die

Haases – gläubige Juden waren, die sich allesamt zur Nächstenliebe und Philanthropie bekannten, und andererseits daran, dass das Unternehmen seinen Sitz im liberalen San Francisco hatte.[37]

In den 1970er-Jahren engagierte Levi's Chef Walter Haas Jr. einen gläubigen Ethiker als Berater, der das unternehmerische Handeln noch verantwortungsbewusster machen sollte. So zog sich Levi's Mitte der 1970er wegen der dort weit verbreiteten Korruption aus Indonesien zurück und entschied sich wegen der rassistischen Apartheid-Politik der Regierung, auf dem Markt Südafrikas nicht aktiv zu werden. Anfang der 1980er-Jahre wurde Levi's eines der ersten amerikanischen Unternehmen, das sich aktiv an der AIDS-Bekämpfung beteiligte, indem es einen Verhaltenskodex zur Unterstützung HIV-positiver Mitarbeiter einführte.

Als Walters Sohn Bob – ein ehemaliger Freiwilliger des US-Friedenskorps an der Elfenbeinküste – 1984 das Ruder übernahm, bekräftigte dieser, dass das Unternehmen auch weiterhin zu seinem Verhaltenskodex stand. »Es ist mehr als Fürsorge«, sagte er 1990. »Die Werte eines Unternehmens – wofür es steht, woran seine Mitarbeiter glauben – sind entscheidend für seinen Wettbewerbserfolg.«[38]

Doch die Geschäfte liefen immer schlechter. Der Teenie-Markt stand mehr auf hippere Marken wie Gap und Tommy Hilfiger und Fashionistas auf angesagte neue und besondere Marken. Um den rapiden Umsatzrückgang zu stoppen, fing Levi's an, Jeans bei Discountern wie Kohl anzubieten, was den Ruf des Unternehmens weiter beschädigte. »Levi's hat vergessen, wer sie sind«, sagte damals Bekleidungsanalystin Josie Esquivel von Morgan Stanley Dean Witter. Levi's hat »sein Qualitätsmerkmal verloren«.[39]

Und seinen moralischen Kompass. Im Sog des Umsatzrückgangs verflüchtigten sich auch die Werte des Unternehmens. 1997 – drei Jahre nach dem Inkrafttreten des NAFTA-Abkommens – kündigte Levi's an, 14 Werke in den USA und Europa[40] wegen zu hoher Arbeitskosten zu schließen[41].

Es traf die Mitarbeiter und die Städte, in denen Levi's jahrzehntelang operiert hatte, sehr hart, wie ich von der bei unserem Treffen im Jahr 2016 74-jährigen Annabelle Nichols[42], einer geradlinigen Südstaatenfrau, erfuhr. Nichols hatte die ersten vier Jahrzehnte ihres Arbeitslebens in der Levi's-Fabrik in Cherry Street in Knoxville, Tennessee, verbracht.

Die Knoxville-Niederlassung war die größte in Nordamerika[43]. Eröffnet wurde sie 1953 in einem ehemaligen Tabaklager[44], das in vier fußballfeldgroße Abschnitte unterteilt und mit Zementblockwänden und Stahlschiebetüren voneinander getrennt wurde. Fast alle Beschäftigte – 95 Prozent – waren Frauen. Sie arbeiteten montags bis freitags von 7 bis 15.30 Uhr, samstags ab 6 Uhr, und fertigten 20 000 Jeans pro Tag, neben Khakis »und Anzughosen«, sagte Nichols. Die restlichen 5 Prozent der Mitarbeiter waren Männer, die Manager. Weibliche Manager gab es nicht. Frauen, die Arbeiter beaufsichtigten, wurden »Vorgesetzte« genannt. Sie verdienten weniger als die Männer und waren ihnen unterstellt. Mit 19 Jahren heuerte Nichols 1961 bei Levi's an, sieben Jahre später stieg sie zu einer Vorgesetzten auf.[45]

Am 3. November 1997, dem Montag vor den Bürgermeisterwahlen in New York, als in der Fabrik der ganz normale Lärm herrschte, ertönte plötzlich eine Stimme aus den Lautsprechern, welche die Arbeiter anwies, ihre Maschinen auszuschalten.

Als es im riesigen Raum still geworden war, fuhr die Stimme fort, trauervoller diesmal:

»Wir haben verheerende Nachrichten …«

Die Fabrik würde Ende des laufenden Jahres geschlossen werden, hieß es.

Den Arbeitern in den vier Abschnitten traten die Tränen in den Augen.

Zu jenem Zeitpunkt beschäftigte Levi's weltweit 37 500 Mitarbeiter in mehr als 50 Fabriken, von denen sich 32 in den USA und fünf in Kanada befanden. Levi's kündigte an, elf davon, auch die in der Cherry Street, mit sofortiger Wirkung zu schließen. Betroffen waren fast 6400 Produktionsmitarbeiter, davon 1800 in Knoxville – oder 34 Prozent der gesamten nordamerikanischen Belegschaft.[46]

Levi's versicherte, die Arbeit nicht ins Ausland verlagern zu wollen: Ein Sprecher sagte, der Personalabbau sei auf die gesunkene Kauflust der Verbraucher auf Bekleidung – von 7 Prozent des Einkommens in den 1980er-Jahren auf 4 Prozent in den 1990er-Jahren – zurückzuführen.[47] Das Unternehmen bot großzügige Abfindungen und Jobberatung für umschulungswillige Arbeitnehmer an.[48] Allein in diesem Jahr baute Levi's rund 43 Prozent seiner weltweiten Belegschaft ab.[49]

Nichts konnte den Schmerz der Entlassenen wirklich lindern. Nachdem sie kurzzeitig in den Ruhestand gegangen war, fing Nichols doch wieder an zu arbeiten: als Produktionsleiterin bei Omega Apparel in Smithville, Tennessee, einem Hersteller von Militäruniformen.

Aber nicht jeder hatte so viel Glück. »Wir haben viele gute Leute verloren«, erzählte sie mir. »Und manche starben sogar kurz danach.«

Die Levi's Absätze befanden sich weiterhin im freien Fall – die Umsätze sanken auf 5,1 Milliarden Dollar, ein Rückgang um 28 Prozent in nur drei Jahren.[50] Das Unternehmen kündigte weitere Werksschließungen an, um »dem Unternehmen mehr Handlungsspielraum zu verschaffen«, erklärte Levi's Nordamerika-Chef John Ermatinger. Dagegen beurteilte Bruce Raynor, Sekretär/Schatzmeister der Gewerkschaft UNITE, die Strategie so, wie sie wirklich war: »[Levi's] Beschluss, sich am Wettlauf nach unten zu beteiligen.«[51]

Um die Schließungen durchzuführen – und damit eine Kehrtwende einzuleiten –, stellte Levi's den 52-jährigen Philip Marineau, zuletzt Präsident und Chef von Pepsi-Cola Nordamerika, als Firmenchef ein. Er war der erste Chef, der nicht dem Umfeld der Strauss-Familie entstammte. (Haas blieb Vorstandsvorsitzender.) Marineau sagte, er würde die gleichen Methoden anwenden, mit denen er Gatorade und Mountain Dew verkauft hatte, da, wie er ohne Ironie behauptete, alkoholfreie Getränke »dem Modegeschäft nicht unähnlich sind«.[52]

Sein Plan war simpel: Levi's »musste von einem produzierenden Unternehmen in einen Schöpfer, Vermarkter und Vertreiber von Bekleidung umgewandelt werden«, sagte er. Mit anderen Worten, Levi's würde die gesamte Produktion an Vertragspartner auslagern und diese wieder an Subunternehmer und so weiter.

Das bedeutete die Schließung der letzten firmeneigenen Fabriken, darunter auch die 1906 eröffnete Mutterfabrik an der Valencia Street in San Francisco und das 43 Jahre alte Werk in Blue Ridge, einer 1400 Einwohner-Kleinstadt im US-Bundesstaat Georgia. Bereits ein Jahr zuvor hatte Levi's 300 Mitarbeiter entlassen, jetzt konnten auch die restlichen 400 ihre Entlassungspapiere abholen.[53]

Es waren ausschließlich Arbeiterjobs. Die meisten Arbeiter verdienten umgerechnet 7 bis 13 Euro pro Stunde für Aufgaben wie das Fertigen von Gürtelschlaufen, das Anbringen von Nieten und das Einnähen von Reißverschlüssen.[54] Einige kamen mit umgerechnet weniger als 20 000 Euro pro Jahr nach Hause.[55] Aber Levi's kompensierte die niedrigen Löhne, indem es als Mitglied der Gemeinschaft die Mitarbeiter mit großzügigen Spenden an das Krankenhaus, Schulen, Pflegeheime, die öffentliche Bibliothek und das Little League-Teams unterstützte. 2001 erhielt die Feuerwehr 10 000 Dollar für die Anschaffung neuer Kommunikationstechnik. Und alljährlich an Weihnachten erhielten die Senioren im örtlichen Gesundheitszentrum kleine Taschen mit Körperpflegeprodukten oder eine kleine Geldsumme. Jahrelang unterstützte das Unternehmen den ersten Defibrillator des Bundesstaates mit dreistelligen Summen und leistete einen finanziellen Beitrag zur Anschaffung eines hydraulischen Rettungsgeräts für Autounfälle, bezahlte Lockenstäbe für einen Kosmetikkurs und stiftete das Flutlicht für das örtliche Stadion. »Sie ermöglichen es uns, viele Dinge zu haben, die wir ohne sie nicht gehabt hätten«, sagte der Schulleiter der High School, Doug Davenport.

Und auf einmal war das alles vorbei. Blue Ridge wurde zum Sinnbild für den wirtschaftlichen und sozialen Niedergang, den gewinnorientierte, kurzfristige Entscheidungen in Vorstandsetagen – wie die Verlagerung von Arbeitsplätzen ins Ausland – in kleinen Produktionsstandorten überall in den USA anrichteten.

Der Staat eröffnete eine Arbeitsagentur, um ehemaligen Levi's-Mitarbeitern bei der Suche nach einem neuen Arbeitsplatz zu helfen – keine leichte Aufgabe, wenn man bedenkt, dass nur wenige Abitur hatten. Kinder vor Ort nahmen nicht am Schwimmunterricht im County Rec Center teil, da sich Familien einstiger Fabrikarbeiter die Anmeldegebühr von fast 20 Dollar nicht mehr leisten konnten. Viele zogen weg, um anderswo nach Arbeit zu suchen, was sich negativ auf die Schülerzahlen auswirkte und die Schulleitung dazu zwang, Lehrer zu entlassen. Die Einnahmen der Gemeinde sanken, was zu Einschnitten im öffentlichen Dienst führte. »Das Geld wird knapp«, sagte Bernie Hodgkins, der Direktor für Freizeitgestaltung im Fannin County. »Es wird diesen kleinen Bezirk zerstören, das spüre ich.«[56]

In der nationalen Presse wurde Levi's wegen des Rückzugs aus Blue Ridge schwer gescholten, aber das bremste Marineau keineswegs, ganz im Gegenteil. Er entließ insgesamt 25 000 Mitarbeiter. In einem Interview mit dem *San Francisco Chronicle* verteidigte er sein Vorgehen: »Vom Gesichtspunkt der Gerechtigkeit aus gibt es keinen Grund zu sagen, dass jemand in San Antonio diesen Job mehr verdient als jemand in Pakistan.«[57]

Während er all diese Leute entließ, verdiente Marineau (2004) angeblich 6,3 Millionen Dollar an Gehalt, Boni und langfristigen Leistungsprämien und sollte in den nächsten zwei Jahren einen zusätzlichen Bonus von 4 Millionen Dollar erhalten.[58] Am Ende dieser zwei Jahre trat Marineau – im Alter von 60 Jahren – zurück. Seine Rente beträgt 1,2 Million Dollar pro Jahr.[59]

Und das, obwohl Levi's Absätze weiterhin rückläufig waren und der Umsatz mit 4,19 Milliarden Dollar gerade mal die Hälfte des Rekordjahrs, zehn Jahre zuvor, betrug.

Nach ihrem Konkurs versuchte Sally Fox einen Neustart. Über eine spezialisierte Agentur gelang es ihr, den Besitz in Kern County gegen jenen in Brooks einzutauschen, wo wir an jenem Oktobermorgen verweilten. »Gleiche Größe, aber schöner«, sagte sie, während sie bewundernd durch das Fenster auf die hügelige Landschaft blickte. Sie traf hier mit einem Wohnwagen ein, der zunächst ihr Zuhause wurde, bis sie ihn 2003 gegen einen deutlich größeren Wohnwagen austauschte. Und sie hatte ihr Saatgut dabei. Sie züchtete und bestellte weiterhin kleine Flächen mit Baumwolle, um die Zuchtlinien leistungsfähig zu halten. Sie finanzierte alles mit den Einnahmen aus dem Verkauf von Selbstgemachtem – Garnen, Socken, Pullovern – auf ihrer Webseite. Alles zu 100 Prozent bio.

Mutter Natur schuf die Baumwolle als eine Staude. In ihrem ersten Jahr »will sie wachsen und ein riesiger Baum werden«, erzählte mir Fox, »und im zweiten Jahr trägt sie ihre Blumen zur Schau. Wenn man will, dass die Pflanze bereits im ersten Jahr blüht, muss man sie in eine Stresssituation bringen, indem man ihr nicht genug Wasser oder Dünger gibt; mäßig fruchtbare Böden führen dazu, dass sie anfängt, zu blühen. Aus dem Grund hatte Baumwolle den Ruf, eine genügsame Pflanze zu sein. Aber so war es gleichzeitig die letzte Ernte, wenn man nicht den Boden wieder mit viel Gülle oder Zwischenfrüchten fruchtbar machte. Wenn man kein Geld hatte, um den Boden fruchtbar zu machen, könnte man gleichwohl Baumwolle anbauen und das benötigte Geld damit verdienen.«

In den 1980er-Jahren entwickelte BASF einen Mepiquat-chlorid-basierten Wachstumsregulator namens Pix, der Baumwolle effektiv in eine einjährige Pflanze verwandelte: Wird das Mittel auf die Pflanzen gesprüht, bildet sie Blüten. Da Baumwollerzeuger für den Ertrag und nicht für die Anbaufläche bezahlt werden – außer in der Europäischen Union, in der die Produktion in Griechenland und auf der Iberischen Halbinsel gering ist –, stellte dieser wissenschaftliche Durchbruch das Baumwollgeschäft auf den Kopf. Die Landwirte fingen an, ihre Pflanzen reichlich zu (be)wässern, um das Wachstum anzukurbeln, und setzten anschließend Pix ein. »Plötzlich konnte man von einem halben Hektar nicht nur einen Ballen ernten, sondern sechs Ballen«, sagte Fox. In den 1990er-Jahren gab es kaum noch konventionelle Baumwollerzeuger, die Pix nicht einsetzten.

Um den Unkrautbefall zu regulieren, führte der amerikanische Agrarchemie- und Biotechnologiekonzern Monsanto 1997 eine kommerzielle Varietät der genmanipulierten Baumwolle namens »Roundup Ready Cotton« ein[60]. Die Samen wurden derart genetisch verändert, dass die Pflanzen eine Behandlung mit Roundup, Monsantos Glyphosat-basiertem Unkrautvernichtungsmittel, vertrugen. In der Praxis bedeutet dies, dass alles auf einem Feld – außer der Baumwolle – vernichtet wird. Um effizient zu arbeiten, braucht das eine das andere, und so zwang Monsanto Landwirte dazu, beides zu kaufen. Monsantos Mitbewerber brachten Konkurrenzprodukte auf den Markt, und die konventionellen Landwirte kauften diese ebenfalls: 2018 waren 94 Prozent der amerikanischen Baumwolle gentechnisch verändert, in Alabama, Arkansas, Louisiana, Mississippi und Missouri bis zu 99 Prozent, in Georgia sogar 100 Prozent.[61]

Roundup ist das am häufigsten eingesetzte Pestizid und macht 40 Prozent des weltweiten Glyphosat-basierten Unkrautvernichtungsmarktes aus.[62] Umweltexperten in der Modebranche waren skeptisch, ob diese Entwicklung gut für die Erde war. 1994 untersuchte Patagonia-Gründer Yvon Chouinard die Auswirkungen von Roundup und kam zu dem Schluss, dass es giftig sei. Daraufhin versprach er, ab 1996 nur noch Bio-Baumwolle zu verwenden.[63] 20 Jahre später bestätigten sich Chouinards Bedenken: 2015 stufte die Internationale Agentur für Krebsforschung der Weltgesundheitsorganisation Roundup und andere Glyphosat-Herbizide als »wahrscheinlich krebserregend für den Menschen« ein.[64] 2018 kaufte Bayer Monsanto und kündigte an, den über 100 Jahre alten Namen, der unter Umweltaktivisten zum Synonym für das Böse geworden war, verschwinden zu lassen.

Zur Bekämpfung der unzähligen Krankheiten, mit denen Baumwollpflanzen zu kämpfen haben, setzten Landwirte Bayers Aldicarb, ein Carbamate-Insektizid, ein. Aldicarb ist eines der am häufigsten verwendeten Pestizide und nachweislich giftig für Mensch und Tier. Kontakt mit dem Gift kann zu Sehstörungen, Kopfschmerzen, Übelkeit, tränenden Augen, Schwitzen und Zittern führen, hohe Dosen sogar zum Tod. Einbrecher in Südafrika verwenden Aldicarb, um Hunde zu vergiften.[65]

Besorgniserregend ist die Tatsache, dass Berichten zufolge in 16 amerikanischen Bundesstaaten Spuren von Aldicarb im Grundwasser gefunden wurden. Zwar hatte die US-Umweltschutzbehörde EPA unter Präsident Obama einen Plan für ein Verbot von Aldicarb ab 2018 erarbeitet, aber seitdem Obama 2017 von Donald Trump abgelöst wurde, hat die Behörde ihre Webseite mit dem Ausstiegsplan nicht mehr aktualisiert.

Trotz aller Missstände, die ein Synonym für Denim sind, ist seine Beliebtheit ungebrochen. Der Kreislauf des Modekonsums setzt sich aus vielen Gründen fort, nicht zuletzt wegen »des Drucks der privaten und öffentlichen Kapitalmärkte«, sagte David Weil, Dekan der Heller School for Social Policy and

Management der privaten Brandeis-Universität im US-Bundessstaat Massachusetts. Korruption regiert die gesamte Lieferkette – von Rohstoffen bis hin zu Arbeitskräften. »Der Begriff ›akzeptables Verhalten‹ wurde ausgehöhlt«, so Weil.[66]

Um das zu ändern, müssen die staatlichen und föderalen Behörden seiner Meinung nach »die Spitzen dieser Unternehmen an einem Tisch versammeln und dazu bringen, stärkere Anreize für die Festlegung von Preisstrukturen zu schaffen, die sich anders verhalten«.

Letzten Endes, so Weil, müssen Marken sich an den Gedanken von kleineren Gewinnspannen gewöhnen.

Im Umkehrschluss bedeutet dies, dass »Verbraucher etwas mehr bezahlen müssen«, sagte er. »Wenn Verbraucher meinen, sie könnten Kleidungsstücke für 11 Dollar kaufen und sich gleichzeitig dabei gut fühlen, dann sage ich: Träumt weiter.«

Kurzum: Die Branche braucht einen neuen Mechanismus. Heute diktieren Modemanager »das Geschehen in der gesamten Lieferkette in einem unglaublichen Ausmaß – und das betrifft nicht nur das Produkt an sich, sondern auch die Auslieferung, Barcodes und Versandcontainer«, so Weil. »Sie schicken eine Bestellung kurzerhand zurück, wenn die Farbstoffe nicht richtig sind – *das* überwachen sie haargenau.«

»Aber«, fuhr er fort, »irgendwie ist es unsinnig, sicherzustellen, dass die Fluchtregeln für Notfälle eingehalten werden, dies aber nicht in einem Gebäude wie Rana Plaza durchzuführen. Dieser Teil des Problems muss zuerst angepackt werden, indem Verbraucherorganisationen und NGOs den Druck erhöhen und Regierungen zusammenarbeiten.«

Oder, so Weil, » man krempelt das gesamte Produktionsmodell um.«

Teil 2

VIER

Vom Feld bis zur Form

Im äußersten Nordwesten des US-Bundesstaats Alabama, jenseits des Tennessee-Flusses und gegenüber Muscle Shoals mit seinen berühmten Tonstudios, liegt Florence, eine Stadt mit 39 000 Einwohnern. Vor dem Inkrafttreten des NAFTA-Abkommens war Florence die Welthauptstadt des Baumwoll-T-Shirts.

»Sie verwendeten Baumwolle, die hier angebaut wurde«, erzählte mir die Modedesignerin Natalie Chanin[1] bei BLT-Sandwiches und Eistee. Wir trafen uns im Factory Café mit ausschließlich lokalen Produkten in Building 14, einer von 20 riesigen, einstöckigen Fabriken in einem Gewerbegebiet am Stadtrand, die heute für andere Zwecke verwendet werden.

Mit ihrer typisch englischen hellen Haut, grauweißen Haaren, aufgeweckten haselnussbraunen Augen unter rabenschwarzen Augenbrauen und ihrer honigweichen Stimme ist Chanin in der »achten oder neunten Generation« ein Kind des amerikanischen Südens und dieser Stadt.

Sie erinnert sich noch gut an jene Zeit, als ihre Heimatstadt ein florierendes Zentrum der Bekleidungsindustrie war – dort, wo wir zu Mittag aßen, war die Fabrik von Tee Jays Manufacturing Co., dem drittgrößten Arbeitgeber der Region. Anfang der 1990er-Jahre, also vor NAFTA, verzeichnete Tee Jays einen Jahresumsatz von 50 Millionen Dollar.

»Die Fabrik verfügte tatsächlich über eine Strickmaschine, und die Färberei war direkt hinter uns«, sagte Chanin. »Und hier«, sagte sie, während sie mit ihrer Hand eine ausholende Bewegung durch den weiten, offenen Raum machte, »wurde genäht. Lange Reihen von Maschinen und Aberhunderte von Saumfüßen. Ralph [Lauren], Tommy [Hilfiger] und Walt Disney – alle ließen sie hier fertigen.«

Nach dem Inkrafttreten des NAFTA-Abkommens verlagerte sich die amerikanische T-Shirt-Produktion ins Ausland, und lokale Produzenten wie Tee Jays stellten den Betrieb ein. »NAFTA hat das Unternehmen vernichtet«, sagte mir der ehemalige Eigentümer Terry Wylie[2]. Wie ein Großteil der Textilregion in diesem Teil der USA geriet auch Florence in eine finanzielle und soziale Krise. »1993 arbeiteten hier 5000 Menschen aus der Region, Dienstleistungsbranchen wie Restaurants, Kindertagesstätten, Tankstellen nicht mit eingerechnet«, sagte Chanin. »Früher gab es in dieser Stadt 20 Färbereien. Als die Bekleidungsindustrie hier zusammenbrach, brach alles zusammen.«

Heute, 25 Jahre später, helfen Chanin und ihr Freund, der aus Louisiana stammende Modedesigner Billy Reid, Florence dabei, seinem Spitznamen »Renaissance City« gerecht zu werden.

In »The Factory« arbeiten Chanin und ihr 30-köpfiges Team für Alabama Chanin, eine Damenbekleidungsmarke, die sich auf wehende Bio-Baumwollkleider und Maßkleidung spezialisiert hat, die in der Region hergestellt werden. In der Court Street, der Hauptstraße der Stadt, hat Reid seinen Firmensitz und einen Laden – einen von zwölf landesweit, die er 2018, als ich zu Besuch war, betrieb. Sein charakteristischer Look ist das, was ein Modejournalist der *New York Times* als »whiskey-soaked style« (whiskeygetränkten Stil) bezeichnete: zerknitterte Seersucker-Blazer, zackige Leinenhosen, ausgefranste Arbeitshemden, Baumwoll-Hemdkleider und hochwertige Selvedge-Jeans in Hülle und Fülle.[3]

Um alle Aufgaben zu erledigen, rekrutierten Chanin und Reid junge Städter – neben Chanins 30 Mitarbeitern beschäftigt Reid weitere 70. Dieser Zustrom von Kreativen ließ eine ganze Reihe von neuen Unternehmen entstehen – Gastropubs, Boutique-Hotels, eine Mikrobrauerei und das Plattenlabel

Single Lock Records, das der lokale Grammy-Gewinner John Paul White mit gründete. Jeden August organisiert Reid das dreitägige Fest »Shindig« mit Südstaatenessen, Musik, Mode und Kultur, das Besucher aus dem ganzen Süden der USA anzieht.

Chanin eröffnete die Ausgabe, die ich miterlebte – Shindig Nr. 8, im August 2016 – mit einem ausgelassenen Benefizessen im Factory Café, an dem ein paar Hundert Menschen teilnahmen. Der Erlös ging an die Southern Foodways Alliance, ein regionales Institut zur Erforschung der Esskultur der Südstaaten.

Was Chanin und Reid tun, nennt sich »Slow Fashion«: eine wachsende Bewegung von Schöpfern, Designern, Händlern und Herstellern weltweit, die als Reaktion auf Fast Fashion und die Globalisierung ihr Tempo und ihre finanziellen Ambitionen deutlich zurückgeschraubt haben. Stattdessen fokussieren sie sich mehr auf die Herstellung von Produkten mit inhärentem Wert, Stärkung des Kundenerlebnisses und Reduzierung von Umweltschäden. Diese stille Revolution wird auch durch ihren Wunsch befeuert, die Lebensqualität ihrer Familien und ihrer Mitarbeiter zu verbessern. Slow Fashion engagiert sich für lokale und regionale Hersteller und Produkte statt für Massenproduktion. Es feiert die Handwerkskunst und respektiert Tradition, setzt dabei auch auf moderne Technologie, um die Produktion sauberer und effizienter zu machen. Es gehe darum, Arbeitnehmer anständig zu behandeln, so Chanin, und »bei demjenigen am Ende der Straße zu kaufen, dessen Gesicht du kennst und magst«.

Sie unterstützt Gleichgesinnte in der Modebranche, so gut sie kann – so kaufte sie Baumwolle von Sally Fox, arbeitete mit der jungen Designerin Elizabeth Pape aus Nashville zusammen (der das Direct-to-Consumer-Label Elizabeth Suzann gehört) und ist mit Maria Cornejo, die die gleichnamige Damenbekleidungsmarke aus New York leitet, befreundet, für die sie eine wichtige Mentorin und Beraterin ist. Wenn angehende Designer Chanin darauf ansprechen, wie sie das macht, versucht sie immer, zu helfen. »Es ist so wichtig, der nächsten Generation die Hand zu reichen«, sagte sie. Jeden Tag um 14 Uhr führt sie Besucher durch The Factory. »Wir versuchen, so transparent wie möglich zu sein.«

Auch glaubt sie, dass Bildung der Schlüssel ist. In The Factory hat sie die »School of Making« eröffnet, ein soziales Nähprojekt, und sie veröffentlicht Bücher über Handarbeit. »Studenten von der Designschule, die zu uns kommen, können nur zeichnen, schicken ihre Bilder ab und bekommen am Ende fertige Kleidungsstücke«, sagte Chanin. »Wie Kleidung hergestellt wird, wissen sie nicht – und somit ist eine Menge wichtiges Wissen verloren gegangen.«

2001 drehte Chanin den kurzen Dokumentarfilm *Stitch* über die Kunst des Steppstichs im Süden der USA, der mit ihrer ersten Kollektion gezeigt wurde. Seit 2016 arbeitet sie mit dem Center for the Study of Southern Culture an der University of Mississippi zusammen, um die Geschichte des Nähens im Süden der USA mündlich aufzuzeichnen. Und im April 2019 stellte sie einige der Ergebnisse während ihres ersten Projekts »Threadway's Symposium« vor, einer jährlichen Feier mit dem Thema »Herstellung, Musik und Gemeinschaft« mit dem Schwerpunkt Materialkultur, Textilgeschichte, Baumwolle und Frauen in der Belegschaft. Ihre Bildungsinitiativen betrachtet sie als Versuch, Handarbeit zu »bewahren« – »eine Fertigkeit«, sagte sie, »die hierzulande ausstirbt«[4]. Für Chanin ist etwas unbedingt erforderlich: Wir sollten »imstande sein, unsere Kleidung selbst herzustellen«. Wenn uns das Wissen über die Handwerkskunst wie das Nähen abhandenkommt, fragt sie: »Was passiert dann mit der Kultur?«

Chanin wuchs inmitten von Baumwollfeldern auf. Ihr Großvater mütterlicherseits arbeitete für die Tennessee Valley Authority, ihr Großvater väterlicherseits war Tischler, und beide waren Bauern. »Meine Mutter erzählte immer, dass sie Baumwolle pflückte, um ihre Schulkleidung zu kaufen«, sagte sie lachend[5]. Chanins Großmutter mütterlicherseits und auch ihre Urgroßmutter arbeiteten in der Sweetwater Mill in Florence und fertigten Unterwäsche für Soldaten. Ihre Mutter war Mathematiklehrerin an der Mittelschule, ihr Vater Tischler und Unternehmer.

Sie alle lehrten Chanin die Bedeutung der Selbsterhaltung. Ihre Großmütter nähten zu Hause – man »stellte sämtliche Unterwäsche, Nachthemden, einfach alles selbst her«, sagte sie – und auch ihr zeigten sie, wie man es machte. Als Kind verbrachte Chanin viele Stunden auf dem Dachboden ihrer Großmutter und spielte Verkleiden mit Vintage-Kleidern, Umhängen und Schals. »So verliebte ich mich in Kleidung«, erzählte sie mir. Als junge Mutter – mit 20 bekam sie ihren Sohn Zach – studierte sie Mode und Textildesign an der North Carolina State University. Nach ihrem Abschluss 1987 zog sie nach New York, wo sie als Designassistentin bei einer jungen Sportbekleidungsmarke an der Seventh Avenue anheuerte. Was sie dort erlebte, führte zur Neubewertung ihrer Karriereträume.

»Ich war viel im Ausland unterwegs und habe viele Dinge gesehen, die ich nicht für richtig hielt – Dinge, die man Menschen nicht zumuten darf«, sagte sie. Sie hörte auch Horrorgeschichten. Eine Freundin, die bei Gap arbeitete, »erzählte mir, dass sie bei einem Besuch einer Färberei in Indien gesehen hatte, wie der Farbstoff direkt in einen Fluss strömte«, erinnerte sich Chanin. »Und zehn Meter weiter flussabwärts holten Kinder Wasser und tranken es. Sie tranken blauen Farbstoff. Der Fluss war blau. Ich dachte: ›Wenn ich so Mode machen muss, dann will ich keine Mode machen.‹«

1990 zog sie nach Wien und wurde Stylistin bei MTV. Im Jahr 2000 kehrte sie nach New York zurück, um ein Sabbatical einzulegen, und mietete sich im Hotel Chelsea ein. Sie verbrachte ihre Tage bei Goodwill und kaufte T-Shirts. Sie schnitt sie auf, nähte sie wieder zusammen und schmückte sie mit ungewöhnlichen Stickereien mit sichtbaren Knoten und herunter baumelnden Fäden. Als Inspiration diente ein antikes Korsett, das sie auf dem Flohmarkt auf der 26th Street entdeckte. »Mir wurde nicht klar, was innen und was außen war, es waren Teile weggeschnitten und wieder hinzugefügt worden«, erinnerte sie sich. »So fühlte sich auch mein Leben zum dem Zeitpunkt an – ein großes Durcheinander –, und deshalb drehte ich die T-Shirts auf links, um zu zeigen, was sich auf der Innenseite befand. Und das hat unseren Stil geprägt.«

Um eine richtige Kollektion zu entwickeln, brauchte Chanin Hilfe. Sie rief bei Werkstätten im Garment District an. »Ich wollte, dass sie die ausgefallenen Stickereien machen, aber niemand begriff, wovon ich sprach«, sagte sie. »Dann erkannte ich, dass sie wie Steppstiche aussahen, und dachte, wenn ich es so machen wollte, wie ich mir das vorstellte, musste ich dahin, wo ich herkam: nach Alabama, dort, wo die Leute noch ›quilten‹.«

Sie suchte ein Haus auf dem Land, dort, wo sie aufgewachsen war, so Chanin, »weil ich dachte, dass ich sie dort finden würde, die Quilter.« Alabama hat eine lange Quilt-Tradition, die von Organisationen wie Gee's Bend Collective und, bis 2012, Freedom Quilting Bee weitergeführt wurde.

Chanins Tante hatte kurz zuvor ein Haus aus rotem Backstein gekauft, das Chanins Großvater 1949 für seinen besten Freund neben seinem eigenen Haus gebaut hatte. Chanin zog ein, stellte ein paar Nähmaschinen und einen Schreibtisch auf und fand Quilter, die bereit waren, ihre Stickereien zu machen. Das Alabama-Projekt war geboren.

Als ausreichend Kleidungstücke zum Fotografieren und Verkaufen fertiggestellt waren, stellte Chanin einen kleinen Katalog, in der Branche »Look Book« genannt, zusammen und schickte diesen an Einzelhändler. Einer landete auf dem Schreibtisch von Julie Gilhart, der damals namhaften Modedirektorin von Barneys. Gilhart hatte ein Näschen für junge Modetalente und wusste, wie man sie fördert. Fasziniert vom Look Book – »es war kunstvoll und erstaunlich«, erzählte Gilhart mir[6] – rief sie Chanin im Chelsea Hotel an. Ihr gefiel das, was sie sah. »Natalies T-Shirts waren stilvoll, und ihre Kollektion hatte ihren Zweck – sie beschäftigte viele Frauen in Alabama und förderte die Kunsthandwerkkultur«, erinnerte sich Gilhart. »Das fand ich toll, und deshalb machten wir mit.« Weitere Einzelhändler folgten, darunter auch Ron Herman in Los Angeles und Browns in London. Verkauft wurden die T-Shirts für bis zu 400 Dollar pro Stück. »Der Designer-Kunde war Natalies Stammkunde«, sagte Gilhart. »Sie verkauften sich sehr gut.«

Von dem Moment an erweiterte Chanin ihre Kollektion mit Kleidern und Anzügen im Stil der 1930er- und 1940er-Jahre, wie jene, die Blanche DuBois im Film *Endstation Sehnsucht* trug. Hergestellt wurde alles von Näherinnen in Florence aus Bio-Baumwolle oder Recyclingmaterialien. Chanin jettete zwischen New York und Florence hin und her, und zweimal im Jahr flog sie nach Paris, wo sie sich in einem Hotel am linken Seine-Ufer einquartierte, in dem sie während der Modewoche ihre Kollektion Einzelhändlern aus aller Welt zeigte. Damals erzielte sie 80 Prozent ihres Umsatzes mit Verkäufen an ausländische Großhändler.

Das erste Mal, dass ich Chanin besuchte, war genau in jener Zeit. Wir trafen uns in Los Angeles, in einem von Craig Ellwood entworfenen Bungalow des Chateau-Marmont-Hotels in West-Hollywood. Sie hielt sich wegen der Modewoche geschäftlich in der Stadt auf. Ich war von einem gemeinsamen Freund eingeladen worden und brachte meine damals vierjährige Tochter mit. Chanin saß auf einem Sofa im Stil des Midcentury modern, mit Baumwolljersey auf dem Schoß, einer Nadel mit Draht in der rechten Hand, während sie mit den Fingern ihrer Linken an den Litzen entlangfuhr, als würde sie sie massieren. »Das nennt man ›loving the thread (liebkose den Faden)‹, eine Technik aus den Südstaaten, bei welcher der Faden für das Nähen vorbereitet wird«, erklärte sie meiner Tochter. Dabei werden die Fasern während des Spinnvorgangs so lange verdreht, bis sich ein straffer Faden ergibt. »Wenn sich der Faden beim Nähen verheddert, dann deshalb, weil er zu viel Spannung hat«, sagte sie. »Eine der Traditionen, die man mir beibrachte, ist ›den Faden zu liebkosen‹: Wenn er durch deine Finger gleitet, wird er mit den Ölen deiner Haut überzogen, und du spürst die Spannung. Dann verheddert sich der Faden nicht so stark.« Sie zeigte es meiner Tochter, und während sie da so saßen, ließen sie ruhig und systematisch den Faden durch die Finger gleiten.

Chanins Geschäfte liefen gut, mit Umsätzen von etwa 2 Millionen Dollar. »Aber wie wir alle wissen, ist es schwer, ein Modegeschäft aufzubauen«, erzählte sie mir. »Und noch schwerer ist es, in den USA ein Modegeschäft aufzubauen, das auf echter Handarbeit basiert. 2006 kam schließlich der Punkt, an dem unsere Ideen auseinandergingen und mein Geschäftspartner und ich getrennte Wege gingen.« Etwa zur gleichen Zeit bekam sie ihr zweites Kind, eine Tochter.

Sie wagte einen Neustart und benannte ihr Geschäft um in Alabama Chanin.

»Die gleichen Personen, aber ein neuer Name«, sagte sie.

Und New York war passé.

Chanin war jetzt bereit für das, was ihr Freund John Paul White »die nährenden Vorteile einer Kleinstadt«[7] nennt.

Dort war sie keineswegs allein. Dank des Internets war Telearbeit gängig geworden. Und dank kostengünstiger und einfacherer Kassensysteme sowie Smartphone- und Tablet-Apps konnten auch Kleinunternehmen sich am Online-Handel beteiligen. Bis zu jener Zeit mit all diesen digitalen Möglichkeiten schien eine hyperlokale Bewegung völlig unmöglich. Orte wie Florence waren zu weit vom Design- und Einzelhandelsnetz New York-London-Paris-Mailand entfernt – und zu entlegen. Aber die Technologie, die Giganten wie Zara und H&M die Produktion und den Vertrieb über Grenzen hinweg so erleichterte, ermöglichte es auch kleinen Städten, zu Mode-Hotspots werden. Der Status quo war beendet, die Macht dezentralisiert.

Chanin kontaktierte Terry Wylie, Tee Jays' ehemaligen Inhaber und Eigentümer von Building 14, wegen der Übernahme eines 20 000 Quadratmeter großen Teils des insgesamt 160 000 Quadratmeter großen Gebäudes. Sie packte ihre Sachen im Backsteinhaus zusammen und zog um. Ihre neuen Räumlichkeiten waren wie eine Zeitreise in die frühen 1990er-Jahre. »An der Wand hing noch ein Münztelefon«, erinnerte sie sich. Seitdem hat sich die ursprüngliche Fläche auf 40 000 Quadratmeter verdoppelt. Ihr Atelier, das mit Sperrholz und Wellblechtrennwänden abgetrennt wurde, hat sie bestückt mit Arbeitstischen, einem Dutzend Nähmaschinen und einer Bibliothek mit Hunderten von Büchern über amerikanische Handwerkskunst, Nähen und Südstaatenküche. Ihr Archiv mit ihren Entwürfen ist umfangreich und auch ihre eigene Inspirationsquelle, die sie geregelt nutzt. »Ich habe oft gedacht, dass wir hiermit eines Tages nach Paris reisen würden«, sagte sie, als sie mir ein paar Stickmuster überreichte, »und sagen: ›Das sind die Dinge, die wir können. Schicken Sie uns Ihre Aufträge!‹«

Ihre Stoffe bezieht Chanin von Signet Mills in Spartanburg im US-Bundesstaat South Carolina – ihr bevorzugter Jersey ist aus texanischer Bio-Baumwolle –, und für das Färben ihrer Indigokleidung arbeitet sie mit einer lokalen Färberei-Manufaktur zusammen. Ihre Vorliebe für Bio-Materialien brachte ihr 2013 den Gewinn des Öko-Mode-Preises »Lexus Eco-Fashion Challenge« des US-amerikanischen Modeverbands CFDA ein – eine Auszeichnung, welche die Entwicklung nachhaltiger Mode würdigt und fördert.

Chanin macht die Entwürfe, und ihre Assistenten führen sie aus. Als ich sie besuchte, war die 68-jährige Sue Hanback ihre Musternäherin. Als Arbeiterin hatte Hanback die Zeit der US-amerikanischen Bekleidungsindustrie vor dem NAFTA-Abkommen noch erlebt. »Sie war bereits im Ruhestand, als sie beschloss, uns zu helfen«, so Chanin. »Ohne Sue hätten wir es niemals geschafft.« Inzwischen ist Hanback wieder im Ruhestand, packt aber immer mal wieder mit an, wenn Not am Mann ist.

Anders als Mary Katrantzou, die ihre Stoffe bedruckt, verwendet Chanin Schablonen, »eine universelle Art der Musterübertragung«, die im Jahr 100 n. Chr. in China entwickelt wurde, sagte sie. »Wir haben im Moment etwa 700 davon, einige mit geometrischen, einige mit Blumenmuster. Hergestellt sind sie aus unterschiedlichen Materialien, von Karton bis zum sehr formstabilen Mylar (einer Polyesterfolie), die hunderte Male verwendet werden kann.« Die Muster werden mit einer Airbrush-Pistole auf den Stoff gesprüht.

Ist der Stoff geschnitten und schabloniert und sind die Stickmaterialien und Kurzwaren ausgewählt, bündelt das Team das Ganze zu dem, was Chanin ein »Kit« nennt. Sobald ein Kunde eine Online-Bestellung aufgibt, geben Chanins freiberufliche Näherinnen – insgesamt etwa zwei Dutzend – ein Angebot ab. Sie alle sind unabhängige Auftragnehmer, die frei entscheiden können, wann, wo und für wen sie arbeiten wollen. Ihr Angebot umfasst auch Zusatzkosten wie Lieferung, Produktionsnebenkosten, Krankenkassenbeiträge und andere Vergünstigungen. Danach vergibt Chanin das Projekt auf der Basis von »Pünktlichkeit oder Qualität der Arbeit«, erklärt sie. Daraufhin holt sich die beauftragte Näherin das Kit in Building 14 ab, näht das Ganze in etwa zwei Tagen zusammen, versieht das fertige Kleidungsstück mit Nummer und Unterschrift und liefert es zum Schluss wieder am Hauptsitz von Alabama Chanin im Building 14 ab, wo es verpackt und an den Kunden verschickt wird. Ein handgenähtes, doppelschichtiges Jersey-Kleid aus Bio-Baumwolle kostet etwa 800 Dollar, Chanins handgenähte Bio-Baumwollmäntel fast 4000 Dollar. Die Näherinnen erhalten mindestens 25 bis 50 Prozent des Ladenpreises, je nach Komplexität des Projekts. »Ich war gestern Abend zum

Essen bei Freunden eingeladen und die sagten: ›Deine Sachen sind so teuer!‹ Und da sagte ich: ›Fuck, ja, das stimmt. Weil ich meine Leute anständig bezahle.‹ Ich fahre keinen Mercedes, sondern einen Toyota-Prius, und führe ein sehr bescheidenes Leben.«

Chanin tut ihr Möglichstes, um jene Probleme zu vermeiden, mit denen die Bekleidungsindustrie der Südstaaten lange Zeit zu kämpfen hatte. »Es gibt viele Leute, die fragen: ›Woher weißt du, dass keine Kinderarbeit im Spiel ist?‹«, sagte sie mir. »Und ich sage: ›Nun, wir kennen Betty seit 16 Jahren. Sie ist 86 Jahre alt und macht nur eine bestimmte Art von Arbeit. Sie hat keine Kinder zu Hause, die Schutzhüllen häkeln.‹ Und deshalb gilt bei uns die Regel, dass all unsere Näherinnen höchstens anderthalb Autostunden von uns entfernt leben und ihre Arbeit höchstpersönlich abholen und bringen müssen. Wenn jemand 50 Kits pro Woche nimmt, ist das ein ziemlich gutes Zeichen dafür, dass er die Arbeit nicht selbst macht. Unser Verhältnis ist persönlicher. Und es sind alles Frauen.«

»Nur Frauen?«, fragte ich.

»Nur Frauen«, erwiderte sie.

2013 erweiterte Chanin ihre Kollektion um maschinell gefertigte Kleidungsstücke, die alle in Building 14 hergestellt werden und zwischen 59 und 1000 Euro kosten – »je nach Komplexität« – erklärte sie. Dieser Teil ihres Geschäfts war allerdings kleiner als sie sich gewünscht hatte. »Unsere Produktionskapazität ist dadurch begrenzt, dass wir nicht genügend Näherinnen finden, welche die Maschinen der Qualität entsprechend bedienen können«, so Chanin. Um mehr Menschen auszubilden, hat sie sich mit NEST zusammengetan, einer gemeinnützigen Organisation mit Sitz in New York, die sich weltweit für kleine Modemanufakturen einsetzt. Chanin verkauft auch DIY-Kits – von 150 Dollar für ein T-Shirt bis zu 550 Dollar für ein Wickelkleid – für jene Kunden, die ihre Kleidung selbst nähen möchten.

Etwa zur gleichen Zeit eröffnete sie das Café und den Laden. Das Café ist mit langen Reihen von weiß gestrichenen Holztischen und nicht dazu passenden Holzstühlen bestückt, und an sechs Wochentagen wird hier Mittagessen serviert. An dem Tag, als ich Chanin dort besuchte, stand auf der Tafel hinter der Bar: »Willkommen Freunde.« Im Laden, einem offenen Raum, der nahtlos in das Café übergeht, bietet sie gefragte Haushaltswaren aus Handarbeit sowie eine Auswahl aus ihrer Bekleidungskollektion an. Ein Bruchteil ihrer Kollektion wird jetzt auch an Orten verkauft, die sie mag oder die von Freunden geführt werden, wie dem Blackberry Farm Hotel in Smoky Mountains in Tennessee oder der Galerie Smilow Mathiesen in Santa Fe. Den Großteil ihres Umsatzes erzielt sie jedoch online und auf Bestellung, in der Regel mit einer Lieferzeit von drei bis sechs Wochen. Als ich sie 2016 besuchte, lag der Anteil des Online-Handels bei 60 Prozent, zwei Jahre später bei 80 Prozent.

Chanins »schlanke Herstellungsmethode«, wie sie sie nennt, ermöglicht die Fertigung von etwa 120 Kleidungsstücken pro Tag – ein Klacks im Vergleich zu den 35 Millionen, welche Tee Jays Fabrik in ihrer Blütezeit vor dem NAFTA-Abkommen alljährlich produzierte. Laut dem Zehnjahresplan, den sie 2013 aufstellte, soll der Jahresumsatz bis 2023 auf 10 Millionen Dollar ansteigen. 2018 betrug ihr Umsatz 3 Millionen Dollar, und sie sagte: »Wir liegen im Plan, was unsere jährlichen Zielvorstellungen angeht.«

Die Umsetzung eines ethischen Geschäftsmodells sei nicht »der lukrativste« Weg gewesen, räumte sie ein. Und es gab viele Kassandrarufe von Menschen, die ihr sagten, dass es unmöglich sei, eine ununterbrochene heimische Lieferkette hinzubekommen. »Aber wir hielten uns an unsere Vorgaben, auch wenn das nicht immer einfach war«, so Chanin. »Und wir haben es geschafft.«

Natürlich gibt es Zeiten, in denen die Tatsache, dass wir alles hier im Nordwesten Alabamas tun, »die tiefere Verbindung zur Industrie vermissen lässt und wir nicht am Puls der Zeit sind, was Entwicklungen im amerikanischen Modedesign angeht«, gab sie zu. Aber die Vorteile der »Hyperlokalität«, wie sie es nennt, überwiegen in den wehmütigen Momenten dieser Sehnsucht. Sollten die »schwierigen Zeiten kommen« – und das werden sie –, sind »unsere Gemeinkosten und Ausgaben derart niedrig, dass uns das nicht so ängstigen muss«, so Chanin. »Ich bin 100-prozentige Inhaberin und habe keine Partner. Wir schulden der Bank nichts. Wir leihen uns kein Geld, um die Kollektion zu produzieren. Wir investieren in junge Menschen und bilden sie gut aus.

Wir fühlen uns unserer Gemeinschaft sehr verpflichtet. Ich konnte meine Kinder großziehen und ein kreatives Leben führen, das mich glücklich macht, und tue gute und wichtige Dinge. Es gefällt mir, wo ich gelandet bin und was wir geschaffen haben. Und ich bin stolz darauf, Vergangenes in meinem Geburtsort wieder zum Leben erweckt zu haben und einen Beitrag zu seiner Zukunft zu leisten.«

Wie Chanin, musste auch Billy Reid erst stolpern, um zu erkennen, dass Slow Fashion in einer Kleinstadt der richtige Weg war.

Reid[8] wurde 1964 geboren und wuchs in Amite City auf, einem abgelegenen Ort in einer Bayou-reichen Gegend in Louisiana, anderthalb Autostunden nordwestlich von New Orleans. Seine Mutter, T. J. Reid, hatte eine Kleiderboutique im ehemaligen Haus seiner Großmutter. »Ich bezeichnete es immer als ›Magnolien aus Stahl in einem Laden‹«, erzählte mir Reid während meines Besuchs in Florence. »Meiner Mutter war es egal, ob Kunden etwas kauften; sie konnten einfach nur kommen, um zu reden und zu tratschen.«

Reid hatte einst höhere Ambitionen, die er auch eine gewisse Zeit lang wahr machte. 1998 gründete er William Reid, ein in Dallas ansässiges Label, das sich auf Kaufhäuser konzentrierte. Innerhalb von zwei Saisons hatte er 35 Kunden, darunter Saks Fifth Avenue. Im Jahr 2000 ließ er sich mit seiner Firma in New York nieder, in einem Lagerhaus in der 28th Street zwischen der 10th Street und der 11th Avenue in Manhattan. Er kleidete Prominente wie Matthew McConaughey und Gwyneth Paltrow ein und wurde von der *Vogue* angepriesen. Im Juni 2001 gewann er seine erste von vier Auszeichnungen des US-Modeverbands CFDA für Nachwuchstalente (Perry Ellis Award for Emerging Talent).

Seine Modenschau für die Frühjahrskollektion 2002 fand am 10. September 2001 in seinem Hauptsitz statt. »Tolle Show«, erinnerte er sich[9]. Aber niemand hatte eine Chance, die Bewertungen zu lesen oder die Kleidung zu kaufen. Denn der Terroranschlag am nächsten frühen Morgen beutelte auch die amerikanische Wirtschaft, einschließlich Reids jungem Geschäft. Einzelhändler stornierten Termine und Bestellungen, und sein neuer Geldgeber zog eine Zusage in Höhe von 10 Millionen Dollar zurück. Sechs Monate später musste er seine Firma schließen. »Wir hatten alles verloren«, sagte er mir.

Daraufhin zogen er und seine Frau Jeanne mit ihren zwei kleinen Kindern und den beiden großen Hunden wieder in ihre Heimatstadt Florence und bezogen dort das Haus ihrer Eltern. Reids Versuch, sein Geschäft in New York neu zu beleben, führte zu nichts.

Seine Freunde und Mitarbeiter Katy und K. P. McNeill hatten eine andere Idee: die Gründung einer Lifestyle-Marke, in der Reids Südstaaten-Wurzeln zum Tragen kommen würden. Sie stellten einen Businessplan auf, den sie ihm vorstellten. Der Plan gefiel ihm, und so entstand 2004 die Marke Billy Reid mit Sitz in Florence mit K. P. als Geschäftsführer, Katy als Vertriebsleiterin und Billy als Kreativdirektor. »Mit dem Firmensitz in Florence hoben wir uns sofort von den anderen ab «, erzählte K. P. mir 2016, als wir durch die Firmenbüros gingen, die sich oberhalb von Reids Geschäft in einem hübschen, an der Hauptstraße gelegenen Gebäude aus dem frühen 20. Jahrhundert befanden. »Wäre Billy irgendein Designer in New York, hätten wir es so viel schwerer gehabt. Ich glaube nicht, dass wir dort profitabel hätten arbeiten können.«[10]

Der größte Unterschied zwischen dem einstigen William Reid und dem ständig wachsenden Billy Reid ist der, dass die 2.0-Version sich in erster Linie direkt an die Verbraucher richtet, entweder vor Ort in firmeneigenen Boutiquen oder online. Kaufhäuser spielten von Anfang an nur eine Nebenrolle, die von Jahr zu Jahr kleiner wurde. Als ich Reid 2016 begegnete, war die Aufteilung: 60 Prozent Verbraucher, davon 15 Prozent Internethandel, und 40 Prozent Kaufhäuser, davon 50 Prozent Kaufhäuser mit Filialen und 50 Prozent exquisite Boutiquen wie Oak Hall in Memphis oder Shaia's in Birmingham. »Alles alteingesessene Geschäfte, die wissen, was sie tun«, so K. P.

Nicht nur Billy Reid kehrte den Kaufhausketten den Rücken. In den letzten Jahren hatten renommierte Häuser wie Macy's, Lord & Taylor oder Neiman Marcus in den USA sowie John Lewis oder House of Fraser in Großbritannien mit sinkenden Umsätzen und Gewinnen zu kämpfen und mussten reihenweise Filialen schließen, mit entsprechenden Folgen für die Einkaufszentren in den Vororten. »Kaufhäuser werden in den nächsten drei bis fünf Jahren verschwinden«, prognostizierte McNeill und bestätigte damit den Abgesang, den ich schon von vielen Modeleuten gehört habe. »Es findet ein grundlegender Wandel in der Art und Weise statt, wie Geschäfte gemacht werden. Direktvermarktung ist die Zukunft.«

Wie so oft in der Wirtschaft trieben Effizienz und Gewinnmargen diesen Wandel voran. Damals, als Reid ausschließlich an Kaufhäuser verkaufte, musste er 250 bis 300 Looks pro Saison entwerfen und fertigen, um sie den Händlern während der Fashion Week zu präsentieren. Davon wurde nur etwa ein Drittel ausgewählt – in der Regel die fadesten Selbstläufer, wie schwarze Hosen und weiße Hemden.

Und so strich Reid lediglich 30 bis 40 Prozent des Verkaufspreises ein, und die restlichen Muster wurden vernichtet. Mit seinem vertikalen Geschäftsmodell, bei dem er alles, vom Design bis zum Verkauf, in der eigenen Hand hat, macht Reid das, was ihm gefällt, bietet auch gewagtere Entwürfe an, vermeidet Redundanz, behält die Kontrolle und 60 bis 70 Prozent des Verkaufspreises selbst. Und dieses Geld investiert er wieder in das eigene Unternehmen, um qualitativ hochwertigere Kleidung zu produzieren.[11] Drei Jahre nach dem Start schrieb Billy Reid bereits schwarze Zahlen. 2017 erzielte die Marke einen Jahresumsatz von 25 Millionen Dollar.[12]

»Ich denke, die Menschen, die heutzutage in den USA erfolgreich sein werden, sind diejenigen mit einem vertikalen Geschäftsmodell – die eine ganze Kultur und Vision anbieten«, so McNeill. »Denn es gibt tatsächlich eine Möglichkeit, mit diesem neuen Modell, mit diesem neuen Ansatz, langfristig mehr Geld zu verdienen. Der heilige Gral sieht so aus: Hier ist die Bestellung, und binnen 24 Stunden ist das Kleidungsstück gefertigt und versendet«, fuhr er fort.

»Wie bei Fast Fashion«, sagte ich.

»Aber dann hochwertiger«, fügte er hinzu. »Gewisse Dinge gehen einfach nicht. Eine Jeans an einem einzigen Tag einem Waschprozess zu unterziehen und zu veredeln, wird nicht gelingen. Ist der Stoff aber fertig, dann ist das Kleidungsstück schnell gefertigt und kann verschickt werden. Alles ohne Großhandel. Ohne Immobilienkosten. Ohne Lagerkosten und ohne Lagerrisiko.«

»Wir haben Barrieren … niedergerissen«, so Reid. »Du kannst ein solches Geschäft von überall aufziehen, so lange du es gut und richtig machst.«[13]

2011 fuhr K. P. McNeill während der Ernte gerade an einigen lokalen Baumwollfeldern vorbei, als er ein Aha-Erlebnis hatte: Warum sollte nicht »einfach alles, vom Saatgut bis zum fertigen Produkt aus derselben Region kommen?«[14] Das wäre die ultimative vertikale Integration.

Und warum sollte diese Region nicht Florence sein?

Schließlich hatte die Region eine sehr alte Textiltradition, die Kosten wären überschaubar, und alles wäre vor Ort vorhanden: das Wissen darüber, wie man es macht, die Maschinen, um das Ganze zum Laufen zu bringen, und dank Reid und Chanin eine Reihe von jungen, kreativen Talenten mit großer Begeisterung für alles, was nachhaltig und Americana ist. McNeill erzählte Reid und Chanin von seiner Idee, und sie fanden sie toll.

Vor dem NAFTA-Abkommen, sagte Chanin, »bauten die lokalen Textil- und Bekleidungsunternehmen die Baumwolle selbst an, entkörnten sie selbst und verarbeiteten sie selbst.« Sie machten alles, »vom Feld bis zur Form«.

Reid und Chanin wollten zu diesem Geschäftsmodell zurückkehren, aber mit einer modernen Note: Alles musste biologisch sein. Sie setzten sich mit dem nachhaltigen Baumwollprojekt Sustainable Cotton Project im kalifornischen Winters in Verbindung, um sich Anbautipps einzuholen, und bei der texanischen Marktgemeinschaft Texas Organic Cotton Marketing Cooperative kauften sie Saatgut ein.[15] Heute sind 99 Prozent aller Baumwolle genetisch verändert.

»Wir mussten feststellen, dass es einen Mangel an Bio-Baumwollsamen auf dieser Erde gibt«, so Chanin. »Wir haben monatelang gesucht, es war sehr beängstigend.«

Schließlich hatten sie ausreichend Saatgut aufgetrieben, um alle Felder bestellen zu können. Es gab aber auch Zweifler. So stellte Chanin fest: »Die Landwirte sagten alle: ›Das wird nichts. Hier lässt sich keine Baumwolle anbauen.‹«

»Viele gaben uns keine Chance und sagten: ›Der Baumwollanbau ist nur möglich, wenn man Pestizide einsetzt. Die Schädlinge werden alles wegfressen.

Viel Glück, ha ha‹«, berichtete Lisa Lentz, der zusammen mit ihrem Mann Jimmy Lentz die Felder für das Projekt gehörten.[16] »Diese kleinen Baumwollfelder wurden genauso bestellt, wie es unsere Großväter einst machten.«

»Es gab eine Dürre, doch wir haben die Pflanzen nicht gewässert. Wir unternahmen einfach gar nichts«, sagte Chanin. »Unkraut machte sich breit, und wir jäteten mit der Hand. Mancherorts wurde die Baumwolle fast überwuchert, aber dennoch wuchs und gedieh sie.«

Kurz vor der Ernte im Frühling 2012 »kamen Menschen von überall her zu uns«, erzählte sie. »Manche kamen sogar mit dem Flieger aus San Francisco. Wir organisierten eine Baumwollpflückfest: 2,5 Hektar, 275 Kilogramm, 300 Menschen. Sie sangen zusammen, sie lachten miteinander.«

Die geerntete Baumwolle wurden in Säcke abgefüllt und zum Entkörnen zum lokalen Entkörner Scruggs & Vaden gebracht. Anschließend wurde die Baumwolle zur Hill Spinning Mill, einer 50 Jahre alten Spinnerei in North Carolina, verfrachtet, wo die Baumwolle gesponnen wurde. Man hatte die Maschinen komplett gereinigt, sodass die Bio-Baumwolle während der Verarbeitung nicht mit Chemikalien von der konventionellen Baumwollverarbeitung kontaminiert werden konnte. Der Inhaber der Spinnerei erzählte, er hätte noch nie eine so saubere Baumwolle gesehen – das Ergebnis manueller Ernte.[17]

Ein Teil der gesponnen Fäden landete bei Gina Locklear von der Little River Sock Mill in Fort Payne, Alabama, die daraus Socken fertigte. Locklear – die Sockenkönigin von Alabama[18], wie sie genannt wird – führt ihre Spinnerei in zweiter Generation. Ihre Eltern, Terry und Regina, gründeten die Fabrik – Emi-G, genannt, nach Gina und ihrer Schwester Emily – 1991, um Sportsocken für Russell Athletic herzustellen. Damals nannte man den 14 000-Seelen-Ort Fort Payne »die Welthauptstadt der Socken«. Jedes achte Sockenpaar, das auf der Welt verkauft wurde, stammte aus einer der über 150 Fabriken, die hier ansässig waren. Dann trat das zentralamerikanischen Freihandelsabkommen CAFTA, Central America Free Trade Agreement, in Kraft, und Fort Payne verlor viele seiner Arbeitsplätze an Honduras. Die Locklears hielten jedoch durch, wenngleich kaum noch Bestellungen eingingen. Sie wussten, wenn sie jetzt dichtmachen, würden sie nie wieder aufmachen. »Wir saßen nur herum«, erzählte Terry Locklear.

2008, mit 28, nahm Gina[19] das Ruder in die Hand. Als begeisterte Umweltschützerin wollte sie ihre Leidenschaft für Nachhaltigkeit und für Socken miteinander verbinden. Die Familienspinnerei produzierte eine Linie von Bio-Baumwollsocken, die sie Zkano nannte, ausgesprochen »za-ka-no«, ein Indianerwort aus Alabama, das »frei übersetzt ›sich gut fühlen‹ bedeutet«, erzählte sie mir. Es sind Socken in knalligen Farben und mit poppigen, grafischen Designs. 2013 führte sie eine zweite Linie ein, Little River Sock Mill, eine Kollektion im traditionellen Americana-Stil mit sanfteren Tönen, weniger auffälligen Mustern und Vintage-Blumenmustern. Beide Linien verkauften sich gut, der Betrieb war wieder quicklebendig und florierte.

Bei einigen Projekten arbeiteten Locklear und Chanin/Reid bereits zusammen. Als Chanin sie für das neue Projekt kontaktierte, »war ich so begeistert«, erzählte mir Locklear. »Ich bewunderte Natalie und Billy schon lange, schon bevor ich anfing, Socken zu produzieren, denn sie strahlen so viel Positives auf unsere Gemeinschaften und unser Staat aus. Und jetzt bauen sie hier auch noch Baumwolle an. Einfach toll.« Die paar Hundert Sockenpaare, die Locklear produzierte, hatten kein Muster, keine Farben – einfach klassisch-natur. »Unsere Techniker waren wirklich beeindruckt – sie sagten, es liefe wirklich gut«, erinnerte sie sich. »Ich weiß noch, wie sie sagten: ›Super Baumwolle.‹«

Ihre restliche Baumwolle ließen Chanin und Reid von Green Textile (heute Signet Mills) in Spartanburg, South Carolina, zu 650 Meter langem Stoff verweben, aus dem in Florence Kleidung gefertigt wurde. »Der ganze Verarbeitungsprozess dauerte etwa ein Jahr«, so Chanin. »Wir haben bewiesen, dass es möglich ist.«[20]

Sie gab mir ein T-Shirt mit V-Ausschnitt. Der Stoff, ein weicher, dichter, vanillefarbiger Jersey, war sehr gut verarbeitet – es ist eines der hochwertigsten und bequemsten T-Shirts, die ich jemals getragen habe.

2018, verließen K. P. und Katy McNeill Billy Reid und Florence, um sich einem neuen Abenteuer in Nashville zu widmen, zwei Autostunden nördlich von Florence: Dort wurden sie die neuen Inhaber von Imogene + Willie – ausgesprochen »Eye-muh-gene and Willie«, einer lokalen Casual-Modemarke, unter Kennern bekannt für ihre engen Retro-Jeans, die, zumindest am Anfang, im firmeneigenen Atelier gefertigt wurden.

Imogene + Willie gilt in der Slow Fashion-Bewegung als abschreckendes Beispiel: Der Betrieb wuchs schnell, sehr schnell. Seine Besitzer verlegten ihn nach Los Angeles, tauschten ihre ursprüngliche Mission – hyperlokale Slow Fashion – gegen etwas Größeres und Industrielleres ein und gerieten aus der Spur. Die Marke stand kurz vor dem Aus, weniger als ein Jahrzehnt nach ihrer Gründung, als die McNeills sie zu ihren Ursprüngen in Nashville zurückführten: eine restaurierte Tankstelle aus den 1950ern im Stadtteil 12South. Sie hielten an dem Slow Fashion-Ansatz fest, entschieden sich für Direktvermarktung und gegen Verkauf über den Einzelhandel: Ihre Produkte gab es nur im eigenen Laden und online. Am Ende des ersten Geschäftsjahres – 2018 – lag der Umsatz bei rund 3 Millionen Dollar, an der Schwelle zur Rentabilität. Ihr Fünf-Jahres-Ziel lag bei 10 Millionen Dollar, und ihre Philosophie lautete: »Kleine Schritte machen, nicht wachsen, um zu wachsen«, sagte K. P. Noch wird ein Großteil der Linie in Los Angeles gefertigt, aber irgendwann möchten sie die Fertigung komplett nach Nashville verlegen. Die Nähe zur Fertigung wird »sicherstellen, dass wir auch wirklich stolz auf alles sein können, was wir machen.«

Nashville ist schon seit Langem Amerikas Musikstadt Nummer eins. Aber heute ist es auch das drittgrößte Modezentrum der USA, nach Los Angeles und New York. Die Betriebe leben vor allem von staatlichen Aufträgen und fertigen in erster Linie Militäruniformen, da das Bundesgesetz die Verlagerung solcher Arbeiten ins Ausland verbietet. Und natürlich wurden auch immer schon Kostüme für die lokale Unterhaltungsindustrie gefertigt – denken Sie an die wild verzierten Aufmachungen, die Elvis, Dolly Parton und Jack White zu Ruhm verhalfen beziehungsweise verhelfen.

Im letzten Jahrzehnt hat sich die Straight-up-Mode jedoch zu einem bedeutenden dritten Segment entwickelt. Wie auch in Florence ist Nashvilles primäre Zugkraft eine rein wirtschaftliche: Hier, wie in Florence, sind die Lebens- und Arbeitskosten deutlich geringer als in New York oder Los Angeles.

Eine viel zitierte Zahl: Täglich ziehen mehr als 100 Menschen nach Nashville um – doppelt so viel wie der nationale Durchschnitt. Und damit zählt Nashville zu den am schnellsten wachsenden Städten der USA. Für Bekleidungsunternehmen gibt es aber noch mehr attraktive Vorzüge: ein verkehrsgünstig gelegener internationaler Flughafen, keine staatliche Einkommensteuer, Seen und Flüsse (in der Bekleidungsproduktion ist Wasser essenziell) in Hülle und Fülle und die Kultur der Stadt, in der Kreativität gepflegt und gewürdigt wird.

2017 berichtete der lokale Modeverband Nashville Fashion Alliance (NFA), dass die Modebranche von Nashville 16 200 Menschen beschäftigt und in der Region 5,9 Milliarden Dollar umsetzt, und prognostizierte für 2025 einen Anstieg auf 25 000 Menschen beziehungsweise 10 Milliarden Dollar.[21] Mehr als die Hälfte aller Modefirmen – über 100 an der Zahl [22] – wurde in den letzten fünf Jahren gegründet[23]. Darüber hinaus veranstaltet die gemeinnützige Nashville Fashion Week jedes Frühjahr eine Reihe von Modenschauen, Podiumsdiskussionen und Erlebnispartys. In nur kurzer Zeit hat sich Nashville in der amerikanischen Bekleidungsindustrie zu einer wettbewerbsfähigen Kraft entwickelt.

Wie Imogene + Willie spezialisieren sich die meisten lokalen Modemarken auf alltagstaugliche Bekleidung: Chambray-Shirts, T-Shirts aus guter Baumwolle, Selvedge-Jeans. (Nashville ist keine Anzug-Stadt.) Aber es gibt eine Vielzahl von innovativen Designern, die sich einer breiten Anhängerschaft erfreuen: etwa die ehemalige Menswear-Leiterin von Billy Reid, Savannah Yarborough, die 2014 ihr eigenes Maß-Lederjacken-Label Savas gründete, oder Ceri Hoover, die sich einen Namen mit handgefertigten Handtaschen und Schuhen gemacht hat, oder Elizabeth Pape, Gründerin und Designerin der gefeierten Modemarke Elizabeth Suzann.

Pape[24] ist der aufstrebende Star der lokalen Modebranche. Als autodidaktische Näherin gründete sie 2013 Elizabeth Suzann – ihre Vornamen – in ihrem Gästezimmer. Als ich sie 2016 kennenlernte – da war sie zarte 26 Jahre alt –, war der Jahresumsatz des jungen Unternehmens auf 3 Millionen Dollar angestiegen, und sie beschäftigte in ihrem 900 Quadratmeter großen Betrieb in einem Gewerbegebiet am Rande der Stadt 18 Mitarbeiter. Ihre Kleidung ist minimalistisch-schick: weiche Jacken, lässige Hosen und einfache, naturfarbene Kleider aus Wolle, Seide, Leinen und Baumwolle – alles nachhaltig und, wenn möglich, aus heimischer Produktion. 2018 kostete ein ärmelloses und bauchfreies Leinen-Top 125 Dollar und ein Mantel aus grobem Leinen 265 Dollar. Gefertigt wird alles auf Bestellung, und die Lieferzeit beträgt zwei bis drei Wochen. »Wir haben keine Lagerhaltung«, sagte Pape in ihrem Showroom. »Und keine Restbestände.«

Wie bei Chanin wird das gesamte Kleidungsstück, bis hin zum Einnähen des Firmenlabels, von einer einzelnen Näherin gefertigt. Für ihr Geschäftsmodell hat Pape den Fast Fashion-Ansatz »Hausmarken-Kollektion mit einer saisonlosen Basislinie« übernommen, in die sie immer wieder neue Entwürfe hineinstreut. »Auf diese Weise«, sagte sie, »kommen Stammkunden immer wieder zu uns zurück.« Ihre Produkte verkaufen sich am besten in New York und Los Angeles, sie ist aber froh darüber, dort nicht ansässig zu sein. »Es fühlt sich gut an, etwas abgeschieden und ein wenig unabhängig zu sein«, so Pape. »Es hilft mir, mich nicht überfordert, nicht als Teil dieser großen Maschinerie und nicht eingeschüchtert zu fühlen.«

Das einzige Problem, dem sich Pape in Nashville stellen musste, war der Mangel an erfahrenen Fachkräften. Die letzten Arbeitsplätze in der Bekleidungsproduktion waren mit dem NAFTA-Abkommen vor 25 Jahren ausgelöscht worden. Die Menschen, die damals ihre Arbeitsplätze verloren hatten, hatten sich inzwischen anderweitig orientiert, waren in den Ruhestand gegangen oder gar verstorben. Und Handarbeit als Schulfach verschwand auch etwa zur gleichen Zeit. »Heutzutage«, so Pape, »interessieren sich junge Leute nicht wirklich für Dinge wie Nähen«. All ihre Mitarbeiter hat sie selbst ausgebildet. Van Tucker, der ehemalige Chef der Nashville Fashion Alliance, bezeichnete den Fachkräftemangel als »eine der größten Herausforderungen« für Nashvilles aufstrebende Bekleidungsindustrie. Um diesem Problem zu begegnen, gründete die NFA in Zusammenarbeit mit Catholic Charities of Tennessee eine Akademie, in der Flüchtlingen das Nähen beigebracht wird. Wie vor 100 Jahren in New York ist auch heute die Bekleidungsindustrie für viele Einwanderer, die den amerikanischen Traum träumen, der Startpunkt.

Bei Omega Apparel in Nashville – einem Unternehmen, das die Produktionsverlagerung nach dem Inkrafttreten des NAFTA-Abkommens dank Aufträgen des Verteidigungsministeriums überlebte und während meines Besuchs 2016 auf die Herstellung von Streetwear wie T-Shirts und Hoodies umsattelte – bestand das gesamte Fertigungsteam aus Einwanderern und Flüchtlingen, die diese Ausbildung durchlaufen haben. Die meisten kamen aus politischen Brennpunkten wie Myanmar, Iran, Syrien und dem Sudan. Einige der Frauen waren Muslimas und trugen ein traditionelles Kopftuch. »Wir kommunizieren über Google Translate«, erklärte mir einer der Manager. »Aber sie lernen Englisch.« Eine Glocke läutete die Mittagspause ein. Die Näherinnen setzten sich an einen langen Tisch neben ihrem Arbeitsbereich und öffneten ihre Pausendosen. Der Raum füllte sich mit den Aromen der internationalen Küche.[25]

Bekleidungsunternehmer David Perry plant, Anfang 2020 eine neue Strickwarenfabrik in Nashville zu eröffnen. Der gebürtige Brite Perry, Anfang 50, und seit 2007 Hersteller von hochwertigen Strickwaren und Sportbekleidung in Los Angeles, war wegen seiner aus Louisville, Kentucky, stammenden Frau Leigh, die Sängerin beim Americana-Duo Watson Twins ist, nach Nashville umgezogen. Seitdem hat ihn Nashville sowohl privat als auch geschäftlich völlig überzeugt. Zu Zeiten seines Umzugs »lagen die Lebenshaltungskosten hier unterhalb des kalifornischen Mindestlohns«.[26]

Der Neustart ermöglicht Perry, das Fertigungszentrum seiner Träume zu entwerfen. Solarbetrieben und mit Arbeitern, die einige Euro pro Stunde über dem bundesstaatlichen Mindestlohn bekommen, ist der Betrieb seiner Meinung nach »Tennessees erste vollständig transparente und vollständig nachhaltige Fabrik«. Zuerst wird er einige seiner Arbeiterinnen aus Los Angeles hier einsetzen. »Sie sind ausgezeichnete Hochgeschwindigkeitsnäherinnen, und wer einen Rennstall starten will, braucht den schnellsten Fahrer«, so Perry. Er wird ihnen bei der Eingewöhnung in die lokale Gemeinschaft helfen. Dann wird er lokale Arbeitskräfte einstellen, die von seinem Team aus Los Angeles ausgebildet werden.

Außerdem wird die Fabrik ein hauseigenes Designzentrum und einen Stoff-Showroom mit eigenen Beratern bekommen:

»Wir machen alles selbst, außer färben«, sagte er. »Wer mit seinem in New York ansässigen Label in den USA fertigen lassen will, der kann zu uns kommen und bekommt von uns die Unterstützung, die er braucht, von A bis Z. Die Fertigung ist direkt vor der Haustür und nicht im über 3000 Kilometer entfernten Los Angeles oder gar im Ausland.« Sowohl Imogene + Willie als auch Billy Reid haben bereits ihr Interesse bekundet, bei ihm fertigen zu lassen.

»Die Bekleidungsindustrie von Los Angeles basierte auf einem gescheiterten Geschäftsmodell, das von Arbeitern abhängig war, die nicht anständig bezahlt wurden oder sich illegal in den USA aufhielten«, so Perry. In Nashville »gibt es keine gescheiterte Industrie, die geflickt werden muss. Wir haben die Chance, eine Industrie so aufzubauen, wie es sich gehört. Ich möchte meinen Kunden sagen können: ›Das hier ist mein Preis, das ist der richtige Weg, und wir geben Ihnen die Möglichkeit, amerikanische Arbeitsplätze und ethische Geschäftsmethoden mit Stolz zu unterstützen.‹ Ich möchte, dass meine Kunden hier hereinspazieren und sagen, ›Das ist großartig. So stelle ich mir handgemachte Mode vor.‹«

TOWER
MILL

FÜNF

Rightshoring

Die Menschen, die ich in Florence und Nashville besuchte, zeigten, dass Slow Fashion in moderatem Stil – mit Jahresumsätzen von 5 bis 10 Millionen Dollar – möglich, rentabel, sinnvoll und erstrebenswert ist. Aber ließe sich ihr hyperlokaler, durchdachter Geschäftsansatz, der für Schnitt- und Nähwerkstätten funktionierte, eins zu eins auf Fabriken mit Hunderten oder gar Tausenden von Arbeitern und Fließbandfertigung, übertragen? Könnte dies der Weg sein, um die heimische Produktion in den entwickelten Volkswirtschaften wiederzubeleben? Das wollte ich ausgerechnet im einstigen Cottonopolis herausfinden.

An einem grauen Novembermorgen im Jahr 2016 fuhr ich östlich der englischen Stadt Manchester nach Stalybridge, einer Textilstadt, die Friedrich Engels 1845 als »widerlich« bezeichnete, verunreinigt noch »dazu [durch] den entsetzlichen Schmutz«[1]. Tameside, in dem Stalybridge liegt, ist voll von stillgelegten Fabriken aus der viktorianischen Zeit, die sukzessive in Wohnungen, Büros, Supermärkte und sogar Fitnessstudios umgewandelt wurden. Tameside hat aufgeräumt und ist zu einem Vorort der Mittelschicht geworden. Und auch wieder zu einem Zentrum der Baumwollverarbeitung: Beinahe 70 Jahre, nachdem die Produktion eingestellt worden war, wurde im Tower Mill, einem Monolithen aus rotem Backstein mit einem imposanten Schornstein, wieder

Baumwolle gesponnen, heute für eine neue Spinnerei namens English Fine Cottons.

Begrüßt wurde ich von Tracy Hawkins[2], der kaufmännischen Direktorin von English Fine Cottons. Die warmherzige Blondine, Anfang 50 und schon lange in der britischen Bekleidungsindustrie tätig, gestand mir, extrem müde zu sein. In nur sechs Monaten »haben wir die Spinnerei von Grund auf neu aufgebaut«, sagte sie. »Aber es ist geschafft, und es funktioniert.«

Rein zufällig fiel mein Besuch mit dem zweiten vollen Arbeitstag zusammen, und so erlebte ich die erste richtig große Baumwollspinnerei im Vereinigten Königreich seit mehr als drei Jahrzehnten.[3]

Eigentlich begann English Fine Cottons als Nebengedanke. Die Unternehmer Brendan McCormack und Steve Shaughnessy, beide in Manchester geboren und aufgewachsen, waren die Inhaber der historischen Tame Valley Mill in Tameside, wo technische Garne für Kevlar gesponnen wurde. (Während die britische Textil- und Bekleidungsindustrie bereits vor langer Zeit zum Erliegen gekommen war, sind industrielle High-Tech-Fasern gefragt, deren Produktion in Industrieländern leichter anzupassen ist.) Im Laufe der Zeit erhielten sie auch Anfragen, Baumwolle zu verarbeiten, aber sie wiegelten immer ab, da dies außerhalb ihres täglichen Geschäftsbereichs lag. Dann, im Jahr 2014, stand Tower Mill, direkt gegenüber der Tame Valley Mill, zum Verkauf.

Entworfen vom gefeierten viktorianischen Architekten Edward Potts, wurde die vierstöckige Spinnerei 1885 erbaut und zählte an ihrem wirtschaftlichen Höhepunkt 44 000 Spindeln. Nach der Schließung 1955 wurde das Gebäude für unterschiedliche Zwecke genutzt, so diente es Anfang der 1990er auch als Dekor für die BBC-Fernsehserie *Making Out.* In den frühen 2000er-Jahren war die Rede davon gewesen, die einstige Spinnerei in eine Luxuswohnanlage umzuwandeln. Auf den Markt kam es just in dem Moment, als McCormack und Shaughnessy überlegten, wie sie ihr Unternehmen erweitern wollten. Sie überlegten, ob Baumwolle vielleicht eine Option sei. Aber sie wollten die alte Spinnerei mit all ihren Schrecken nicht neu beleben. »Wir wollten einen Ort mit Mustercharakter zur Herstellung von hochwertigen Garnen schaffen«, erzählte Hawkins. »Kein Museum.«

Dank einer privaten Finanzspritze von etwa 3,65 Million Dollar von der Mutterfirma Culimeta-Saveguard, einem Darlehen von 2,6 Millionen Dollar aus dem Investitionsfonds der Ballungsraumbehörde Greater Manchester Combined Authority und einem Zuschuss von 1,3 Millionen Dollar aus dem Textilwachstumsprogramm, kauften die Partner Tower Mill, restaurierten sie und statteten sie mit neuester Technologie aus. Hawkins stellte die Geschäftsstrategie auf den Prüfstand und kam zu dem Schluss, dass es zwei Schlüssel zum Erfolg gebe: »Flexibilität«, sagte sie, »und Qualität«.[4]

Flexibilität bedeutete, sicherzustellen, dass die Spinnerei »Garne von sehr dick bis ganz fein – für Weben, Strickwaren, Socken, alles, was benötigt wird – herstellen kann«, erklärte sie. »Warum sollten wir uns als einzige Baumwollspinnerei in Großbritannien präsentieren und eine ganze Branche neu beleben, nur um zu sagen: ›Oh, wir sind nicht interessiert, es sei denn, du willst 500 Tonnen kaufen?‹« Was die Qualität angeht, wollte sie »den handwerklichen Ansatz des Geschäfts, die Herkunft, das Erbe und die britische Art garantieren«, sagte sie. Sie würden ausschließlich die feinste Baumwolle beziehen – am Anfang dachte man noch an Bio-Ware, aber die Qualität wechselte, und die Menge reichte nicht aus. Schließlich entschieden sie sich für Supima, eine superfeine langstapelige Baumwolle aus nachhaltigem Anbau aus den USA, und für die ultraweiche Sea-Island-Züchtung aus Barbados. »Früher bestand das klassische englische Hemd aus Sea-Island-Baumwolle«, sagte Hawkins. »Also genau das, woraus laut Ian Fleming die Hemden von James Bond gefertigt waren.«

Die nächste Herausforderung bestand darin, einen erfahrenen Spinner für ihre anspruchsvollen Maschinen zu finden. »Wie bekommt man jemanden, der eine moderne Spinnerei aufbauen und betreiben könnte?«, fragte sich Hawkins. Dafür waren nicht gerade die Fähigkeiten benötigt, die im Großbritannien des 21. Jahrhunderts gefragt waren, aber sie hatte gehört, dass der aus Yorkshire stammende Paul Storah, der sich auf Aufbau und Betrieb moderner Baumwollfabriken in Südafrika spezialisiert hatte, erst vor Kurzem nach Großbritannien zurückgekehrt war. Sie schnappte sich ihn als Betriebsleiter. »Das haben wir ein wenig Sternenstaub zu verdanken«, erzählte sie und lacht.

Die Spinnerei ist ein Labyrinth aus industriellen Räumen voller Rohre und surrender Geräte. In den vorindustriellen Tagen verließen sich die Spinnerei-Inhaber auf das feuchte Klima in der Region Manchester, um die »Fliege«, wie herumfliegende feine Fäden genannt wurden, möglichst nah am Boden zu halten. Heute legt die Baumwolle einen Weg zurück, der durch hydraulische Rohre von einer Verarbeitungsmaschine zur nächsten führt. Die meisten dieser Maschinen sind in sich geschlossen: Gebläse trennen die Fasern voneinander, Blenders mischen die Baumwollfäden unterschiedlicher Stärke; Kämmler zwicken oder extrahieren die kurzen Fäden, und der Fremdkörperentferner, meine Lieblingsmaschine, ist eine große Glaskiste, die an eine überdimensionierte Popcornmaschine voller Baumwolle erinnert. Laser durchkämmen die undurchsichtige Masse nach Fremdkörpern wie Samen, Blättern oder Ästchen, die nach ihrer Entdeckung mithilfe eines ultrapräzisen Luftstrahls herausgepustet werden.

Gesteuert wird das alles von Labortechnikern per Computer in einem sterilen Raum. Die Luft in der Anlage wird 25- bis 30-mal pro Stunde ausgetauscht. In einer modernen Baumwollspinnerei, so sagte mir Hawkins, ist es »extrem wichtig, dass die Luft sauber ist«. Die Baumwolle rast so lange durch verschiedene Verarbeitungsmaschinen, bis »sie einen fantastischen Glanz hat, sie leicht und gerade ist«, erzählte sie mir. Mit jedem Stopp wurde sie reiner, flauschiger, schöner – genauso, wie man sich Baumwolle vorstellt. Erst dann lässt sie sich zu Garn spinnen, und zwar bei schwindelerregenden 15 000 bis 20 000 Umdrehungen pro Minute. Die »Fliegen« werden nach wie vor ausgestoßen, daran führt kein Weg vorbei. Doch anstatt sich dabei auf die feuchte Luft zu verlassen, die sie nach unten drücken, oder auf Kinder, die mit kleinen Besen zwischen den Spindeln fegen, so wie es im 19. Jahrhundert gebräuchlich war, sind die heutigen Spinnmaschinen mit Vakuumrobotern ausgestattet.

Anschließend wird das elfenbeinfarbige Garn bei Blackburn Yarn Dyers, einer der letzten traditionellen Färbereien Großbritanniens, in Blackburn nördlich von Manchester gefärbt. Hawkins zeigte mir Spulen mit dem fertigen Produkt in grau, marineblau und grau-weiß. Es war wie Zahnseide – dünn, glatt und schön. John Spencer (Textiles) Ltd., ein Weber in der sechsten Generation im nahen Burnley, Lancashire, der die Produktionsverlagerung ins

Ausland deshalb überlebte, weil er Großbritanniens einziger zertifizierter Weber von Bio-Baumwollgarnen wurde, verwandelt die Baumwolle in Socken für die britischen Einzelhandelskette Marks & Spencer. Bis 2018 ließ English Fine Cottons bei einem beauftragten Weber Stoffe für das Hauslabel weben. Zu den Kunden zählten Marks & Spencer (für Herrenhemden) und Aquascutum (für Oberbekleidung).

Obwohl die neue Tower-Mill-Spinnerei in hohem Ausmaß automatisiert war, schafften McCormack und Shaughnessy mehr als 100 Arbeitsplätze[5]. Im ersten Geschäftsjahr produzierte English Fine Cottons 100 Tonnen Garn, 2018 sogar fast 450 Tonnen[6].

Als ich Hawkins im Herbst 2018 das letzte Mal begegnete, sagte sie mir, die Nachfrage wäre so hoch, dass sie noch mehr Arbeitskräfte bräuchte und die Spinnerei inzwischen rund um die Uhr im Betrieb war. Zu dem Zeitpunkt war English Fine Cottons die einzige große Baumwollspinnerei in Großbritannien und belieferte Weber im ganzen Land. Auch Burberry kaufte sein Garn hier ein, ebenso Peter Reed – »für die beste Bettwäsche, die es im Vereinigten Königreich gibt», sagte sie stolz.

Reshoring, oder Rückverlagerung – der Akt, die Produktion, die im Zuge der Globalisierung nach dem NAFTA-Abkommen ins Ausland verlagert worden war, wieder ins eigene Land zurückzuholen – hat in den letzten Jahren deutlich an Bedeutung zugenommen, insbesondere in der Modebranche. In den USA war die Textil- und Bekleidungsindustrie 2014 der drittgrößte Sektor, nach Elektrogeräten und Transportgeräten[7], und 2016 mit 135 000 Beschäftigten und 10 Prozent Anteil an der US-amerikanischen Bekleidungsproduktion sogar der am zweitschnellsten wachsenden Wirtschaftszweig des Landes[8] – eine beeindruckende Steigerung gegenüber 3 Prozent im Jahr 2013[9]. In Großbritannien stieg die Zahl der Arbeitsplätze in der Bekleidungsindustrie zwischen 2011 und 2016 um 9 Prozent auf insgesamt 100 000[10]. Erwartet wird, dass bis 2020 weitere 20 000 Jobs hinzukommen[11].

Die heutige Rückverlagerungsbewegung handelt keineswegs im Geiste des Mantras »Make America Great Again« – nach der Idee des Panglossianismus, dass, wenn alle Arbeitsplätze, die in den 1990er- und 2000er-Jahren ins Ausland verlagert wurden, wieder ins Land zurückgeholt werden würden, alle entlassenen Mitarbeiter ihre alten Arbeitsplätze zurückbekommen könnten, im Gegenteil. Denn Fakt ist, dass die meisten dieser Arbeitnehmer heute zu alt wären. Und die Aufrechterhaltung des ausgedienten Geschäftsmodells von Arkwright bringt die Mode auch nicht voran.

Nein, was English Fine Cottons und seine Mitstreiter tun, ist »Rightshoring«: der Neustart der inländischen Produktion – oft in vor Langem stillgelegten Fabriken – mit modernster Technologie und Transparenz. Rightshoring sieht »anders aus als die Produktion damals in den 1980er-Jahren«, sagte mir Van Tucker, der ehemalige Chef des lokalen Modeverbands Nashville Fashion Alliance. »Diese Innovation verhält sich wie eine Lawine, eine schnelle Lawine. Dabei stehen soziale Fragen, insbesondere Nachhaltigkeit, im Vordergrund. Und die Bewegung hat einen technologie-orientierten Ansatz. Mit einem hohen Automatisierungsgrad.«

Paul Donovan, der Chefvolkswirt des UBS Wealth Management, bezeichnet den Trend als »eine Umkehrung« der Globalisierung, wie wir sie kennen. »Robotik und Digitalisierung bedeuten, dass wir effizient vor Ort produzieren können ... Die heutigen Handelskriege führen Schlachten aus der Vergangenheit.« Er prophezeit, dass der globale Handel mit Waren wie etwa Bekleidung »zu so etwas wie dem alten ›imperialen Modell‹ zurückkehren wird, bei dem Rohstoffe importiert und dann in Verbrauchernähe verarbeitet werden«.[12] Rightshoring bedeutet jedoch nicht, dass Spinnereien alles aus der Region oder aus dem eigenem Land beziehen müssen – in Großbritannien wird keine Baumwolle für English Fine Cottons angebaut werden. Aber es bedeutet schon, dass die Produktion in der Nähe des Endverbrauchers stattfindet, wie etwa die von Spinngarn, das English Fine Cottons für Socken von Marks & Spencer spinnt, die in ganz Großbritannien verkauft werden, oder die Produktion von einheimischem Jersey, den Designer wie Natalie Chanin aus Carolina beziehen.

Paradoxerweise kann Technologie die Textil- und Bekleidungsindustrie in etwas verwandeln, das persönlicher und ethischer ist. Kleidung muss nicht von schlecht bezahlten und schlecht behandelten Menschen mit veralteten Maschinen gefertigt werden. Sie kann genauso gut in vertikal integrierten Gemeinschaften in sauberen, leisen Produktionsräumen produziert und von hochausgebildeten Mitarbeitern kontrolliert werden – auch in Gemeinschaften, die diese Arbeit vor langer Zeit aufgegeben haben. Solche Mitarbeiter könnten Menschen sein, die man kennt, und die Fabrik könnte einfach am Ende der Straße stehen. Automatisierung wird keine Abertausende von Arbeitsplätzen in der Fertigung kreieren, aber jene, die entstehen – hier ein paar Hundert, dort ein paar Hundert – werden gut, sicher und gut bezahlt sein. So merkwürdig es auch klingen mag, aber Technologie wird der Lieferkette wieder Menschlichkeit verleihen.

Rightshoring hat der Textil- und Bekleidungsindustrie von North Carolina so viele neue Impulse gegeben, dass 2017 42000 Menschen in 700 Fabriken tätig waren, von denen viele so hochtechnologisch sind wie die von English Fine Cottons[13]. In South Carolina war Parkdale Mills im 20. Jahrhundert lange Zeit eine der größten Spinnereien der USA. 1980 noch produzierten allein in der Niederlassung in Gaffney 2000 Arbeiter allwöchentlich fast 2,5 Millionen Kilogramm Garn. Nach dem Auslaufen des Welttextilabkommens 2001 verlegte Parkdale seine Produktion nach China und legte die Spinnereien in den amerikanischen Städten still. Aber schon 2010 nahm Parkdale die Produktion in einigen Fabriken in South Carolina wieder auf – mit modernsten Maschinen, die Fachkräfte von sauberen Räumen aus bedienten.[14]

»Wir wussten, wir könnten nur überleben, wenn wir die technologischen Möglichkeiten komplett ausschöpfen würden«, erklärte Anderson Warlick, der Firmenchef von Parkdale. Heute benötigen wir 140 Menschen, um die fast 2,5 Millionen Kilogramm Garn pro Woche zu produzieren. Das sind zwar nicht die 2000 Arbeitsplätze von einst, aber es sind 140 mehr als null. Ein Erfolg wie dieser kann ansteckend wirken – neue Unternehmen lassen noch mehr neue Unternehmen entstehen. Dies kann einen regelrechten Boom auslösen und Städte aus ihrem Dornröschenschlaf erwecken.

Die Investitionen kommen von überall her, sogar aus China. 2015 eröffnete die Keer Group mit Sitz in der chinesischen Provinz Zhejiang ihre erste

Fabrik außerhalb ihres Heimatlandes: ein 218 Millionen Dollar teurer »Textilcampus« in Lancaster County, South Carolina, wo mehr als 500 Arbeitsplätze entstanden. Wie Tower Mill ist auch diese Fabrik hochgradig computergestützt.[15]

Die Hauptmotivation der Keer Group war natürlich eine rein wirtschaftliche: Steigende Lohn- und Energiekosten in China machen das Spinnen dort zusehends zu einem unrentablen Unterfangen. Aber wie auch McCormack und Shaughnessy feststellten, ist es viel einfacher, eine leerstehende Fabrik mit neuer Technologie aus- als eine bestehende Fabrik umzurüsten: kein Produktionsausfall, keine Entlassungen, keine Verschrottung ausrangierter Maschinen. Aber South Carolina hat weitere Vorzüge, wie die »Nähe zu Baumwollproduzenten und zum Hafen«, erklärte Zhu Shan Qing, Präsident der Keer Group.

Und, wie auch McCormack und Shaughnessy herausfanden, gibt es hier finanzielle »Anreize«[16] für Rightshoring – im Fall von Keer mit einem Gesamtwert von 20 Millionen Dollar, einschließlich Infrastruktur, Anleihen und Steuererleichterungen. Heute gibt es in South und North Carolina Dutzende von Hightech-Textilfabriken in chinesischem Besitz – eine Tatsache, die so manch Einheimischem ungläubig die Augen reiben lässt. Der damalige Präsident der Entwicklungsgesellschaft von Lancaster County, Keith Tunnell, gestand damals: »Ich hätte nie gedacht, dass ausgerechnet die Chinesen die Textilarbeitsplätze zurückbringen würden.«[17]

In New York City ging es nicht um die Frage des Rightshorings, sondern um die Bewahrung dessen, was von der Fertigung noch übrig geblieben war. Nicht alle Versuche waren gleichermaßen erfolgreich. Bereits 1997 stellte Brooklyns Bezirksvorsitzender einen Plan zur Einrichtung eines Mode-Inkubators (»Brutkasten«) am Bush Terminal im Sunset Park vor; es blieb ein Plan. 1998 eröffnete die Garment Industry Development Corp., eine Organisation für Managementarbeit, das Fashion Industry Modernization Center, das kurze Zeit später wieder zumachte. Die Designerin Nanette Lepore, deren Unternehmen in der West 35th Street ansässig war, organisierte »Save the Garment

Center«-Kundgebungen und setzte sich in Washington für eine finanzielle Unterstützung der New Yorker Bekleidungsindustrie ein – mit überschaubarem Erfolg.[18]

Als effektivste Aktion erwies sich die Treue von New Yorker Talenten wie Maria Cornejo (ausgesprochen Cor-nay-ho) von Zero + Maria Cornejo. Die aus Chile stammende und in Großbritannien ausgebildete Designerin war Ende der 1980er bei dem britischen Massenmodehändler Jigsaw in Paris tätig und sah aus nächster Nähe das, was sie als »die falsche Wirtschaft«[19] bezeichnet.

Für Jigsaw flog sie nach Hongkong, Business Class, und sie wohnte im Fünf-Sterne-Hotel Mandarin Oriental. Vor Ort musste sie für Jigsaw die Kunden, mit denen sie einen Termin vereinbart hatte, »knebeln«. »Bei Jigsaw sagten sie: ›Nun, wir sparen einen ganzen Euro auf jedem Pullover, aber dafür transportieren wir die Ware über die halbe Welt‹«, erzählte sie mir mit spanischem Akzent, als wir in ihrem mit Büchern vollgepackten Büro an der Bleecker Street saßen. »Das hat für mich keinen Sinn ergeben. Keinen.«

Produktion sei »ein verrücktes System«, in dem Designer in Europa und den USA ihre Kleidungsspezifikationen digital an eine Fabrik in Asien übermitteln, die anschließend die Proben fertigt. Nach vielem Hin und Her per E-Mail und Telefon werden die fertigen Proben an die Unternehmenszentrale geliefert, überprüft und in den meisten Fällen abgelehnt. Eine bekannte Marke aus New York – eine Institution – ließ in China 600 Proben anfertigen, um sie anschließend »auf 200 zu reduzieren«, so Cornejo. »Man stelle sich mal den Abfall vor.«

»Ich wollte einfach alles an einem einzelnen Ort machen und, auch wenn es nur ein T-Shirt war, von Anfang bis Ende die Kontrolle über alles haben – wie es aussieht, wie es gemacht wird, wer es macht«, erklärte sie. »Ich möchte diese Leute kennen.« Sie wollte Rightshoring betreiben.

1996 zog sie mit ihrem Mann, dem Fotografen Mark Borthwick, nach New York, übernahm eine alte Autowerkstatt in der Mott Street und eröffnete dort 1998 eine Boutique mit Nähatelier, um »reizvolle, einfache und bezahlbare Kleidung« herzustellen und zu verkaufen, sagte sie. Sie nannte ihre Marke Zero, weil sie »wollte, dass das Produkt im Mittelpunkt steht und man keine vorgefassten Vorstellungen davon hätte, wie es aussieht oder wer dahinter steckt«, sagte sie. An ihrem ersten Geschäftstag nach der Eröffnung verdiente sie 2500 Dollar. »Wir dachten, das wäre ein gutes Zeichen«, erinnerte sie sich später[20]. Als sie aber erfuhr, dass es bereits eine große deutsche Modefirma namens Zero gab, benannte sie ihr Label in Zero + Maria Cornejo um. (Das Plus-Zeichen wird als »plus« ausgesprochen.)

Ihr Team war klein und international. Jiang Huang, ein Einwanderer aus Shanghai, nähte die Proben. (Als er später lernte, wie man Muster schneidet, übernahm er diesen Part.) Tonya aus Russland kümmerte sich um Strickwaren, während Lynn aus China für Produkte aus Seide zuständig war. »Sie [Lynn] stellte mir Herrn Huang vor«, sagte Cornejo. »Der nun alles schneidet.« Auf den eingenähten Labels steht: »Made in 225 Mott Street«. Sie verkaufte die Kleider in ihrer Boutique vor dem Atelier. »Ich weiß noch, wie eines Tages eine Dame anfing, mit mir über den Preis meiner Kleidung zu diskutieren, und ich ihr sagte: ›Sehen Sie all die Leute, die da hinten arbeiten? Sie leben in New York. Sie erhalten faire Löhne. Wir zahlen hier Miete. Das ist anders als bei den Kleidern aus Timbuktu, die dort von Kinderhänden gemacht werden.‹«

Wie bei Natalie Chanin, rief schon bald der New Yorker Luxusdesigner Barneys an, und kurz danach hatte Cornejo eine beeindruckende Anhängerschaft, darunter Michelle Obama, Tilda Swinton und Cindy Sherman. Sie hielt das Wachstum in Schach und konzentrierte sich ausschließlich auf Damenbekleidung und ein paar Accessoires wie Gürtel und Schuhe. »Es hat mich nie interessiert, eine Unterhose mit meinem Namen darauf zu haben«, sagte sie. »Das entspricht mir nicht, immer nur mehr, mehr, mehr, mehr, mehr, um des Wachstums willen … Wachstum ist mehr als immer nur größer, größer, größer. Wachstum ist auch, wenn man die Dinge auf die richtige Art und Weise anpackt und das richtige Umfeld und Arbeitsklima schafft: Feinabstimmung.«

2008 war es an der Zeit, umzuziehen. Die Miete des 170 Quadratmeter großen Raums in der Mott Street hatte sich in zehn Jahren vervierfacht, und ihr Laden-Atelier hatte sich zu einem erwachsenen Unternehmen entwickelt. Während der Fahrt über das Kopfsteinpflaster der baumreichen Bleecker Street entdeckte sie ein »Zu-mieten«-Schild an einem Gebäude aus der Jahrhundertwende mit Fenstern in drei Himmelsrichtungen. Ideal für ihr neues Atelier, dachte sie. Sie mietete für ihre Boutique 140 Quadratmeter im Erdgeschoss und weitere 565 Quadratmeter in anderen Stockwerken: Kellerräume für die Lagerhaltung, die erste Etage für den Groß- und Einzelhandel und für Büros und die zweite für Design, Produktionsbüro, Logistik und Buchhaltung.

An dem heißen Sommertag, als ich sie besuchte, badete der Arbeitsraum im zweiten Stock im Sonnenlicht und war vollgepackt mit Rollgestellen mit Mustern, Papiermustern, Musselin-Mustern und fertiger Kleidung. Im Produktionsbüro arbeiteten Unterdreißiger mit Kopfhörern an ihren Computern, während in der Halle Herr Huang und sein Designteam Anproben für die Frühjahr-Sommer-Kollektion zusammenstellten. Als wir hereinkamen, betrachtete er ein hübsches, beerenrotes Baumwoll-Samtkleid mit asymmetrischem Ausschnitt.

Fast alle ihre Konfektionskleidung lässt Cornejo innerhalb der Stadtgrenzen von New York fertigen, womit sie zu den etwa 50 Marken zählt, die mindestens drei Viertel ihrer Produktion lokal produzieren. (Die Lederschuhe bezieht sie von Kunsthandwerkern aus Italien, einige Strickwaren aus China und Peru, und ihre Pullover werden in Bolivien von Hand gestrickt.) Die meisten ihrer Lieferanten befinden sich im Garment District – »36th Street, 38th Street«, so Cornejo. »Wenn es bei einem von ihnen ein Problem gibt, dann fahren meine Leute hin und sehen nach.«

Seit 2009 hat Cornejo jedes Jahr vier Kollektionen produziert – zwei für den Laufsteg während der New York Fashion Week und zwei für Showroom-Termine. Sie hat zwei Läden (in New York und Los Angeles), verkauft online und an Kaufhäuser, beschäftigt 28 Mitarbeiter und erzielt einen Jahresumsatz von etwa 10 Millionen Dollar – die Größenordnung, die auch Chanin anpeilt. Alles ein Klecks im Vergleich zu den 5 bis 10 *Milliarden* Dollar, die Megamarken wie Dior, Gucci, Chanel oder Louis Vuitton jährlich erzielen, aber durchaus respektabel für ein privat geführtes Ein-Frau-Unternehmen.

»Es gibt einen Grund, weshalb Midtown Manhattan New Yorks Modezentrum ist«, sagte sie. »Es ist einfach herrlich, vom Büro aus auf die Straße zu gehen, um einen Kunden zu besuchen.«

Das muss nicht immer so bleiben – nicht, wenn es nach Andrew Rosen, einem Bekleidungshersteller im Garment District in der dritten Generation und bis vor kurzem Firmenchef von Theory, geht. Denn Rosen ist seit einigen Jahren der Anchorman einer Initiative, die sich für die Verlegung des gesamten Garment District in den Brooklyner Sunset Park starkmacht. Der Stadtteil beherbergt bereits einige unabhängige Modezentren. 2012 gründete Bob Bland, der ehemalige Design-Assistent von Ralph Lauren, den Mode-Inkubator Manufacture New York, das im einstigen Lagerhaus Storehouse No. 2 der US-amerikanischen Marine ansässig ist. Und Pratt Institute betreibt den Brooklyn Fashion + Design Accelerator. Und dann gibt es noch das Greenpoint Manufacturing and Design Center, das sich in einer Ansammlung restaurierter Textilfabriken befindet. Alle drei werden regelmäßig von Mitgliedern der Brooklyner Kreativszene besucht.[21]

Während seiner Rede zur Lage der Stadt im Apollo Theater kündigte Bürgermeister Bill de Blasio im Februar 2017 die Gründung eines »Made in New York«-Campus im Bush Terminal in Brooklyn an – wie es der Bezirksvorsitzende 20 Jahre davor geplant hatte. Dieses Mal jedoch sagte die Stadt fast 136 Millionen Dollar für das Projekt zu, das auch Räumlichkeiten für Film- und Fernsehproduktionen umfassen würde. Die Eröffnung ist für 2020 angesetzt. »Ihr werdet sehen, wie diese ganze Gegend aufleben wird«, verkündete de Blasio.[22]

2017 gab es in New York City 1568 Bekleidungshersteller, von denen sich etwa ein Viertel im oder nahe dem Garment District[23] befindet. Und nicht alle haben Interesse daran, auf die andere Uferseite des East River zu ziehen. Im Frühjahr desselben Jahres äußerte sich die Designerin Yeohlee Teng bei einem Symposium zu diesem Thema beunruhigt: »Wir betrachten den Stadtteil als Brutkasten.«[24] Joe Ferrara, Präsident der New York Garment Center Supplier Association, verachtete den Plan und nannte ihn »eine Abschiebung«[25].

Auch außerhalb der Modebranche machte sich Unmut breit, wie etwa bei dem Kostümdesigner Steven Epstein: »Wenn Bette Midler die Schleppe ihres Kleides reißt, weil ihr der stellvertretende Chorknabe daraufgetreten ist, kann der Garderobenbetreuer zum Bekleidungszentrum gehen, den Stoff kaufen, ihn zurück ins Theater bringen und die Schleppe neu schneidern und nähen lassen, noch bevor die nächste Show beginnt.«[26]

Rosen widerspricht.

»Ich bin ein großer Befürworter einer Neukonzeption des Garment Center, und zwar so, wie es in 20 Jahren aussehen sollte, aber nicht, wie es vor 20 Jahren aussah«, erzählte er mir 2017 in seinem weißen, nach Westen gerichteten Eckbüro im der Firmenzentrale von Theory in der Gansevoort Street im Meatpacking District.[27]

Während er sprach, stocherte der 1,83 Meter große, kräftige Mann, Anfang 60, mit seinen Essstäbchen in einem Teller Sashimi herum, der sich auf einem Tablett auf seinem Schreibtisch befand. Gelegentlich hielt er sie hoch, so als wollte er Wichtiges zusätzlich betonen.

»Viele Leute haben Angst [vor der Brooklyn-Idee], weil sie denken, dass sich niemand« – Hersteller, Arbeiter, Kunden – »dorthin verirren wird.«

Essstäbchen.

»Aber –«

Essstäbchen.

»Wenn wir eine neue lebendige Gemeinschaft mit modernen Räumen und modernsten Maschinen kreieren, werden die Menschen dort arbeiten wollen, und es wird eine florierende moderne Industrie werden.«

Am Anfang ließ Theory »alles« in New York City herstellen. »Es gab keinen Grund, nach Übersee zu gehen, weil hier alles gemacht werden konnte«, sagte er und stocherte immer noch in seiner japanischen Mahlzeit herum. »Aber durch die globale Diversifizierung der Branche war die Produktion in Übersee in diversen Hinsichten preislich von Vorteil.« Er erinnerte mich an Liz Claibornes wegweisende Entscheidung. »Sie waren die Ersten«, so Rosen, und »sie veränderten das Spiel. Sie bauten ein millionenschweres Unternehmen auf, weil sie den Vorteil hatten, zu verstehen, wie man im Ausland produziert.«

Heute, sagte er, wird etwa ein Viertel der Theory-Produkte – »Jacken, Hosen, maßgeschneiderte Dinge« – in New York gefertigt.

Und der Rest?

»In aller Welt. China. Vietnam. Peru.«

Proben für Theory und Helmut Lang, eine weitere Marke der Link-Theory-Gruppe, die Rosen leitete, werden im schlanken Design Center des Unternehmens, einer Minifabrik einen Block entfernt an der Gansevoort Street, entworfen, gefertigt, anprobiert und Einlauftests unterzogen. Das 2016 eröffnete Design Center ist mit modernster Technologie ausgerüstet, wie etwa Klebemaschinen, welche Nähte versiegeln, anstatt zu nähen, und lasergesteuerten Musterschneideanlagen, die eine größere Präzision ermöglichen und somit weniger Abfall verursachen. Wenn ein Look grünes Licht bekommen hat, wird er an einen Hersteller in Midtown oder Übersee geschickt, wo er kommerziell produziert wird. Obwohl das Hybridmodell von Theory nicht ganz dem Rightshoring-Prinzip entspricht, ist es immer noch mehr als das, was die Konkurrenz macht, die alles – Proben eingeschlossen – im Ausland fertigen lässt.

Plant Rosen, die ins Ausland verlagerte Arbeit wieder nach New York zurückzuholen?

»Wenn das Ganze in einen einzigen Ort umzieht und dort zentral gefertigt werden kann, ist das durchaus möglich«, sagte er.

Für kleine Unternehmen in den USA – solche mit einem Jahresumsatz von 10 Millionen Dollar oder weniger – versteht es sich von selbst, im Inland fertigen zu lassen. »Es geht schneller, und man hat immer ein Auge darauf«, sagte er. »Die heimische Fertigung hat große Vorteile, und ich ermutige junge Start-ups, mindestens 75 Prozent ihrer Produktion in New York fertigen zu lassen. Es ist der beste Weg für ein junges Unternehmen. Und heute ist dies einfacher als noch vor fünf Jahren.«

Er ist sich sicher, dass die Verlegung des Garment Districts in den Sunset Park dies noch attraktiver machen würde.

»Eines der Probleme in der heutigen New Yorker Fertigung ist, dass die Musterherstellung zwar hier ist, aber die Probenherstellung dort und der Schnitt da.« Die Essstäbchen zeigten gen Osten, dann gen Westen, dann gen Süden. »Und genäht wird wieder woanders.«

»Ich denke, dass alles da draußen möglich wäre«, sagte er, und deutet mit seiner Linken in Richtung Sunset Park – »weil die jüngere Generation« – auf die das Modegeschäft abzielt – »sowieso in Brooklyn lebt und sich die Stadt gar nicht leisten kann. Es wäre wunderbar. Man könnte Design, Fertigung und Showrooms hier haben.«

»Wie eine Modestadt«, sagte ich.

»Ja, genau!«, erwiderte er.

Und zeigte mit seinen Essstäbchen auf mich.

»Oder ein Mode-Ökosystem.«

Gleich hinter Maria Cornejos Firmensitz an der Bond Street befindet sich ein Laden, der eine günstigere West-Coast-Version ihrer hyperlokalen, ökologisch orientierten Mode verkauft. Gegründet wurde die Marke, Reformation genannt, 2009 von der aus Beverly Hills stammenden Yael Aflalo, einem ehemaligen Model. Reformation ist grün. Transparent. Rightshored. Aber Aflalos Ehrgeiz ist viel, viel größer als Cornejos: Sie sagt, sie wolle »eine nachhaltige Fast Fashion-Marke«[28] werden.

Für sie ist das kein Widerspruch.

Kleidung »schnell zu fertigen hat keine schädlichen Folgen für die Umwelt«, so Aflalo.

Aflalos Ansatz ist einfach: Produziere Mode von anständiger Qualität, die Spaß macht, wie etwa Caprihosen, eine Minikleider-Linie und bauchfreie Tops, in sauberen, ehrlichen Fabriken, vor allem im Großraum Los Angeles, und verkaufe sie zu einem vernünftigen Preis, etwa 40 bis 450 Dollar. Zu ihren Fans gehören neben Taylor Swift, Rihanna, Model Karlie Kloss (die in Reformation[29] investierte) auch Meghan Markle, Herzogin von Sussex, die während ihrer Südpazifiktour 2018 den leichten, grau-weiß gestreiften, 218 Dollar teuren »Pineapple Dress« von Reformation trug[30].

»Ich entwerfe auch für eine Kellnerin«, erklärte Aflalo 2017 gegenüber *Allure*. »Sie hat am Vorabend 200 Dollar Trinkgeld bekommen und ist hin und weg von dem Kleid. Wir tauschen quasi Kleid gegen Trinkgeld.«[31]

Für Aflalos Geschäftsmodell stand jenes des American-Apparel-Gründers Dov Charney Pate. Bevor Charney 2014 von seinem Vorstand wegen des Vorwurfs der vermeintlichen sexuellen Belästigung und Misswirtschaft vor die Tür gesetzt wurde, hatte er gezeigt, dass es absolut möglich ist, in den USA preisgünstige Kleidung herzustellen und Arbeitnehmer über dem Mindestlohn zu entlohnen. Bereits 2004 zahlte er zwischen umgerechnet 12 und 17 Euro pro Stunde, zuzüglich Leistungen wie Krankenkassenbeiträge und kostenlose Englischkurse, und dennoch machte er einen kräftigen Gewinn.[32]

Ich fragte Ilse Metchek, die Leiterin des kalifornischen Modeverbands, wie Charney das schaffte.

»Skaleneffekt«, erklärte sie. »Er machte alles an Ort und Stelle. Er musste keine Stoffe einkaufen, er machte sie selbst. Der Betrieb war vertikal, total vertikal integriert. Und hatte einen begrenzten Lagerbestand. Er hatte T-Shirts, einen Hoodie, aber keine Linie mit Hunderten von verschiedenen Items. Er hatte keine Auftragnehmer, sondern machte alles selbst. Die Maschinen waren da. Er besaß nichts, sondern mietete alles. Menschen haben eine ganz unterschiedliche Auffassung von Erfolg. Viele wollen das Gebäude besitzen, in dem sie sich befinden. Dann fragst du dich: Machst du in Immobilien oder bist du im Bekleidungsgeschäft?«

Auch Aflalo hat das verstanden. Ihre Hauptfabrik, die sie angemietet hat, liegt im tristen Industrievorort Vernon – billig. Ein Großteil der Stoffe, den sie bezieht, stammt aus unverkäuflichen Lagerbeständen anderer Unternehmen – billig. Auch sie hat einen begrenzten Lagerbestand, ausschließlich für ihr Kerngeschäft – Tops und Jeans. Aber sie bereichert ihre Auswahl regelmäßig mit kleinen Auflagen – ja, genau wie es Fast Fashion tut. Sie glaubt, wenn sie sich an Zaras Geschäftsmodell anlehnt und die Point-of-Sale-Daten sofort analysiert, Erfolgsitems nachbestellt, Ladenhüter aus dem Verkauf nimmt – kurz: agil ist –, sie mehr zum vollen Preis verkaufen und keine Restbestände haben wird. (Obwohl Fast Fashion-Marken naturgemäß tonnenweise Reste haben.) Wenn man ein hochwertiges Kleidungsstück herstellt, das mehr kostet – und länger hält – als herkömmliche Fast Fashion, werden Kunden es sich zweimal überlegen, ob sie es wegwerfen. »Billig ist wegwerfbar«, sagte sie. »Wir versuchen, Kleidung herzustellen, die man nicht so schnell wegwirft. Unsere Kunden verkaufen ihre Kleidung weiter.«

Aflalo, eine Brünette mit glänzendem Haar, Anfang 40, mit Wangenknochen, an denen man die Wäsche aufhängen könnte, lernte das Modefach von der

Pike auf: Ihre Eltern hatten eine Modeboutique in der Innenstadt von Los Angeles. 1999, mit 21, beschloss sie, selbst einen Versuch zu starten, und lancierte ihr eigenes Label Ya-Ya – eine Anspielung auf ihren Vornamen: Yael.[33] Fred Segal, der einflussreiche Händler aus West-Hollywood bestellte bei ihr, und so taten es auch einige andere Fachgeschäfte. 2005 erzielte Ya-Ya einen Jahresumsatz von 20 Millionen Dollar. »Ich kaufte ein großes Haus, ich hatte mehrere Autos«, sagte sie später. »Ich organisierte Partys, und ich machte lange Design-Urlaube.« Doch 2008, während der Rezession, kam der große Einbruch. Um ihre Schulden zu begleichen, entwarf Aflalo ein Jahr lang Fast Fashion für Urban Outfitters.

Als sie finanziell wieder festen Boden unter den Füßen hatte, organisierte sie sich neu und fing an, Vintage-Kleider umzugestalten, die sie unter dem Namen »Reformation« mit einem kräftigen Aufschlag in einer Boutique an der Lower East Side verkaufte. Im Nu boomte das Geschäft, und Läden in New York und Los Angeles kamen dazu. »Ich arbeitete gar nicht so viel«, sagte sie. »Und konnte mir dennoch den Lebensstil leisten, den ich mir wünschte.«

Sie unternahm eine Reise nach China, war entsetzt über die Verschwendung und Verschmutzung, die sie dort sah und die ihr die Augen öffneten: Von da an war Reformation grün und sozial bewusst – ein Ansatz, den sie »Öko-Schick« nannte. »Mir war es wichtig, Altruismus und Narzissmus zu kombinieren«, verkündete sie[34]. Daraufhin übernahm sie eine alte Bäckerei in Boyle Heights[35] – einem einkommensschwachen Viertel in der Innenstadt, das sich öffentlichkeitswirksam der Gentrifizierung widersetzt hat – und verwandelte sie in das, was sie selbstbewusst als »die erste nachhaltige Nähfabrik in den USA« bezeichnete. Mitarbeiterinnen und Angestellte ermunterte sie, ihr eigenes Gemüse in ihrem kleinen Gemüsegarten im Hinterhof anzubauen. Und sie kaufte sich einen Tesla[36].

Aflalo wandte gute Geschäftsmethoden an, wie die Verwendung von nachhaltig gewonnenen Materialien, die Veröffentlichung der CO_2- und Wasser-Fußabdrücke ihrer Produkte auf ihrer Webseite und die Anbringung eines »RefRecycling«-Etiketts in einem Artikel, das es Kunden ermöglicht, Kleidung zur Wiederverwendung zurückzuschicken. (Was nur wenige taten.)[37] Der Slogan des Unternehmens sagt alles aus: »We make killer clothes that don't kill the environment« (Wir machen todschicke Kleidung, die die Umwelt nicht tötet.)[38]

Und wenngleich all das gut und schön war, blieb – wie sie oft und laut betonte – ihr Geschäftsprinzip das, was sie bei Urban Outfitters gelernt hatte: »Schnelle Markteinführung«.

Sie ist dieser Wirtschaftsdoktrin derart ergeben, dass sie Zaras Trenddirektor Manuel Ruyman Santos Fdez als Designdirektor engagierte[39]. Vorstandsmitglied Ken Fox, Gründer der Stripes Group, einer der Reformation-Investoren, erzählte *Forbes*: »Yael hat sich die Chance erarbeitet, eine Zara der nächsten Generation zu sein.«[40]

Aflalo ist es recht. Stärker noch, das ist genau ihre Absicht.

»Bei Zara gibt es tatsächlich ein paar Dinge von guter Qualität«, so Aflalo.

In ihrem Kopf – und in ihrem Businessplan – sind Wachstum keine Grenzen gesetzt. So etwas wie zu viele Kleidung gibt es bei ihr nicht.

»Das vorherrschende Credo in puncto Nachhaltigkeit – ›Weniger kaufen, weniger verbrauchen‹ – ist keine skalierbare Strategie«, erklärte sie öffentlich[41].

»Ich glaube nicht, dass das eine praktikable Geschäftsoption ist«, sagte sie mir. »Ich denke, es kommt nicht gut, Verbrauchern zu sagen, dass sie weniger kaufen und verbrauchen sollen. Es mag einen kleinen Prozentsatz geben, der das vielleicht annimmt, aber ich glaube nicht, dass es ein realistischer Ansatz gegen den Klimawandel ist.«

Nachhaltigkeit bedeutet für sie, vernünftig zu wirtschaften: Unter Einsatz erneuerbarer oder sauberer Energie wie Sonnenenergie. »Unsere CO_2-Emissionen liegen 50 Prozent unter dem Branchendurchschnitt«, prahlt sie – und spricht den Wasserverbrauch an. Damit »kompensieren« wir den Schaden, der durch die Verbesserung der Situation an anderer Stelle entsteht. Wie beim Wasser: »Wir arbeiten mit gemeinnützigen Organisationen zusammen, die Gewässer reinigen«, erklärte sie. »Wir reinigen zig Mengen an Wasser in den USA.« Damit, sagte sie, macht sie ihr Unternehmen CO_2-neutral, wasserneutral und abfallneutral.

2016 zog Aflalo mit ihrem Unternehmen von der Bäckerei in Boyle Heights – »wir platzten dort aus allen Nähten« – um in ein einstöckiges, über 11 000 Quadratmeter großes Gebäude in Vernon, dem einstigen Hauptsitz der Jeansmarke True Religion, die ins Ausland abgewandert war. Vernon liegt östlich der Autobahn 101 und besteht aus Lagerhäusern, Karosseriewerkstätten und Bekleidungsfabriken – legale und illegale –, umgeben von messerscharfen Metallzäunen.

An der Fassade sucht man vergeblich den Namen von Reformation. Wie seine Nachbarn ist die Fabrik von einem Zaun und einem Parkplatz umgeben – kein Gemüsegarten mehr. Etwa ein Drittel der Produktion – schneiden und nähen – findet dort statt. T-Shirts werden in Vertragsfabriken in der Region gefertigt, Pullover in China. Das Kreativbüro, in dem Aflalo arbeitet, befindet sich etwa 20 bis 40 Autominuten (je nach Verkehr) entfernt, im Platform, einem schicken neuen Luxus-Einkaufs- und Bürozentrum in Culver City, an der gleichen Straße wie die Filmstudios von Sony. Etwa zweimal im Monat fährt sie nach Vernon – mit dem Shuttlebus.

Wie Charney arbeitet auch Aflalo auf großartige Art und Weise im Sinne von Rightshoring: Sie bezahlt ihre Arbeiter über dem Mindestlohn, übernimmt Gesundheitsleistungen, bietet kostenlose Massagen, Berufsberatung, Englischkurse und Hilfe bei der Einbürgerung an. Letzteres sollte man allerdings nicht falsch verstehen, denn sie tut das nicht aus Patriotismus. »Ich bin keine eingefleischte Amerikanerin«, so Aflalo. »Wir produzieren in den USA und nicht in Übersee, weil es hier viel schneller geht und wir hier schneller verkaufen können. Wir verkaufen mehr und öfter Produkte.«[42] Es ist einfach wirtschaftlicher.

Sie weiß auch, dass mehr Menschlichkeit in der täglichen Geschäftspraxis ebenfalls wirtschaftlicher ist. Am 22. April 2017, dem Tag der Erde, öffnete sie die Türen ihrer Fabrik in Vernon und lud die Öffentlichkeit ein, bei der Produktion zuzuschauen.

Das Unternehmen kündigte an, diese Praxis fortan an jedem ersten Freitag im Monat fortzusetzen. Im Oktober 2017 nahm ich an einer Führung teil. Der Empfangsraum in der Fabrik ist hell und minimalistisch, mit skulpturalen Bertoia-Stühlen und weißen Tulpen-Beistelltischen von Saarinen. Die Besucher waren jung und Mods, und viele hatten einen Hund – eine Bulldogge, einen langbeinigen Köter, einen weißen Pudel namens Elodie – dabei.

»Ist das hier ein ›Bring-deinen-Hund-mit-zur-Arbeit-Tag‹?«, fragte eine der 35 Personen, mit denen ich vor der Führung anstand.

»Nein«, erwiderte die Rezeptionistin. »Hier kann man seinen Hund jeden Tag mitbringen.«

Wir wurden von Kathleen Talbot, der Vizepräsidentin für Verwaltung und Nachhaltigkeit, herumgeführt. Sie war Anfang 30, zierlich, hübsch und gekleidet in eine enge Jeans, eine ein Jahr alte, nachtblaue Seidenbluse von Reformation und beigefarbene flache Schuhen mit schwarzen Spitzen – Kopien der klassischen Ballerina von Chanel. Ihr glattes mahagonifarbiges Haar hatte sie etwas unordentlich hochgesteckt.

Sie erzählte uns, Aflalos »Vision« sei es »wirklich, einiges anders zu machen«[43]. Während Talbot sprach, gingen wir an Besprechungszimmern mit der Aufschrift »Chat Rooms« und der Kaffeeecke namens »L'il Kitchen« vorbei. Der geräumige »Chill Room« war bestückt mit einem langen karamellfarbenen Leder-Clubsofa, zwei großen Pilates-Bällen, einem Sitzsack und einer Stereoanlage inklusive einer umfangreichen LP-Sammlung. Auch wenn das Ganze nach der typischen Start-up-Kultur der Westküste roch, war es ganz anders als im entfernten Dhaka.

Damals hatte Reformation acht Läden, drei in Los Angeles, drei in New York, einen in San Francisco und eine neue Niederlassung in Dallas. Entworfen wurde die Kleidung von vier Kreativen – zwei Designern (darunter Aflalo selbst) und zwei Assistenten. Die Firma beschäftigte insgesamt 400 Arbeitnehmer, davon 300 in der Fabrik in Vernon. Wir können »gerne Fotos machen und filmen«, sagte Talbot. »Bei uns ist das nicht verboten.«

Unser erster Halt war die Produktionsentwicklung – ein riesiger, hoher, völlig weißer Raum mit Stoffballen und Fadenkonen und Frauen, die an Industriemaschinen nähten.

»Wir sind eigentlich Fast Fashion, ein schmutziges Wort, ich weiß«, sagte Talbot. »Aber wir meinen damit, dass die Kleidung sehr schnell hergestellt wird und wir schnell auf aktuelle Trends und Bedürfnisse reagieren. Wir bringen tatsächlich 20 bis 50 Stile pro Woche heraus und arbeiten im Wochenrhythmus, nicht im traditionellen Quartals- oder Jahresrhythmus. Wenn nötig, brauchen wir nur vier Wochen für alles – vom Designkonzept bis zum Versand an den Kunden, unser Durchschnitt aber liegt bei 42 Tagen. Und wenn wir etwas machen, das gut ankommt, können wir in weniger als zwei Wochen nachlegen. So sind wir immer am Puls der Zeit und können auch weniger machen. Wir arbeiten mit kleinen Stückzahlen und verkaufen alles, anstatt Lagerhaltung zu betreiben. Die Nachlässe, die wir bei den traditionellen Modehändlern sehen, sind nichts anderes als Fehlentscheidungen: Sie kaufen zu viel ein, produzieren zu viel, und versuchen dann, den Rest loszuwerden. Wir sind einfach flexibler.«

Wir sahen den Stoffraum, mit weiteren Näherinnen und weiteren Stoffballen, und den Vintage Room, in dem gebrauchte Kleidung umgenäht, per Siebdruck neu bedruckt, gewaschen und gefärbt und anschließend im neuen firmeneigenen »Melrose Vintage«-Shop verkauft wird. Danach folgte das Denim Lab – Denim war eine neue Reformation-Linie. Aflalo ging davon aus, dass der Jahresumsatz 2018 die Marke von 140 Millionen Dollar übersteigen würde, wovon 80 Prozent mit Online-Handel und 20 Prozent in den Boutiquen generiert werden.[44] Als wir uns im September 2018, ein Jahr nach der Führung, wieder trafen, hatte sie gerade ihre dreizehnte Boutique eröffnet, im Georgetown-Viertel von Washington, DC. Sie belieferte inzwischen auch die Kaufhauskette Nordstrom. Es gab Pläne für die Entwicklung von Kinderbekleidung, Herrenbekleidung, Handtaschen und Schuhen und für weitere »einhundert coole Läden«, sagte sie.

Schließlich, erzählte mir Aflalo, wollte sie Reformation in eine Aktiengesellschaft umwandeln, aber im Mai 2019 soll Goldman Sachs das Unternehmen zum Kauf angeboten worden sein. Anders als Imogene + Willie mit dem Umzug nach Los Angeles versuchte, zu expandieren, hat Aflalo geschickt eine ganze Reihe von geschäftstüchtigen Unterstützern und Beratern engagiert, die ihr dabei helfen, all diese Ziele zu erreichen. »Yael hat ehrgeizige Ziele«, sagte mir Andrew Rosen, einer ihrer Investoren. »Aber wenn es jemand schaffen kann, dann sie.«

SECHS

Mein blauer Himmel

Am Hauptsitz von Stony Creek Colors, einem einstöckigen Gebäude in Goodlettsville, einer Provinzstadt etwa 15 Kilometer nördlich von Nashville, standen Schlammstiefel aufgereiht vor der Eingangstür. »Wir waren heute Morgen auf den Feldern unterwegs«, erklärte die Landwirtin und Unternehmerin Sarah Bellos[1], als sie auf Strümpfen zu ihrem Schreibtisch – einem Scheunentor auf Böcken – stapfte. Bellos – 33, jugendlich frisch und blaue Augen – hatte ihre geraden, kastanienbraunen Haare zu einem lässigen Dutt hochgesteckt und war gekleidet in ein graues T-Shirt und Jeans der Indie-Marke Gustin aus San Francisco, welche mit ihrem Indigofarbstoff gefärbt war. Das Kornblumenblau der Hose wirkte so lebendig und leuchtete wie ein Saphir. Ihre Fingernägel waren schwarz vom Indigofarbstoff.

»Die Felder« waren 35 Hektar groß, gepachtet, und befanden sich im nahegelegenen Greenbrier, wo zehn lokale Landwirte sie mit Indigo bepflanzen und pflegen; Bellos legt beim Pflanzen selbst Hand an, kontrolliert regelmäßig das Wachstum, ist zur Stelle, wenn die Ernte ansteht und wandelt die Blätter in Farbstoff um, den sie an Bekleidungshersteller verkauft. In den USA wurde der kommerzielle Indigoanbau vor über einem Jahrhundert eingestellt – als synthetisch hergestellter Indigo den Handel mit natürlichem Indigo zum Erliegen gebracht hatte. (Danach wurde der Indigoanbau nur noch in kleinem Stil in Indien und Japan betrieben.) Und genau das will Bellos ändern.

Fast der gesamte Denim, den wir tragen – 99,99 Prozent –, ist mit synthetischem Indigo gefärbt. Was aber nicht bekannt ist – und was die Bekleidungsindustrie diskret verschweigt –, ist die Tatsache, dass synthetischer Indigo »aus zehn Chemikalien besteht – darunter Erdöl, Benzol, Zyanid und Formaldehyd –, die giftig oder gesundheitsschädlich sind«, so Bellos.

Dennoch setzt die Denim-Industrie weiterhin auf synthetischen Indigo, aus dem gleichen Grund, weshalb Modeunternehmen ihre Kleidung in Sweatshops fertigen lassen.

»Die Wirtschaft ist nicht dazu da, sich um die Menschen zu kümmern«, sagte Bellos. »Benzol ist billiger, als einen Landwirt für den Anbau von Getreide zu bezahlen. Umweltverschmutzung ist der billigste Weg, Geld zu verdienen.«

Mit Stony Creek Colors will Bellos »beweisen, dass ein nachhaltigeres Modell funktionieren und rentabel sein kann«.

Für jemanden, der die Denim-Industrie aufmischen und die Zusammensetzung dessen ändern will, was wir alle tragen, hat Bellos einen Hintergrund, der erst einmal gar nichts mit Mode zu tun hat. Sie wuchs auf in Mount Sinai auf Long Island »in einem Haus aus dem 18. Jahrhundert mitten im Wald«, erzählte sie mir. »Ich spielte in den Feuchtgebieten oder im Wald, und deshalb hat mich die Umwelt immer schon fasziniert.« Ihre Mutter war Künstlerin. Ihr Vater studierte Forstwirtschaft und arbeitete als Tischler.

Selbst besuchte sie die Cornell University, wo sie Natural Resource Management (nachhaltiges Ressourcenmanagement) studierte. Danach war sie als Praktikantin an der North Carolina State University tätig, wo auch Natalie Chanin studierte. Ihre erste Stelle war bei einem Finanzanalysenunternehmen in Washington, DC, das auf soziale Verantwortung von Unternehmen spezialisiert war. Aber, sagte sie, »Finanzanalysen waren nicht mein Ding. Ich wollte etwas Greifbareres, das weniger theoretisch war. Ich glaube, dass erst kleinere Unternehmen beweisen müssen, dass etwas möglich ist, bevor größere Unternehmen den Sprung wagen.«

Sie kündigte und zog nach Nashville, wo ihre ältere Schwester Alesandra als Künstlerin lebte und arbeitete. Sie beschlossen, ihr eigenes nachhaltiges kleines Unternehmen, Artisan Natural Dyeworks, zu gründen, eine Färberei, die mit unabhängigen Designern, darunter auch Chanin, zusammenarbeitete. Das Färbe-Wissen lernten wir »aus Büchern und durch viel Versuch und Irrtum«, sagte Bellos. So erfreulich und umweltfreundlich das Ganze auch war, »lösen würde das Handfärben die Nachhaltigkeitskrise in der Branche nicht«, sagte sie. 2012 gründete sie Stony Creek Colors, benannt nach ihrer 4,5 Hektar großen Farm in Whites Creek am Stadtrand von Nashville. So wollte sie mithilfe »der besten Komponenten« des konventionellen Färbens, nämlich »mit kunsthandwerklicher Fertigkeit und Transparenz« zeigen, dass »dies auch in größerem Stil möglich ist«.

Als ich Bellos im Sommer 2016 besuchte, gab es in den USA nur eine Handvoll Indigo-Färberei-Manufakturen. Sie waren klein und existierten »mehr, um die Tradition zu bewahren«, sagte sie. Sie war die einzige, die Indigo im industriellen Maßstab anbaute und einen großen Denim-Hersteller belieferte: die White-Oak-Fabrik von Cone Mills in Greensboro, North Carolina.

Zustande gekommen war der Vertrag mit viel Glück und Entschlossenheit. 2013 lernte sie während einer Führung durch eine nachhaltige Baumwollplantage in Kalifornien Neil Bell, den damaligen Innovationsleiter von Levi's, kennen. Als sie ihm von ihrer Arbeit erzählte, war er erstaunt. Wie könnte natürliches Indigo in den USA nach so vielen Jahren der totalen Abhängigkeit von synthetischem Indigo kommerziell angebaut und produziert werden? Sie versicherte ihm, dass es möglich war, denn genau das tat sie schließlich. Er nahm dies zur Kenntnis.

Ein Jahr später stellte Bell sie dem langjährigen Levi's-Partner Cone vor, der zu diesem Zeitpunkt zu den vier letzten industriellen Denim-Herstellern der USA zählte. »Verrückt«, bemerkte sie, wenn man bedenkt, dass »Denim hier erfunden wurde«.[2]

Den Cone-Führungskräften erzählte sie, dass sie den Landwirten im Südosten der USA alternative Kulturen bieten und die hiesige Textilindustrie wieder zum Leben erwecken wolle. »Beides passt zu Cones Vision von Authentizität«, sagte sie. Ihre erste Lieferung an Cone im Jahr 2015 – eine Charge für bis zu 50 000 Jeans – war so erfolgreich, dass der Denim-Hersteller für 2016 eine Menge für bis zu 150 000 Jeans vordisponierte. Mit diesem Vertrag war die Finanzierung für eine richtige Fabrik sichergestellt, und daher konnte Bellos weitere 50 Hektar Land für den Indigo-Anbau unter Vertrag nehmen. An Stony Creek Colors hält sie einen Mehrheitsanteil, den restlichen Anteil teilen sich private und institutionelle Investoren.

Wir gingen ins Labor hinter ihrem Büro. Mit seiner Sammlung von Edelstahltanks wirkte es wie eine Mikrobrauerei. Bellos und ihr Team füllen den Indigo in die Tanks, bis sie zufrieden sind, verarbeiten ihn anschließend zu lagerungsfähiger Paste oder Pulver und verkaufen ihr Produkt an Hersteller. Indigo-Chargen werden von den beiden Chemikern getestet, um festzustellen, »wie viel Stoff – sprich Jeans – man mit einer Pulverdosis färben kann.« Oder welche Schattierung sie bekommen, wenn man den pH-Wert oder andere Färbekonditionen anpassen würde – mehr »lila-blau« oder »mehr blau-blau«, sagte sie.

Sie arbeitet auch mit Schwarznuss, die kräftige bis gedämpfte Brauntöne hervorbringt, mit Osagedorn (oder Milchorangenbaum), einem Hartholz aus den Südstaaten, das orangefarbene, olivgrüne und leuchtende Gelbtöne erzeugt, sowie mit Färberkrapp, einer krautartigen Staude, die dem Stoff üppige Cranberry-Rottöne verleiht. Aber Indigo ist ihr Kerngeschäft: Es macht 95 Prozent ihrer Produktion und den größten Teil ihres Jahresumsatzes von einer Million Dollar aus.

Sie räumt ein, dass natürliche Farbstoffe auf den ersten Blick zwar teurer zu sein scheinen als jene, die für synthetische Stoffe auf Erdölbasis verwendet werden – schon wegen der höheren Kosten, die mit dem Anbau solcher Rohstoffe einhergehen. Aber es gibt »externe Kosten«, die bei der Kostenberechnung von synthetischen Farbstoffen außer Acht gelassen werden – Umweltschäden »wie Fracking und Ölverschmutzungen«, sagte sie. Die »falsche Wirtschaft«, die Cornejo damals während ihrer Tätigkeit für einen Modemulti so beunruhigte, weist Parallelen mit der Farbstoffindustrie auf.

Es gibt noch weitere Bedenken bezüglich der Herstellung von synthetischen Farbstoffen. Wie Bellos erklärte, ist die Produktion von synthetischem Indigo in den Händen von einigen wenigen chinesischen Herstellern, die dafür eine Chemikalie namens Anilin verwenden. Die US-Umweltschutzbehörde EPA klassifiziert Anilin als Stoff der Gruppe B2, »wahrscheinlich krebserregend«[3], was bedeutet, dass er krebserzeugend sein kann. Und die US-Seuchenschutzbehörde CDC stuft den Stoff als »sehr giftig« für Wasserleben ein. Jüngste Berichte zeigen, dass zwei Drittel aller Anilinrückstände in Abwasser, Seen, Flüssen und anderen Wasserstraßen in die Luft gelangen und somit auch in die Arbeiter, die jene Luft einatmen. Das restliche Drittel befindet sich in Jeans, Jacken und Röcken, die in Läden verkauft werden.[4]

Sie schlug vor, den Feldern in Greenbrier, knapp 25 Kilometer von ihrem Büro entfernt, einen Besuch abzustatten. Sie waren in der Tat schlammig. Elf der 35 Hektar waren bepflanzt. Der Boden war eine Art sandige Tonerde, sandiger Lehm. Da ihr die Felder nicht gehörten und sie deshalb nicht kontrollieren konnte, was dort passiert, wenn sie sie nicht selbst bewirtschaftet, ist der Anbau nicht biologisch. Pestizide kommen dennoch nicht zum Einsatz.

Bellos Landwirte bauen drei Indigo-Sorten an: eine aus Japan (Persicaria tinctoria) und zwei tropische (Indigofera suffruticosa und Indigofera tinctoria). Die japanischen Pflanzen werden hüfthoch, dunkelgrün und buschig, wie riesige Basilikumbüsche, und verströmen einen stechenden, süß-scharfen Geruch. Der Farbstoff, erklärte sie, befindet sich in den Blättern. Sie zupfte ein paar ab und reichte sie mir. Ich steckte sie in mein Notizbuch, wo sie beim Trocknen die gleiche blau-schwarze Farbe hinterließen wie auf Bellos Fingernägel. Einige der japanischen Pflanzen blühten, die Farbe der Blüten war ein kräftiges Magenta. Schmetterlinge, Marienkäfer und rote Wespen, die andere Käfer essen, schwärmten aus. »Honigbienen lieben die Blüten auch«, sagte sie. Die meisten Schädlinge finden Indigo bitter und meiden die Pflanzen. »Insekten kommen nicht zurück, wenn es ihnen nicht schmeckt!«

Auf dem nächsten Feld befanden sich die beiden tropischen Sorten. Eine war größer – bis zu meinem Bauchnabel – und weniger buschig. Da der Stamm dieser an sich (mehrjährigen) Staude holzig werden kann, baut sie diese Sorte jedes Jahr neu an. Die zweite Sorte war kürzer und kleinblättriger, was sich zwar in einer geringeren Gewichtsausbeute niederschlägt, den die enorme Potenz des Farbstoffs aber vollends kompensiert. »Wie Konzentrat«, sagte sie. Einige der Pflanzen lässt sie aussamen, damit sie in der nächsten Saison wieder Saatgut hat.

Tennessee ist seit jeher ein Tabakstaat, aber durch den rückläufigen Zigarettenkonsum in den USA ist der Tabakanbau ebenfalls zurückgegangen. Zum Glück, aus der Sicht des Landwirts. Denn der Tabakanbau ist heikel und arbeitsintensiv – Pflanzung und Ernte erfolgen nach wie vor von Hand. »Es ist ein unangenehmer Job. Alles daran ist ätzend und eklig«, sagte Larry Williams, Landwirt im Robertson County. »Die Jugendlichen wollen nicht im Tabakanbau arbeiten … Ich kann's verstehen.«[5]

Die Tabakpflanze ist krankheitsanfällig und erfordert große Mengen an kostspieligen Herbiziden und Fungiziden[6]. Außerdem entziehen die Pflanzen den Böden so viele Nährstoffe, dass bis zu »150 Kilogramm Stickstoffdünger pro Hektar« benötigt werden, so Bellos. Die Indigopflanze – eine Hülsenfrucht, wie Soja – kommt mit weitaus weniger Dünger aus: Die Sorte Persicaria tinctoria, die Bellos anbaut, braucht knapp 35 Kilogramm Stickstoffdünger pro Hektar, während die beiden tropischen Sorten ganz ohne auskommen. Besser noch, sie versorgen die Erde sogar mit Stickstoff.

Für Bellos war es nicht schwer, Landwirte für ihr Projekt zu gewinnen. Sie zahlt ihnen 20 bis 45 Prozent dessen, was sie mit dem Tabakanbau verdienten – 1000 bis 1800 Dollar statt 4000 bis 5000 Dollar. Da ihre Betriebskosten aber so viel niedriger sind, bleiben ihnen dennoch knapp 550 Dollar – statt 87 Dollar – je Hektar. Zur Effizienzsteigerung hat sie eine Erntemaschine entwickelt, mit der ihre Mitarbeiter den Indigo ernten. Indigo, sagt Bellos, bietet den Landwirten »eine rentable, wirtschaftliche Alternative« zu traditionellen Erzeugnissen. Außerdem tragen sie zur »Wiederbelebung der ländlichen Wirtschaft« bei, so Bellos, und auch »zur Bodenverbesserung«.[7]

Anschließend fuhren wir nach Springfield, dem Verwaltungssitz von Robertson County und Heimat ihrer »Fabrik«, einem fast 7500 Quadratmeter großen Lagerhaus aus rotem Backstein aus den 1950er-Jahren, etwa 15 Autominuten entfernt. Als ich es betrat, wehte mir ein scharfer Geruch entgegen, der ein Brennen in der Nase erzeugte. Der Grund: Mehr als ein halbes Jahrhundert lang hatte das Kaufhaus Conwood hier Tabakblätter zu dunkel-fermentiertem Kau- und Schnupftabak verarbeitet, wodurch die porösen Ziegelsteine sich mit Nikotin vollgesogen hatten. Beim Einatmen bekommen Nichtraucher schnell einen leichten Rausch.

Als die Raucherzahlen in den USA weiter sanken und das Tabakgeschäft ins Ausland verlegt wurde – ja, Tabak auch –, legte der letzte Eigentümer, die American Snuff Company, eine amerikanische Marke in Besitz von Reynolds, die Fabrik still. 2015 schenkte Reynolds die Fabrik dem Landkreis. Die Schließung war »ein wirtschaftliches Desaster für die ganze Region«, sagte Bellos.

Sie beschloss, das Gebäude umzufunktionieren – gewissermaßen, um Rightshoring zu betreiben. Direkt gegenüber der örtlichen Kläranlage gelegen, war die Möglichkeit, das Abwasser problemlos zu entsorgen, schon einmal gegeben. Und der Landkreis vermietete ihr das Gebäude zu einem attraktiven Preis. »Wir haben hier Platz, zu wachsen!«, sagte sie lachend, als wir die dunkle, leere Unermesslichkeit des Gebäudes spürten.

Wir gingen nach unten zum Parkplatz auf der Rückseite. Dort stapelten sich Indigoballen neben einem riesigen müllcontainerähnlichen Behälter – Extraktor genannt –, gefüllt mit Wasser, teilweise aus ihrer Zisterne. Bellos kann jährlich über die Dachrinnen bis zu 2 Millionen Liter Regenwasser sammeln. Die Indigoblätter werden in den Extraktor gegeben, in dem sie einige Stunden zum Einweichen liegen.

Anschließend wird die tintenähnliche Flüssigkeit in einen 25 000 Liter fassenden Edelstahlbehälter – die industrielle Version der Mikrobrauerei – gepumpt, wo sie mit Sauerstoff vermischt und in Farbstoff umgewandelt wird. Danach wird die Flüssigkeit in Setztanks überführt, in denen Wasser und feste Bestandteile voneinander getrennt werden – da Indigo ein unlösliches Pigment ist, sinkt es auf den Boden. Die oberste Wasserschicht wird gefiltert und wiederverwendet oder an die Kläranlage weitergeleitet. Bellos zeigte mir eine Plastikwanne mit verarbeitetem Indigosaft: Er roch nach Katzenurin. Als ich das sagte, fing sie an zu lachen. »Im mittelalterlichen Europa verwendete man

Urin, um Indigofarbstoff zu verdünnen und löslich zu machen.« Das Pigment wird in Paste oder Pulver umgewandelt. Cone bevorzugte Paste, welche Bellos zur Fabrik in White Oak transportieren ließ.

Bellos hatte große Wachstumspläne. 2017 wollte sie 165 Hektar anpflanzen – eine Verdreifachung –, und bis 2021 strebt sie eine Anbaufläche von etwa 7000 Hektar an. »Wir produzieren längst nicht das, was der Markt will«, sagte sie. »Es wird sich weiterentwickeln, vor allem mit dem Bewusstsein der Kunden für Dinge wie die Verwendung von Zyanid in den eigenen Jeans.«

2016 erzählte mir Bellos, sie habe gute Hoffnung, dass sie mit dem Erreichen ihrer Ziele im Jahr 2021 ein Prozent des gesamten Indigomarktes beherrschen wird. Zwei Jahre später korrigierte sie diese Planzahl auf 2,8 Prozent im Jahr 2024.

Aber sie will noch mehr.

Wenn es nach ihr geht, »wird es in zehn Jahren noch mehr Firmen wie unsere geben«, sagte sie mir. »Wir werden sehen.«

Slow Fashion hat sich auch in der Jeansproduktion etabliert.

Eine Vielzahl von Boutique-Denim-Marken wie Blue Delta Jeans Co. in Oxford, Mississippi, und Hiut Denim Company in Wales sind entstanden und stellen handwerklich gefertigte Jeans in kleinen Stückzahlen her. »Unsere Aufgabe ist es, mit unseren Mitteln die besten Jeans zu machen, nicht die meisten«, erklärte Hiut-Mitbegründer David Hieatt[8]. Er erhielt die stilvollste Unterstützung, als Meghan Markle, die damalige Verlobte von Prinz Harry, Anfang 2018 während eines offiziellen Besuchs in Cardiff eine Hiut-Jeans trug. Das Unternehmen wurde über Nacht berühmt und derart mit Bestellungen überhäuft, dass Kunden bis zu mehreren Monaten auf ihre Jeans warten mussten.

Aber sowohl handwerklich als auch in puncto Mythos sind japanische Denim-Hersteller allen weit voraus – sehr weit voraus.

Für sogenannte »Denim Heads« – Menschen, die dem blauen Kleidungsstück derart verfallen sind, dass ihre Besessenheit an Fanatismus grenzt – sind Selvedge-Jeans aus Japan das absolute Nonplusultra.

Die beste Jeans überhaupt sind jene aus Kojima, einer Kleinstadt in der Präfektur Okayama, vier Zugstunden südwestlich von Tokio. Kojimas Denim-Handel ist so angesehen, dass jedes Mal, wenn ich ihn jemandem im Denim-Geschäft gegenüber erwähnt habe, jeder – und ich meine jeder – regelrecht ins Schwärmen geriet und bekannte, davon zu träumen, die Stadt eines Tages selbst zu besuchen.

Kojima war prädestiniert für den textilen Erfolg: Die Stadt wurde auf Land gebaut, das dem Meer abgerungen wurde, und hatte daher schlechte Böden. Das Einzige, was dort reichlich gedieh, war Baumwolle. Und wie im Süden der USA schossen Verarbeiter wie Pilze aus dem Boden, um die Baumwolle zu spinnen und zu weben. Mitte des 20. Jahrhunderts entwickelte sich Kojima zu einem Fertigungszentrum mit dem Schwerpunkt auf Schuluniformen aus Baumwollstoff. In den 1960er-Jahren stammte die nationale Produktion von Blusen, Blazern, Hosen und Plisseeröcken für Schüler und Studenten zu 85 Prozent von hier.

1965 beschloss Kotaro Ozaki von Maruo Clothing, dass sein Unternehmen in eine für Japan neue Domäne vorstoßen sollte: Blue Jeans. Nur nicht irgendeine Art von Blue Jeans, sondern Kopien der amerikanischen Jeans, die von der renommierten Canton Textile Mills in Georgia (die 1981 geschlossen wurde) aus Denim hergestellt wurden. Die Vorliebe der Japaner für amerikanische Jeans geht auf die 1940er-Jahre zurück, als in Asien stationierte amerikanische GIs sie beim Ausgehen in Tokio trugen. Später verstärkte der Brando-Dean-Elvis-Look der 1950er-Jahre dieses Jeans-Faible in Japan. Mit ihrer kulturell bedingten Qualitätsbesessenheit betrachteten die Japaner den in den USA gewebten Denim als Goldstandard.[9]

Zwei Jahre nach der Markteinführung von Ozakis erster Canton-Jeans präsentierte er ein Label namens Big John. Dafür kaufte er den hochwertigsten Denim, den es gab: Cone White Oak. 1970 kam eine Frauenlinie hinzu: Betty Smith – ein Name, den sich Ozaki auch ausgedacht hatte, um so amerikanisch wie möglich zu klingen. Maruo Jeans sahen amerikanisch aus, waren aus amerikanischem Denim hergestellt, durften aber nur von Japanern getragen werden.

1972 begann Kurabo, ein Verarbeiter in der Nähe von Kurashiki, Denim zu weben – wieder ein Novum in Japan –, und löste damit einen veritablen Jeans-Wahn aus. Es entstanden weitere Labels, alle mit amerikanisch anmutenden Namen, wie Bison oder Big Stone. Die Verkaufszahlen von in Japan produzierten Jeans stiegen sprunghaft an: von 7 Millionen Stück im Jahr 1969 bis auf 45 Millionen im Jahr 1973. Der Folksänger John Denver spielte die Hauptrolle in einem Big-John-Werbespot, für den er die Musik geschrieben hatte. Schon kurz danach kamen 70 Prozent aller japanischen Jeans aus Kojima, dem »Heiligen Land der Jeans«[10].

So sehr die Japaner ihre Kopien der amerikanischen Jeans liebten, so sehr sehnten sie sich auch nach den Originalen. Sie glaubten, US-Denim wäre die beste Qualität – mit Cone's White Oak Selvedge an der Spitze –, und sie hatten größten Respekt vor dem, was die Kleidungsstücke durchgemacht hatten: das Leben, das Erlebnis, das Einlaufen.

In den 1980er-Jahren klapperten japanische »Pflücker« Flohmärkte und Secondhandläden in den USA nach alten Levi's, Lees und Wranglers ab, die sie in der Regel für umgerechnet weniger als 20 Euro pro Stück erwarben. Anschließend wurden die Jeans in Japan zu einem exorbitanten Preis weiterverkauft – manchmal sogar für das 50-Fache des Preises, den sie dafür in den USA berappt hatten.[11]

Allerdings waren die Vintage-Jeans nicht nur zum Tragen gedacht, sie inspirierten auch neue japanische Versionen. So fingen fünf Boutique-Inhaber in Osaka an, Interpretationen der amerikanischen Klassiker zu produzieren. Dafür webten sie handgefärbten Selvedge-Denim auf Webmaschinen mit einer Arbeitsbreite von nur knapp 69 Zentimeter und bestückten die Jeans mit sorgfältig ausgewählten Details wie französischen Schnallen auf der Rückseite.[12] Ein Unternehmen ging gar so weit, zu behaupten, es würde antike Webstühle verwenden, die es von White Oak erstanden hatte, was Experten als »reines Märchen« abtaten.[13] Die Fünf von Osaka kopierten die Originale – vor allem die 501 von Levi's –, und diese Kopien waren so präzise, dass sie sich kaum vom Original unterscheiden ließen. Die in Osaka hergestellten »neue Vintage«-Jeans hatten schnell eine große Fangemeinde.

Bis Kojima die Bühne betrat.

Heute bringt ein Bus mit Denim-Sitzen Touristen vom Bahnhof zum Stadtzentrum, wo sie ein Jeansmuseum besuchen und die »Jeans Street« entlangschlendern können. In dieser Fußgängerstraße finden sich Boutiquen im Americana-Stil, in denen lokal produzierte Jeanskleidung verkauft wird, sowie Snackbars, die Jeans-Eis anbieten – eine türkisfarbene Erfindung, die mich an Pixy Stix erinnerte.

Kojimas Vorzeigelabel ist Momotaro, eine handwerklich gefertigte Selvedge-Jeans-Linie, die 2006 von dem lokalen Denim-Hersteller Collect Co. vorgestellt wurde. Benannt wurden die Jeans nach einem Jungen aus einem japanischen Märchen, der aus einem Pfirsich geboren und von einem kinderlosen Paar aufgezogen wurde. Das Logo der Marke ist eine hübsche Illustration eines etwas pummeligen Burschen mit einer schwarzen Topffrisur auf einer fleischigen Steinfrucht. Von seiner maschinell gewebten, mit natürlichem Indigo gefärbten Selvedge-Jeans produziert Momotaro nur 45 000 Stück pro Jahr. Verkauft werden sie in ausgewählten internationalen Geschäften und online für umgerechnet rund 300 Euro – es sind genau die Art von Jeans, die Denim Heads vollkommen ausrasten lassen.

An einem nebeligen Frühlingsmorgen im Jahr 2018 führte mich Momotaros Generaldirektor Tatsushi Tabuchi[14], ein freundlicher 33-Jähriger in Denim Head-Uniform – schlichtes weißes T-Shirt, Selvedge-Jeans (in seinem Fall von Momotaro), umgeschlagen, um den Saum zu zeigen, und schwarze Arbeitsstiefel – durch die Fabrik am Stadtrand von Kojima. Momotaros Denim wird auf neun 40 Jahre alten Toyoda-Schützenwebmaschinen gewebt – betagte Arbeitspferde, die der japanische Textilmagnat Sakichi Toyoda, Vater des Gründers der Toyota Motor Corporation, entwickelt hatte. Die Webmaschinen stehen auf Holzböden, um Vibrationen abzufedern und Bewegung zu ermöglichen, und sie erzeugen einen ohrenbetäubenden Lärm. »Die Produktion dieser Maschinen wurde eingestellt«, rief mir Tabuchi lautstark zu. »Aber wir haben noch ein paar als Ersatzteillager in der Hinterhand.«

Die Webmaschinen können jeweils etwa 50 Meter Selvedge-Denim pro Tag herstellen. Die Baumwolle stammt aus Simbabwe, während der Indigo zum Großteil in Okinawa oder Tokushima gezüchtet und fermentiert wird: Es ist »die höchste Qualität«, so Tabuchi. Ich massierte den Stoff zwischen meinen Fingerspitzen – wie Mary Katrantzous Stoffentwicklerin Raffaella Mandriota mir während der Première Vision gezeigt hatte. Der Stoff wies ein paar Mängel auf, und seine Oberfläche war grob.

»Mit diesen antiken Webmaschinen können wir den Denim ungleichmäßiger weben, was ihm mit der Zeit eine interessante Optik verleiht«, erklärte Tabuchi, als wir die Weberei verließen. »Die Weber empfehlen uns, welche Maschine wir für welchen Stoff verwenden sollen, um den richtigen Effekt zu erhalten, denn jede Maschine hat ihre besonderen Eigenschaften. Die Webmaschinen sind zwar alt und anfällig, aber sie ermöglichen uns, die Gewebestärke, die Schusszahlen und die Spannung der Kette nach Bedarf einzustellen – feine Justierungen, die dem Stoff eine subtile Änderung verleihen. Deshalb wird japanischer Denim so geschätzt.«

In der Näherei fiel mein Blick auf ein paar 70 Jahre alte schwarze Union-Special-Nähmaschinen zum Nähen von Saumnähten – aus Levi's-Fabriken in den USA, die der damalige Firmenchef Marineau stillgelegt hatte. Dort stand auch eine etwas jüngere beigefarbene Union-Special-Nähmaschine – aus den 1970ern oder so –, die zum Nähen von Hüft- und Schrittnähten mit dem Kettenstich verwendet wurde. »Wenn Jeans gewaschen werden, schrumpft der Kettenstich mit dem Stoff mit – das ist der Vorteil«, sagte Tabuchi. Und fügte hinzu, er verfüge über »gute Techniker«, die in der Lage seien, die Maschinen zu reparieren. Diese Jeans waren Momotaros »Konfektions«-Angebote, wie es im Modejargon heißt.

2006 stellte Momotaro eine edle Version vor: eine maßgeschneiderte, auf Bestellung gefertigte Jeans aus auf einem antiken Kimono-Webstuhl aus Kyoto handgewebten Denim.

Tabuchi erzählte mir, es wäre Momotaros Antwort auf die himmelschreiende Überproduktion von Jeans in der Bekleidungsindustrie: Von den 6 Milliarden Jeans, die alljährlich weltweit produziert werden, kommen 20 von Momotaros Kimono-Webstuhl – handgefertigte Juwelen. »Wir wollten die ultimative Jeans herstellen«, erklärte Tabuchi. »Japan hat eine lange

Handwebtradition«, und dank des Kimono-Webstuhls »bleibt diese Technik bewahrt«.

Um dies zu demonstrieren, nahm er mich mit zum Momotaro-Laden in der Jeans Street, in dem sich der Webstuhl befindet. An ihm stand Kazuki Ikeda, ein hübscher 26-jähriger Mann in einem maßgeschneiderten Jeansanzug (ordentlich gefaltetes weißes Taschentuch in der Brusttasche seiner Jacke), einem blauen Hemd mit französischen Manschetten und mit blauer Krawatte und auf Hochglanz polierten Schuhen. Er schob den Schläger nach vorne, rutschte den Schützen durch und zog den Schläger wieder zu sich zurück: donk, donk. Dann schob er ihn wieder nach vorne, rutschte den Schützen wieder durch und zog ihn wieder zurück: donk, donk. Fünf Jahre lang war er bei einem Meister in der Ausbildung gewesen, um diese Technik zu erlernen. Richtig wird das Gewebe nur dann, wenn Kraft und Spannung immer konstant sind, und deshalb muss jede Bewegung mit gleichem Druck ausgeführt werden. Während eines achtstündigen Arbeitstags webte er 70 Zentimeter Denim. Zum Vergleich: Ein Ballen enthält 50 Meter. »Selvedge-Webmaschinen sind langsam«, flüsterte Tabuchi mir ins Ohr, als wir beim Weben zusahen. »Aber der Kimono-Webstuhl ist noch langsamer.«

Die außergewöhnliche Qualität ist nicht nur unübersehbar, sondern auch spürbar. Die Oberfläche des Gewebes ist gewölbt – Massenproduktionsmaschinen zerdrücken diese Wölbung – und fühlt sich flauschig an. Drei Monate dauert das Weben eines ganzen Ballens – ausreichend für die 20 Jeans pro Jahr. Trotz des hohen Preises von 200 000 Yen (etwa 1650 Euro) gibt es eine Warteliste. Seit Mitte 2016 nahm Momotaro keine Bestellungen mehr an, weil, so Tabuchi, »wir nicht mehr hinterherkommen.«

Die Japaner zeigten, dass es möglich war, hochwertige und begehrte Jeans nach dem Slow Fashion-Modell wirtschaftlich herzustellen.

Aber die Nachfrage nach hochwertigem Selvedge-Denim ist relativ gering. Jeans mit Used-Look beherrschen weiterhin den globalen Markt und führten die ökologische und gesundheitliche Katastrophe herbei. Wie lässt sich die Fertigung verändern? In unserer Welt, in welcher der technologische Fortschritt so rasant voranschreitet, muss es doch einen Weg geben, die Schrecken auszumerzen, die ich in dem Sweatshop in Ho-Chi-Minh-Stadt zu Gesicht bekam.

Die gleiche Frage stellten sich der Denim-Industrieberater José Vidal und sein Neffe Enrique Silla aus dem spanischen Valencia schon vor mehr als 20 Jahren. Damals beschlossen sie, sich für die Entwicklung eines saubereren und sichereren Produktionsprozesses einzusetzen.

»Jeanologia« nennt sich das dreigliedrige System. Dabei ersetzen Laser das Sandstrahlen, das Schleifen mit der Hand und die Bleichchemikalie Kaliumpermanganat, Ozon die Chemikalien zum Bleichen des Stoffes, während e-Flow, ein Waschverfahren, bei dem winzige Luftbläschen zum Einsatz kommen, den Wasserverbrauch um bis zu 90 Prozent senkt. Einige ihrer Kunden nutzen einen der drei Jeanologia-Schritte in ihrer Jeans-Veredelung, manche zwei und andere sogar alle drei. Schon ein Schritt stellt eine deutliche Verbesserung dar.

Traditionell verbraucht die Veredelung einer einzelnen Jeans durchschnittlich 70 Liter Wasser, 1,5 Kilowatt Strom und 150 Gramm Chemikalien. Dies entspricht unglaublichen 350 Millionen Kubikmetern (= 1 000 000 Liter) Wasser, 7,5 Milliarden Kilowatt Strom (der Jahresbedarf einer Stadt wie München) sowie 750 000 Tonnen Chemikalien pro Jahr, ad nauseam.

Das Jeanologia-System kann den Stromverbrauch um 33 Prozent, den Chemikalieneinsatz um 67 Prozent und im Idealfall den Wasserverbrauch um 71 Prozent senken – was, wie das Unternehmen stolz verkündet, einem Glas Wasser pro Jeans entspricht.

»Jeanologia wurde geboren, um die bestehende Textilproduktion grundlegend zu verändern«, sagte der Geschäftsführer Enrique Silla[15] in seinem schlichten Büro am Firmensitz, einem Gebäude aus den 1990er-Jahren etwas außerhalb des Stadtzentrums von Valencia. »Unsere Mission war von Anfang an, Kontaminationen zu beseitigen, uns um die Menschen zu kümmern und uns um die Umwelt zu kümmern.«

Silla, ein eleganter Mann in den 50ern mit zinnfarbenem, nach hinten gekämmtem Haar, empfing mich gepflegt-leger in ein sorgfältig gebügeltes Chambray-Shirt und, natürlich, Jeans gekleidet. Er führt das Unternehmen mit seiner Schwester Carmen Silla, die als Marken- und Marketingchefin fungiert. Neben dem Firmensitz in Valencia betreiben sie eine Laserproduktionsfabrik in Barcelona und ein Service- und Entwicklungszentrum in Izmir. (Die Türkei ist ein weiterer wichtiger Denim-Produktionsstandort in der zersplitterten Lieferkette der Bekleidungsindustrie.) Von den 6 Milliarden Jeans, die 2018 gefertigt wurden, durchliefen rund 30 Prozent zumindest einen Schritt des Jeanologia-Systems.

Silla führte mich ins Labor, um mir das System in Betrieb zu zeigen. Im Laserraum zog ein junger Mann einer halben Schaufensterpuppe, die sich in einer durchsichtigen Kabine befand, eine neue Jeans über die Beine. Daraufhin leitete sein Kollege am Computer-Bedienfeld in der Nähe den Prozess ein: Die Laser pressten die Oberfläche der Jeans nieder – ich nahm an, dass dies geschah, da die Strahlen unsichtbar waren –, und während »abgenutzte« Muster sichtbar wurden, stiegen blaue Rauchwolken auf. In zehn oder elf Sekunden war alles vorbei: Die Jeans war so verblasst und ramponiert wie meine alte 501-Levi's, nachdem ich sie drei Jahre lang getragen hatte. »Atemschutzmasken und Umweltverschmutzung gehören der Vergangenheit an«, sagte Silla. »Technologie ist die Zukunft. Sie ist sauberer und gesünder.«

Im nächsten Raum zeigte er mir ein trocknerähnliches Gerät namens »G2 Cube«, das mithilfe von Ozon Jeans zum Verblassen bringt. Stratosphärisches Ozon, oder »gutes Ozon«, ist ein natürliches Gas in unserer Atmosphäre (im Gegensatz zu troposphärischem Ozon, oder »schlechtem Ozon«, das nicht natürlichen Ursprungs ist, sondern durch menschliches Handeln wie Autoabgase entsteht). Gutes Ozon in der Veredelung zu verwenden, ist, als würde man »ein Kleidungsstück einen Monat der Sonne aussetzen, mit dem Unterschied, dass wir das in 20 Minuten schaffen«, erklärte Silla, und das mit nur einem Bruchteil des Energie- und Wasserverbrauchs, welcher mit dem alten Prozess einhergeht.

Zum Schluss besuchten wir den Waschraum, der mit e-Flow ausgestattet ist: eine Maschine, die Jeans mithilfe von bis zu einer Million Luftbläschen pro Kubikzentimeter wäscht. Bei dem traditionellen Waschvorgang wird das gesamte Kleidungsstück durchweicht, aber die Nano-Luftbläschen sind wie ein nebliger Tag in London: Sie dringen nur in die Oberfläche ein. Ich steckte meine Hand in die Maschine und spürte einen weichen Dampf – wie in einem Dampfbad, nur kühl – einen leichten Druck und ein Prickeln auf der Haut. »Nano-Luftbläschen sind Weichmacher, Farbstoff und Stonewash in einem, nur ohne Steine«, sagte Silla. Danach findet keine Behandlung mit Wasser mehr statt, und die kleine Menge Wasser, die verwendet wurde, ist nach 30 Tagen wieder aufbereitet. »Wir sind noch nicht bei null Wasser«, sagte er. »Aber auf dem besten Wege dorthin.«

Um das Verfahren im kommerziellen Maßstab in Betrieb zu sehen, besuchte ich in Ho-Chi-Minh-Stadt, als ich dort war, ein mit Jeanologia ausgestattetes Waschhaus. Was für ein Unterschied zu dem Sweatshop, den ich früher am jenem Tag besucht hatte. Die moderne Anlage aus rotem Backstein war Teil eines von einer Mauer umgebenen Komplexes mit Springbrunnen und Fischteich am Eingang. Im Inneren waren die geräumigen, mit Glaswänden voneinander getrennten Räume hell, sauber, leise und klimatisiert: Mit der konstanten Kühle, in der Maschinen wie Arbeiter arbeiteten, wurde einer Überhitzung vorgebeugt. Jeanologia, so erzählte mir mein Gastgeber, habe »die Produktion total verändert«.

Ich sah, was er meinte. Im e-Flow-Waschraum war der Boden nicht geflutet, die Arbeiter trugen keine Gummistiefel, und ihre Hände waren nicht blau. Der Raum war trocken, da die Jeans mithilfe von Ozon statt mit Chemikalien verblasst wurden. In den Veredelungsräumen bewegten sich die Laser unsichtbar die Jeans entlang, während der feine blaue Staub von einer Staubsaugeranlage abgesaugt wurde. Die Fabrik verarbeitete 25 000 bis 30 000 Jeans pro Tag – etwa die Hälfte dessen, was die großen chinesischen Fabriken schaffen[16]. Aber alles ohne hektisches Greifen und Schleudern von Kleidungsstücken, ohne kreischende Schleifgeräte, ohne Bruthitze, ohne Stress.

Ich wollte wissen, wie es mit dem Verlust von Arbeitsplätzen stand – ein Argument, das ich die ganze Zeit von Automatisierungsgegnern höre. »Irgendwann wird alles automatisiert sein«, räumte mein Gastgeber ein. Doch statt Entlassungswellen werden die Arbeiter in dieser Fabrik umgeschult, damit sie lernen, wie man »High-Tech-Maschinen bedient oder Personal führt«, sagte er. Wie ich bei English Fine Cottons in Manchester und auch in der Rightshoring-Bewegung in South und North Carolina gehört hatte, standen den verlorenen Arbeitsplätzen solche gegenüber, die sicherer, hygienischer, körperlich weniger belastend und besser bezahlt wären. Diese Menschen würden nicht unter Druck von Hand Jeans schleifen und Fasern inhalieren oder synthetischen Indigostaub einatmen. In Valencia betreibt Jeanologia eine eigene Schule, in der Arbeiter darin geschult werden, wie sie eine Lasermaschine bedienen. Nach dem viermonatigen Kurs werden diese frischgebackenen Laserdesign-Fachkräfte in die ganze Welt entsandt. »Eine sauberere Industrie«, sagte Silla stolz.

Trotz all dieser Pluspunkte hat es Jeanologia schwer, in der Jeans-Veredelung Fuß zu fassen. Am Anfang sah die chemische Industrie das neue System als Bedrohung – weil weniger Chemikalien nun mal weniger Chemikalien bedeutet. Aber Silla und sein Team zeigten, dass ein sauberes Geschäft auch ein gutes Geschäft, sprich wirtschaftlich, sein kann, und nach und nach fingen die großen Chemieproduzenten an, Jeanologias Initiative zu schätzen und zu unterstützen.

Weniger einfach zu überzeugen ist »der gewohnheitsliebende Typ, der seine Jeans wie eh und je wäscht«, sagte Silla. Aber es gibt Fortschritte »wegen der Kosten. Effizienz bringt Geld in die Kasse.« Jeanologia hat einen Stand auf der Pariser Première Vision, um ihr System noch bekannter zu machen.

Einen grundlegenden Wandel wird es erst geben, wenn auch die Großen der Branche mit an Bord sind: Gap, H&M, Zara, Uniqlo, PVH, VF Corp und Levi's.

»Wenn wir die Art und Weise, wie diese Menschen produzieren, verändern würden«, sagte er, »wäre das gigantisch.«

Bei Levi's gab es Hoffnung.

Nach Jahrzehnten voller gieriger, sorgloser und unverantwortlicher Entscheidungen, die Kleinstädte an den Rand des Abgrunds trieben und das Unternehmen beinahe in den Konkurs führten, machte Levi's 2011 das, was als klügste Personalentscheidung der Führungsetage seit mehr als einem Jahrhundert in die Geschichtsbücher einging: Man engagierte Chip Bergh, einen schlaksigen, 53-jährigen, ehemaligen US-Armee-Kapitän, der 28 Jahre lang bei Procter & Gamble gearbeitet hatte, zuletzt als globaler Präsident für Männer-Pflegeprodukte.

Seine Aufgabe: das Unternehmen wieder auf Kurs zu bringen.

»Keynesianer nennen es ›schöpferische Zerstörung‹, und es ist ein schmerzhafter Prozess«, sagte Paul Dillinger[17], Leiter der globalen Produktinnovation bei Levi Strauss & Co. Aber sie erlaubt es uns, »mit neuen Ansichten zu kommen, oder mit von Pragmatismus gezügeltem Optimismus«.

Und genau das war es, das Bergh bei Levi's zur Sprache brachte.

Bergh, ein Veganer, der jeden Werktag um 5 Uhr aufsteht[18], Marathons läuft[19] und an Triathlons teilnimmt, versprach, er werde bei Levi's »die Kultur verändern«[20]. Die Tage der geschäftsschädigenden Entscheidungen aus kurzfristiger Profitgier waren vorbei. Bergh tauschte zehn der elf Topmanager und zwei Drittel der in den USA ansässigen Manager und Vizepräsidenten gegen Nachwuchsführungskräfte aus. Zu ihnen zählte auch James Curleigh, der von 2012 bis 2018 Markenpräsident war[21].

»JC«, wie er gerne bezeichnet wird, ist der Rock-'n'-Roll-artigste Manager, den ich je getroffen habe.

Mit einer Körpergröße von 1,95 Meter, der Statur eines Holzfällers und graumeliertem, abstehendem Haar, grauem Dreitagebart und einem breiten Kinn ist Curleigh einer von zwei eineiigen Zwillingen eines kanadischen Generals und einer Mutter, die er als »Freigeist« beschreibt. Einen Namen machte sich Curleigh als Präsident und Firmenchef von Salomon Sports Nordamerika. Als Levi's sich ihn 2012 angelte, war er Präsident und Firmenchef von KEEN, Inc., einem Schuhhersteller in Portland, Oregon. Seine Aufgabe war es, Levi's wieder ein cooles Image zu verleihen.

Wie, das dämmerte Curleigh, als sich sein Flug dem Flughafen von San Francisco näherte. »Ich stellte mir Levi's Plaza auf dem Embarcadero und in Silicon Valley vor«, erinnerte er sich. »Und ich dachte: ›Wie wär's, wenn wir die ikonische Vergangenheit von Levi's und … diese moderne, unternehmerische Energie, die als Start-up-Kultur bekannt ist, im positiven Sinne aufeinanderprallen lassen würden?‹ … Wie wird eine 150 Jahre alte Firma zu einem Start-up?«[22]

Ganz einfach, dachte er: »Wir brauchen eine eigene Werkstatt.«

Daran hatte Bergh auch schon gedacht. Und war bereits dabei, eine zu entwerfen.

Zu jener Zeit befand sich das firmeneigene Forschungs- und Entwicklungszentrum, das unter der Ägide des Denim-Experten Bart Sights stand, im Levi's Produktionszentrum in der Türkei, etwa 70 Meilen westlich von Istanbul[23] – ja, auch Levi's hatte die Entwicklungssparte ins Ausland verlegt. Eine lächerliche Situation, welche die falsche Wirtschaft der Mode verkörperte: Immer, wenn das Designteam in San Francisco etwas Neues ausprobieren wollte oder die Labortechniker in Çorlu der Führungsetage zeigen wollten, was sie sich ausgedacht hatten, musste man in ein Flugzeug steigen oder ein Muster um die halbe Welt schicken.[24] »Was wir für Flüge ausgegeben haben, hätte wahrscheinlich gereicht, um eine Boeing 747 zu kaufen«, witzelte Bergh.[25]

2012 beschloss er, das Entwicklungszentrum nach San Francisco zurückzuholen. Mit Sights[26] und David Love, dem Vorstand für Beschaffungslogistik, suchte er nach möglichen Standorten. Nachdem sie etwa 20 potenzielle Kandidaten gefunden hatten, stießen sie auf die alte Eureka Grain Mill, ein zweistöckiges, rotes Backsteingebäude aus dem 19. Jahrhundert am Fuße des Telegraph Hill, die zuletzt als Sitz eines Technologie-Unternehmens gedient hatte. »Als wir sie betraten, wussten wir: Das ist es«, erzählte mir Sights. »Das Einzige, was wir taten, war, die Schaltschränke herauszureißen.«

Wir standen in der untersten Etage des Labors, eines geräumigen offenen Raums, über dem sich im ersten Stock eine Galerie befand. Sights, klein und irgendwo in den 50ern, mit glattrasiertem Kopf, ausgeprägtem Bizeps und hellblauen Augen hinter der NASA-Wissenschaftlerbrille, war in ein weißes T-Shirt, umgeschlagene Jeans und schwarze Arbeitsstiefel gekleidet. Seine Fingernägel waren schwarz wie die von Sarah Bellos.

Der in Henderson, Kentucky, aufgewachsene Sights begann seine Laufbahn im eigenen Familienunternehmen Sights Denim Systems, einem der ersten großen Jeans-Veredelungsbetriebe Amerikas. Hier wuschen die Arbeiter – in den besten Zeiten 700 an der Zahl – Jeans für Marken wie OshKosh

B'gosh, Lee, Wrangler, Gap und Levi's. (Carrie Eddmenson, Sights Schwester und Mitbegründerin von Imogene + Willie, lernte das Handwerk ebenfalls hier.) Als der Betrieb 2008 der Produktionsverlagerung der Bekleidungsindustrie ins Ausland zum Opfer fiel und geschlossen wurde, machte sich Sights auf den Weg nach Indien – einem weiteren großen Jeans-Produktionszentrum –, wo er in der Design- und Entwicklungsabteilung von Raymond UCO tätig wurde. Zwei Jahre später engagierte John Anderson Sights für Levi's, um das hauseigene Forschungs- und Entwicklungszentrum in der Türkei zu leiten. Drei Jahre später gründete er das Eureka Innovation Lab – die »Werkstatt«, so wie Curleigh sie sich vorgestellt hatte.

Dort erlebte ich aus nächster Nähe mit, wie Sights und sein Team von 30 Technikern »Jeans auf Robustheit, Dehnbarkeit und Formfestigkeit, Langlebigkeit und wasserabweisende Eigenschaften testen und darauf, wie sich das Kleidungsstück in einer herkömmlichen Waschmaschine verhält – und so weiter«, erklärte er mir. Auf dem Betonboden lag ein Dutzend unterschiedlich veredelter Levi's Jeans, die von mehreren jungen, in Jeans gekleideten Technikern unter die Lupe genommen wurden. »Wir machen die ersten Prototypen – 1000 pro Saison –, und alles, was wir kreieren, muss den Skalierbarkeitstest durchstehen«, sagte er. »Wir müssen absolut sicherstellen, dass, wenn wir eine schaffen, wir auch 1 Million schaffen.«

Am anderen Ende des Raums befand sich eine voll ausgestattete Minifabrik mit Stecktafeln, in denen sich große kegelförmige Fadenspulen in den Levi's Grundfarben Marineblau, Schwarz, Weiß und Goldrutengelb befanden. An einer Wand lehnten Denim-Ballen, und neun Näherinnen arbeiteten an Maschinen, um Jeans für den Testlauf anzufertigen.

Das Labor »funktioniert nicht wie eine traditionelle Näherei mit ellenlangen Schneidetischen voller Stoff, die man schneidet und bündelweise an Maschinenbediener schickt, die alles zusammensetzen und immer wieder das Gleiche machen«, sagte Sights, als wir dem Geschehen zusahen. »Unsere Nähmaschinenbediener machen alles von A bis Z, kontrollieren die Passgenauigkeit, setzen sich mit dem Musterhersteller in Verbindung und überwachen die diversen Durchläufe eines Entwurfs.«

dehaus (nicht McCartney) entworfen wurde. Darüber hinaus kam eine Zusammenarbeit mit einer Hochleistungs-Sportmarke zustande, bei der Modern Meadow in puncto Produktentwicklung eng mit den Forschungs- und Entwicklungsabteilungen des jeweiligen Unternehmens zusammenarbeitet – ein Ansatz, den Modern Meadow mit all seinen Partnern anstrebt.

Forgacs und Lee sind besonders begeistert über die möglichen Anwendungen von Modern Meadow in der Luxusmode – sogar so sehr, dass sie drei »alte Hasen« aus der Branche als Berater engagierten: Anna Bakst, die einstige Chefin für Accessoires und Schuhe (und ehemaliges Vorstandsmitglied) bei Michael Kors, Francois Kress, einstiger Firmenchef von Prada USA, sowie Mimma Viglezio, ehemalige Direktorin für globale Unternehmenskommunikation der Gucci Group (heute Kering).[40] Für Viglezio ist das Verkaufsargument von Modern Meadow glasklar.

»Die Leute werden fragen: ›Warum kaufe ich Prada statt Gucci, wenn es genau gleich aussieht und gleich teuer ist?‹«, sagte sie.

»Weil Prada aus Zoa hergestellt wurde und das besser für die Welt ist.«

Während der Ausstellung im MoMA gab es noch ein weiteres Technologiekunststück zu bestaunen: ein wallendes, goldrutenfarbiges Strick-Cocktailkleid, das von Stella McCartney entworfen und aus »Spinnenseide« gefertigt worden war, die im Labor des Biotechnologie-Unternehmens Bolt Threads im Bay Area-in San Francisco gezüchtet wurde.

Wegen ihrer Einstellung, tierfrei leben zu wollen, sah sich McCartney lange Zeit gezwungen, die Verwendung von Seide zu rechtfertigen – sowohl sich selbst als auch ihren Anhängern gegenüber. Rohe Seide wird von Seidenraupen der Art Bombyx mori zu Kokons gesponnen, die, um den Faden unbeschädigt zu gewinnen, in kochendes Wasser getaucht werden. Dabei wird die Larve getötet. Immer wieder hat McCartney Alternativen ausprobiert, wie Seide, die erst nach dem Schlüpfen der Motten gesammelt wurde, aber die Qualität war erheblich schlechter. »Der Moment, als ich Bolt entdeckte, hat nicht nur mein Leben, sondern auch meine Laufbahn grundlegend verändert«, sagte sie.

Bolt Threads begann als Doktorarbeit der Biotechnik-Studenten Dan Widmaier und Ethan Mirsky an der Universität von Kalifornien in San Francisco. Mitte der Nullerjahre trafen die beiden sich im Labor der Synthetischen Biologie, als sie dort mit Spinnenseide experimentierten. An der Universität von Kalifornien in Berkeley, auf der anderen Seite der Bucht, machte auch David Breslauer, ebenfalls Doktorand der Biotechnik, Versuche mit der Herstellung von Laborseide, als er Widmaier und Mirsky auf der Suche nach Protein kontaktierte. Die drei taten sich zusammen und gründeten 2009 Refactored Materials, das sich in einem Inkubator in San Francisco ansiedelte, um ihre Experimente kommerziell zu verwerten.

Spinnen produzieren sieben verschiedene Seidenarten – von Fangspirale-Seide, die zum Fangen von Beute verwendet wird, bis hin zu Eierkokon-Seide, um Eiersäcke zu schützen.[41] Um zu verstehen, wie sie ihre Netze weben, füllten Widmaier, Mirsky und Breslauer ein Büro mit Goldenen Seidenspinnen (Nephila) und Hula-Hoop-Reifen und beobachteten, was die Kreaturen machten. Daraus schlussfolgerten die Wissenschaftler, dass der Abseilfaden – die stärkste Seide, die Arachniden zum Baumeln verwenden – die besten Eigenschaften hatte, um als Pate für ihren ersten Kunstseidenfaden zu dienen. Das nötige Kapital für ihr Vorhabens steuerte Steve Vassallo von der im Silicon Valley ansässigen Foundation Capital bei.

Die Wissenschaft hinter Bolts »Spinnenseide« ähnelt der hinter dem lederähnlichen Material von Modern Meadow: Erst entwerfen Genetiker und Mikrobiologen in einem unabhängigen Labor in der Bay Area die DNA-Sequenz, mit dem das Seidenprotein erzeugt wird. Anschließend werden die Reagenzgläser mit dieser DNA an Bolt in Emeryville übergeben. »Das Leben wird uns in einer Kiste zugestellt«, sinnierte Jamie Bainbridge, Vizechef Produktentwicklung bei Bolt, als ich Bolt Threads im Jahr 2017 besuchte.[42]

Bei Bolt landet die DNA im Biologielabor, wo sie mit Hefe in Kontakt kommt – wie bei Modern Meadow, wo Hefe ebenfalls als DNA-Träger dient. Bei Modern Meadow ist die DNA so programmiert, dass Kollagen entsteht, während bei Bolt Seide entsteht. Damit die Hefe die neue DNA akzeptiert, wird sie Hitze und Kälte ausgesetzt. »Es gibt Tage, an denen es hier wie in einer Bäckerei riecht«, sagte Bainbridge, als wir das Labor durchquerten.

Hinter uns standen Tiefkühltruhen – mit Namen wie »Antares« oder »Betelgeuse« –, in denen die Wissenschaftler bei einer Temperatur von minus 80 Grad Celsius vielversprechende Fäden für die zukünftige Verwendung lagern. »Unsere Bibliothek«, sagte Bainbridge.

Wir überquerten den Flur zum Fermentationsraum. Dort wird die Hefe in Fermenter gefüllt – Vorrichtungen aus Edelstahl, die mit ihren Gummischläuchen und Glasbehältern, durch die Flüssigkeit hinuntersickert, wie Stillleben aussehen. »Standardausrüstung von Brauereien und Insulinherstellern«, sagte sie. Allerdings hatten diese hier nur zwei Liter Fassungsvermögen. Von dort gelangt das Gebräu in 100-Liter-Fermenter. Dort wird die mit der DNA durchzogene Hefe mit Dextrose (Zucker) und Wasser genährt und einem Fermentationszyklus unterworfen. Die Seide wächst. Anschließend wird die Zellbrühe gefiltert und zentrifugiert. Was bleibt, ist reine Seide. Sie sieht aus wie glänzender, champagnerfarbener Karamell – wie bei *Charlie und die Schokoladenfabrik*.

Danach wird der »Karamell« durch einen Sprühtrockner geleitet – »den man verwendet, um flüssige Milch in Milchpulver zu verwandeln« – und anschließend gelagert. Sie zeigte auf einen fußballgroßen, mit etwa 2 Kilogramm weißem Pulver gefüllten Plastiksack in einem Regal. »Das ist eine Tüte voller Seide«, sagte sie. 120 Gramm Pulver genügt für einen Quadratmeter Stoff – dieser Zwei-Kilo-Beutel entspricht also etwa 17 Metern Stoff.

Sobald das Pulver gesponnen werden soll, wird es mithilfe einer herstellereigenen Lösung in eine lösliche Masse verwandelt, »wie Melasse«, sagte Bainbridge. Anschließend wird die Masse in einem Verfahren, das »Nassspinnen« genannt wird, mithilfe einer Pumpe durch eine Spinndrüse gepresst – »wie der Name des Organs am Hinterteil der Spinne, mit der sie die Spinnenseide erzeugt«, – und danach in ein wässriges Bad getaucht, in dem sie gerinnt. Nachdem sie mit Textilfarbstoffen gefärbt wurde, wird sie auf einer Reihe von spindelähnlichen Galetten gesponnen, wobei jede schneller wirbelt und die Faser fester anzieht, damit diese kristallisiert und das Garn seine Struktur erhält. Zum Schluss wird das Garn auf eine Spule gewickelt. Fertig.

Sie zeigte mir mehrere Garne, aber durch Berührung und Anblick allein konnte ich nicht erkennen, dass es sich nicht um natürliche Seide handelte.

Als das Team diesen Punkt in der Entwicklung erreicht hatte, war es an der Zeit, zu expandieren. Sie engagierten Sue Levin, Nikes einstige Frauenmarkendirektorin für die USA, als Vertriebsleiterin und änderten den Firmennamen Refactored Materials in den überzeugender klingenden Bolt Threads. Als sie ein solides Laborgarn hatten, das sie auf den Namen Microsilk (»Mikroseide«) tauften, wurde die lokale Meister-Weberin Lillian Whipple damit beauftragt, es in Stoff zu verwandeln. Sie produzierte ein paar Muster, und mit jedem Durchlauf passten Bolts Wissenschaftler das eigene Spinnverfahren daran an und verfeinerten es, bis der Stoff den Wünschen entsprach. Aber als sie es wuschen, schrumpfte es um grob 40 Prozent.

Anfang 2015 zogen sie vom Inkubator in ein fünfstöckiges Gebäude in Emeryville um, einer Kleinstadt an der Bucht von San Francisco nahe der Bay Bridge, zwischen West Oakland und Berkeley, und stellten Jamie Bainbridge ein. Die gebürtige Seattlerin, in den 50ern, mit schulterlangen silbergrauen Haaren und einer blau umrandeten Professorenbrille, hatte ebenfalls für Nike gearbeitet – als Leiterin der Forschungs- und Entwicklungsgruppe für Bekleidung. Um das Schrumpfproblem zu lösen, schlug sie vor, die Spinnenseide im Polymerstadium mit einer Cellulose namens Lyocell zu vermischen, »aus dem saubersten aller Viskoseherstellungsverfahren« und »am Ende der Lebensdauer biologisch abbaubar«, sagte sie. Es funktionierte.

Nur wenige Monate nach dem Umzug nach Emeryville erhielt Bolt eine E-Mail von Claire Bergkamp in London. »Ich möchte mehr darüber wissen, was ihr macht«, schrieb sie. »Es passt gut zu dem, was wir machen.« Nach ein paar längeren Telefonaten trafen sie sich an der Westküste. »Es hat mich umgehauen!«, erinnerte sie sich. »Es war keine Innovation um der Innovation willen.«

Im Sommer des gleichen Jahres reiste das Bolt-Team nach London, um sich mit McCartney zu treffen, und unterzeichneten dort eine Entwicklungsvereinbarung. Ende 2016 stattete McCartney Bolt einen Gegenbesuch ab. »Immer, wenn wir Silicon Valley besuchen, fühle ich mich wie zu Hause«, erzählte sie mir. »Wir arbeiten so wie sie, nur eben in der Mode. So sehen wir das Leben.«

Etwa zur gleichen Zeit kontaktierte Paola Antonelli, die Chef-Kuratorin für Architektur & Design des Museum of Modern Art, Bolt Threads mit der Mitteilung, sie würde das Unternehmen in ihre bevorstehende Ausstellung »Items: Is Fashion Modern?« aufnehmen – die gleiche Ausstellung, in der auch Zoa bereits war. Bainbridge schlug vor, sich mit McCartney zusammenzuschließen, und Antonelli stimmte zu. McCartney ebenfalls.

McCartney erhielt mehrere Microsilk-Stoffmuster in allen bestehenden Farben und war hin und weg von der leuchtenden goldgelben Farbe – sie wirkte so warm, wie ein Sonnenuntergang im Sommer. Dafür entwarf sie ein schulterfreies Sommerkleid mit einem breiten Tunnelzug und herunterhängenden Schärpen am Rücken und ließ ihren Stricker in Italien einen Prototypen aus gewebtem Leinen als Muster anfertigen. Aus dem goldfarbenen Microsilk, das in den Laboren von Bolt in Emeryville gesponnen wurde, fertigte die damals in Oakland ansässige Strickspezialistin Myrrhia Resneck das Kleid auf einer konventionellen Zweinadel-Flachbettmaschine. Anschließend wurde das Kleid nach New York geschickt, wo es ausgestellt wurde.

Was in Emeryville betrieben wurde, war Kleinserienforschung und -entwicklung. Die Großaufträge vergibt Bolt an industrielle Fermentationsanlagen im Mittleren Westen, deren Fermenter – die einst in den 1990er-Jahren für die Herstellung von Biokraftstoffen gebaut wurden – fünf Stockwerke hoch sind und 100 000 Liter Hefe-Zucker-Protein-Mischung fassen können. Anschließend wird die fertige Seide an Bolt geliefert, um im eigenen Haus gewebt zu werden – entweder auf Maschinen in dem Gebäude, das ich besuchte, oder in der neuen firmeneigenen Weberei an der gleichen Straße. Heute ist Resneck bei Bolt als Stricktechnikerin tätig.

In seiner Ausstellung mit dem Thema nachhaltige Materialien zeigte das Victoria and Albert Museum in London im Frühjahr 2018 McCartneys zweites, aus einer schokobraunen Microsilk-Zellulose-Mischung von Bolt Threads gefertigtes Outfit – eine Bluse und eine Hose. Und außerdem eine von Mc-

Cartneys Falabella-Handtaschen, schwarz mit einem Metallkettenbesatz aus Mylo, Bolts neuestem Material. Mylo ist ein Kunstleder, das aus Myzel, der unterirdischen Wurzelmasse von Wildpilzen, hergestellt wird. Bolt entwickelte es in Kooperation mit dem Biotechnologie-Start-up Ecovative aus Upstate New York.

Das Myzel wächst auf einem Tablett, bis es etwa 8 Zentimeter dick ist und sich wie ein Marshmallow anfühlt. Dann wird es gepresst, gefärbt und, weil es ein lebender Organismus ist, (mithilfe eines nachhaltigen Verfahrens) gegerbt »um es ›unverweslich‹ sprich unverrottbar zu machen«, so Bainbridge. Im Herbst 2018 produzierte der Taschendesigner Chester Wallace aus Portland eine hübsche Tasche namens Mylo Driver Bag, die mithilfe einer Kickstarter-Kampagne finanziert wurde. Die limitierte Auflage von 100 Taschen zu einem Stückpreis von 400 Dollar war schnell vergriffen. McCartney will ab Ende 2019 Produkte aus Microsilk und Mylo in ihren Läden anbieten.

Mitte 2018 hatte Bolt Threads Kapital in Höhe von 213 Millionen Dollar eingesammelt – zu den Investoren zählen Peter Thiels Founders Fund, Innovation Endeavors des einstigen Google-Chefs Eric Schmidt und das in Edinburgh ansässige Vermögensverwalterunternehmen Baillie Gifford. Bewertet wurde das Unternehmen zu diesem Zeitpunkt mit über 700 Millionen Dollar.[43] Bainbridge erzählte mir, dass Bolt an einem dritten proteinbasierten Material arbeite, das Ende 2019 auf den Markt kommen soll. »Wir können jedes funktionale Protein eines Tieres verwenden«, erklärte sie. »Das Maul eines Kalmars, mit dem er seine Beute fängt, zählt zu den stärksten, das wir kennen. Das Elastomer in den Flügeln einer Fliege, wodurch sie ihre Flügel schneller schlagen kann – wie ein Gummibeschlag einer Tür. Die farbigen Muster in Korallen – all dies würde es uns ermöglichen, den Stoff ganz ohne die Verwendung von Farbstoff zu färben.«

Als ich im Oktober 2018 das letzte Mal mit Bainbridge sprach, war sie gerade mit Claire Bergkamp in Florenz, Italien, wo sie sich mit Herstellern traf, um auszuloten, ob Microsilk-Fasern für industrielle Spinn- und Webmaschinen geeignet wären – der erste Schritt im Aufbau einer Lieferkette. Ich fragte Bainbridge, ob sie beabsichtige, Microsilk und Mylo auf der Première Vision in Paris vorzustellen.

»Die PV ist die Geschäftswelt von gestern«, sagte sie. »Du musst erst eine Fabrik besitzen, bevor sie dich reinlassen. Es ist genau das Gegenstück dessen, wie man heute ein Material introduziert.«

Was ich bald selbst entdecken würde.

WORN WEAR
SALES + REPAIRS
patagonia

ACHT

Es geht rund in der Modebranche

Sieben Monate nach meinem ersten Besuch durchstreifte ich im September 2018 erneut die riesigen Hallen der Première-Vision-Messe. Diesmal war das Ziel meiner Mission »Smart Creation«, die neue Ecke für nachhaltige Materialien – eine Insel von Start-ups im Meer von Branchenführern. Dort wollte ich mich mit den Gründern von Evrnu treffen, einem Forschungs- und Entwicklungsunternehmen aus Seattle, das alte Baumwoll-T-Shirts und Jeans zu makellosen neuen Fasern für Stoffe recycelt.

Schließlich fand ich Evrnu im hinteren Bereich von Halle 3, einem 30-minütigen Fußweg entfernt vom Premiumstandort der Spinnereien aus Como. Smart Creation beherbergte rund ein Dutzend Öko-Textilunternehmen wie etwa Frumat, das Kunstleder aus Apfelabfällen produziert, oder SeaCell, das Mischfasern aus Algen und Zellulose herstellt.

Mit ihren als neueste Technologie präsentierten Produkten versprechen diese Unternehmen eine Wirklichkeit, die andere Aussteller lieber ignorieren: Wir können nicht weiterhin so viele Kleidung herstellen – im derzeitigen Tempo wird die Produktion bis 2030 voraussichtlich um 63 Prozent auf 102 Millionen Tonnen pro Jahr steigen – oder so viel Kleidung wegwerfen wie heute. Wir können nicht weiterhin linear denken: Geburt eines Produkts, Verwendung eines Produkts, Tod eines Produkts. In ihrem Bestseller *Cradle to Cradle: Einfach intelligent produzieren* bezeichneten die Autoren Michael Braungart und William McDonough dies als »cradle-to-grave« und die lineare Produktionsweise von Branchenakteuren als »take-make-waste« (nimm-mach-verschwende). Wir müssen uns zu einem Kreislauf oder ewigen Kreislauf hin bewegen, in dem Produkte kontinuierlich recycelt, wiedergeboren und wiederverwendet werden. Im Idealfall sollte nichts mehr im Müll landen.

Dame Ellen MacArthur, Großbritanniens erfolgreichste Seglerin, hat die Kreislaufwirtschaft zur täglichen Praxis erhoben – mit der Modebranche als Schwerpunkt. 2009 gründete sie die Ellen MacArthur Foundation, eine Wohltätigkeitsorganisation mit Sitz auf der Isle of Wight, die sich der Erforschung von Herausforderungen widmet, denen sich die Weltwirtschaft gegenübersieht. So sprach sie über Kreislaufwirtschaft auf dem Weltwirtschaftsforum in Davos und auf dem Copenhagen Fashion Summit, der als das Davos der nachhaltigen Mode gilt. Ihre Stiftung arbeitet mit Wirtschaft, Regierungen und Wissenschaft zusammen, mit dem Ziel, »einen Rahmen für eine Wirtschaft zu schaffen, die in sich erneuernd und erneuerbar ist«, wie ihr Sprecher erklärte. Zum Thema Kreislaufwirtschaft bietet die Stiftung Workshops und Kurse für alle an, von Studenten bis hin zu Fast Fashion-Führungskräften. So erzählte mir Anna Gedda von H&M, dass sie einige besucht hat.

Auf dem Copenhagen Fashion Summit 2017 lancierte MacArthurs Stiftung die »New Textiles Economy Initiative« (heute bekannt als »Make Fashion Circular«), ein Programm, das darauf abzielt, eine Kreislaufwirtschaft für Textilien aufzubauen, beginnend mit Kleidung. Sechs Monate später veröffentlichte MacArthur in Zusammenarbeit mit Stella McCartney eine Publikation mit dem Titel *A New Textiles Economy: Redesigning Fashion's Future*. In diesem 150-seitigen Bericht legt die Stiftung entschlossen dar, warum Mode sich endlich der Kreislaufwirtschaft stellen muss. Von den »Tonnen von Kleidung, die alljährlich produziert werden … landen 87 Prozent auf Mülldeponien oder werden verbrannt«, lediglich ein Prozent wird recycelt, sagte MacArthur den Konferenzteilnehmern. Dies alles, sagte sie, »zeigt ein sehr kaputtes System«.[1]

Für die notwendige Wende entwickelte sie einen Drei-Punkte-Plan:

Erstens: »Ein Modesystem/eine Modeindustrie aufbauen, bei dem/der der Input – die Materialien – sicher, ungiftig und erneuerbar ist.«

Zweitens: »Hochwertigere Kleidungsstücke herstellen. Und reparierbare Kleidungsstücke herstellen.«

Drittens: Bekleidung entwerfen, die »am Ende dieses Systems in neue Kleidung umgewandelt werden kann«.

»Warum sollten wir in Anbetracht der gegenwärtigen Innovationskraft und Kreativität, jemals etwas entwerfen, um es wegzuwerfen?«, fragte sie.[2]

Diese Frage stellte sich auch Stacy Flynn während einer Beschaffungsreise nach China fast ein Jahrzehnt vor MacArthurs Rede in Kopenhagen. Für sie war es der Antrieb, Evrnu zu erfinden: eine molekular regenerierte Baumwollfaser aus 100 Prozent Altkleidung. Dabei verbraucht die Produktion von Evrnu 98 Prozent weniger Wasser als die Herstellung neuer Baumwolle und stößt 80 Prozent weniger Treibhausgase aus als die von Polyester, Viskose oder Elasthan (Spandex, Lycra). Darüber hinaus entstehen keine Kunststoff-Mikrofasern, wird kein einziger Baum gefällt und kein einziger Hektar Ackerland benötigt.

Flynn hat jahrelang für Branchengrößen wie DuPont, Target, Eddie Bauer gearbeitet. Während ihrer Dienstreisen nach China, die sie für Target machte, besuchte sie immer erstklassige Fabriken. »Hier könnte man vom Boden essen«, sagte sie. »Für mich war es wie: ›China ist klasse, China ist tadellos, in China ist alles bestens.‹«[3] [4]

Doch als sie 2010 wieder nach China reiste, um sich mit Subunternehmern im Norden von Xiamen im Auftrag einer kleinen amerikanischen Textilfirma zu treffen, wurde sie mit der anderen Seite – der unsichtbaren Seite – der Bekleidungsherstellung konfrontiert. »Wir besuchen den Betrieb um 22 Uhr. Es gibt nur eine einzige Lichtquelle – in der Mitte des Raumes. Überall Menschen, die nähen, im Dunkeln. Es gibt einen Bereich, wo sie Stoff ausgebreitet haben und wo sich Behälter mit Chemikalien befinden, die mit Totenköpfen gekennzeichnet sind. Ein Typ raucht unmittelbar davor, wo es heißt: ›Entflammbar.‹ Ich frage mich: ›Wo bin ich?‹ Ich lehne an einer Wand und merke, wie der Putz zu bröckeln anfängt. Es war grauenvoll – das Land der lebenden Toten. Alle Regeln wurden missachtet. Es öffnete mir die Augen für das, was niedrige Preise auslösen«, erzählte sie mir an ihrem Stand auf der PV. »Dann fing ich an, auszurechnen, wie viele Milliarden Meter Stoff ich bis dahin schon konfektioniert hatte, und mir wurde auf einmal klar, wo die Ursache lag.«

Sie kehrte nach Seattle zurück und schrieb sich am Bainbridge Graduate Institute (heute Presidio Graduate School) für das Master-Studium Nachhaltige Systeme ein. In jener Zeit erfuhr sie, dass 90 Prozent aller Kleidungsstücke aus nur zwei Fasern gefertigt werden – Polyester und Baumwolle – und der Großteil, wie MacArthur sagte, auf Mülldeponien landet. »Also waren die ›Buchstützen‹ das Problem: die Rohstoffgewinnung am Anfang und der Abfall am Ende«, sagte sie. »Damit war die Herausforderung klar definiert: den Abfall in hochwertige neue Fasern verwandeln.«

Sie beschloss, diese Herausforderung anzunehmen, und rief ihre Freunde in der Modebranche an, um zu sehen, wer sonst noch Interesse zeigte.

»Unisono sagten sie, ich sei verrückt«, erzählte sie mir. »Es wäre unmöglich.«

Flynn – 45, elfenhaft, mit einem Wuschelkopf aus platinblonden Locken und derart viel positiver und pulsierender Energie, dass sie einen Weihnachtsbaum zum Leuchten bringen könnte – ist ein Musterbeispiel für die amerikanische »Can do«-Mentalität. »Wenn Stacy sich etwas in den Kopf gesetzt hat, gelingt es ihr auch«, so Claire Bergkamp. »Garantiert.«

In der Mode- und Bekleidungsindustrie, so Flynn, »fehlt es auf so vielen Ebenen an Innovationskraft, weil wir auf eine Ausrüstung aus dem 19. Jahrhundert vertrauten« – Spinner, Webstühle, Nähmaschinen. »Aber die Art und Weise, wie wir über diese Ausrüstung denken, ist mit dem Geist des 20. Jahrhunderts: Ressourcen sind unendlich, und Geld ist das Einzige, was zählt. Alles basiert auf Stil-Obsoleszenz mit Konsum als Schlüsselantrieb. Erst wenn ich eine Lösung anbieten kann, die Marken zum Umdenken ansetzt, werden wir wirklich echte Fortschritte machen. Denn schließlich will niemand Schaden anrichten.«

Vielleicht. Aber Flynn und ihr Partner Christopher »Christo« Stanev, der auch schon seit Langem in der Branche tätig ist, verstanden auch, dass sie »Lösungen finden mussten, die das System verändern könnten, ohne Verbrauchern, Marken oder Herstellern zu viele Änderungen auf einmal zuzumuten.«[5]

Mit anderen Worten: kleine Schritte. 2012 gründeten sie ihr erstes Unternehmen namens Future Resource Collective. Sie nahmen all ihr Erspartes in die Hand, um die diversen Geheimnisse zu entschlüsseln. So fanden sie heraus, wie sich der vorhandene Stoff reinigen und von Chemikalien wie Aluminium aus Deos befreien lässt. Dann entdeckten sie, dass sich der Stoff mithilfe eines Lösungsmittels in flüssige Zellulose umwandeln lässt – ein klebriges, honigähnliches Zeug, das, wie bei Bolt, »dope« genannt wird. (Sie bereiten das Lösungsmittel regelmäßig neu auf, reinigen es und verwenden es mehrmals.) Wie bei Bolt läuft das Mittel durch einen Extruder – den Flynn und Stanev selbst entwarfen –, wobei die Zellulose wieder in Fasern verwandelt wird. »Es ist, als würde man Nudeln machen«, sagte Flynn zu mir. »Man beginnt mit Teig, dann schiebt man den Teig durch eine Scheibe, um ihn in Form zu bringen.« 2014, nach ihrer ersten provisorischen Patentanmeldung, gründeten sie ihr Unternehmen, das heute als Evrnu bekannt ist – »wie ein Autokennzeichen«, sagte sie.

Aus dem Tischaufsteller nahm sie eine Kugel aus schimmerndem weißen Flaum in die Hand. »Sie besteht aus 51 Prozent Evrnu und zu 49 Prozent aus Baumwolle«, sagte sie, als sie mir die Kugel reichte.

Fast zwanghaft fing ich an, die Kugel zu streicheln.

»Als würde man ein kleines Kaninchen liebkosen«, sagte ich.

»Genau«, sagte sie und lachte.

2015 fingen Flynn und Stanev an, für Evrnu die Werbetrommel zu rühren. Bei Meetings platzierte Flynn drei Becher auf dem Besprechungstisch. Der erste enthielt Fetzen ihres Lieblings-T-Shirts aus der Schulzeit, der zweite den T-Shirt-Stoff, aufgelöst, und der dritte eine rohe monofile Faser, die durch Extrudieren der Zellulose mithilfe einer Spritze hergestellt wird. »Es war wortwörtlich der einfachste und kostengünstigste Prototyp, den wir herstellen konnten, um die Machbarkeit zu demonstrieren«, erinnerte sie sich.

Sie erklärte den Führungskräften: »Mit dieser Technologie werde ich euer Geschäft verändern.«

Und erneut dachten alle, sie sei verrückt.

Bei Target sagte ihr ehemaliger Chef: »Stace, wir sind ein 60-Milliarden-Euro-Unternehmen, und du hast nur drei Becher und einen Traum. Du hast echt Mut.«

Flynn nahm an einer Konferenz des Fashion Institute of Technology in New York teil, auf der Levi's Innovationschef Paul Dillinger ein Grundsatzreferat hielt.

»Dort sagte er: ›Jeder, der herausfindet, wie sich hochwertige Recycling-Baumwolle herstellen lässt, wird Königin oder König des Universums sein.‹«

Nach der Konferenz stellte sich Flynn Dillinger vor und überreichte ihm ein Stück mit Bio-Indigo gefärbtem Evrnu-Garn.

»Das hier wird zu 100 Prozent aus regenerierten Altkleidungsabfällen hergestellt«, sagte sie.

Er berührte die Probe.

»Wir müssen reden«, sagte er.

2016 präsentierten Evrnu und Levi's die ersten beiden aus regeneriertem Denim gefertigten 501-Jeans, wofür ein Mischgewebe aus Bio-Baumwolle und Evrnu verwendet wurde. Der Denim wurde von Kathy Hattoris Botanical Colors in Seattle von Hand gefärbt und der erste Prototyp von Patrice George des Fashion Institute of Technology in New York von Hand gewebt. Die Verschleißtestversionen wurden an der North Carolina State University – an der Natalie Chanin studierte, Sarah Bellos als Praktikantin arbeitete und Sally Fox ihre Forschungen durchführt und ihre Baumwolle spinnt – mechanisch gewebt. Einen Monat später begegneten sich Flynn und Bellos in Connecticut während einer zweiwöchigen Veranstaltung des Start-up Accelerators Unreasonable Impact, eines von Barclays und der Unreasonable Group initiierten Programms zur Unterstützung von Unternehmen. Sie war begeistert von der Idee, mit Bellos zusammenzuarbeiten, und wollte darüber mit ihr reden. Evrnu nimmt Farbstoff so effizient auf, dass die benötigte Menge um durchschnittlich 20 bis 40 Prozent reduziert werden kann, was, wie sie sagte, »natürliche, pflanzenbasierte Systeme wie das von Sarah erschwinglich machen könnte.«

Die ersten Evrnu-Levi's seien »ein kleines industrielles Wunder«, so Dillinger stolz. Seitdem »bewegen wir uns in Richtung lebensfähiger, verschleißfester Kleidungsstücke mit den gleichen dauerhaften Festigkeitseigenschaften und gleichem Trageerlebnis wie bei herkömmlicher Baumwolle. Sie sind noch nicht marktreif, da die Forschung und Entwicklung komplex und noch nicht ganz abgeschlossen sind. Aber wir sind begeistert von dem Fortschritt, jedoch noch etwas unsicher über den richtigen Zeitpunkt, das Material unserer Lieferkette vorzustellen.«

Über Fundraising sammelten Flynn und Stanev 6 Millionen Dollar ein – das meiste davon nach dem Projekt mit Levi's. Flynn leitet die Forschung und Entwicklung im Labor des Unternehmens in Washington State, Stanev ist verantwortlich für Forschung, Entwicklung und Technologie in ihrem Labor in New Jersey. In der Pilotanlage von Evrnu in South Carolina »extrudieren wir Faserprototypen im Auftrag unserer Marken-/Einzelhandelspartner«, sagte Flynn. Auch Rightshoring.

Nach Levi's klopfte auch Stella McCartney bei Evrnu an.

Flynn und Bergkamp begegneten sich 2015 während einer Cradle-to-Cradle-Veranstaltung und blieben in Kontakt. Flynn informierte Bergkamp regelmäßig über den technologischen Fortschritt bei Evrnu. 2017 verpflichtete sich McCartney vertraglich als »Early Adopter« (»frühzeitiger Anwender«), und förderte und erprobte damit die Testversionen des Produkts. Als ich Flynn 2018 während der PV in Paris traf, zeigte sie mir ihren ersten Prototypen für Stella McCartney – ein etwa 10 Zentimeter großes Quadrat aus schwarzem, einschüssigem Krepp, der zu 51 Prozent aus Evrnu und zu 49 Prozent aus langstapeliger Baumwolle hergestellt wurde. Sie beabsichtigte, das Gewebemuster McCartneys Vertreter am nächsten Tag vorzustellen. Es war schön und sah wie feiner Seidenkrepp aus. Ursprünglich wollte McCartney ein doppelschüssiges Gewebe, aber die Maschinen, mit denen ein solches Gewebe in den USA hätte produziert werden können, wurden im Zuge des Zusammenbruchs der heimischen Textilindustrie in den 1990ern verkauft. McCartney zeigte sich zufrieden mit dem

Muster und ließ den benötigten Stoff mit Evrnu-Anteil in Italien entwickeln, wo nach wie vor Webmaschinen für doppelschüssiges Gewebe vorhanden sind.

Auch mit ihren alten Kollegen bei Target und mit einer großen, nicht namentlich genannten Sportbekleidungsfirma schloss Flynn Verträge ab. Evrnu sollte Ende 2019 auf dem Markt sein. Das Wichtigste an Evrnu, sagte Flynn, ist: »Alles, was wir herstellen, wird entworfen, um irgendwann wieder zerlegt zu werden.«

Und genau in diesem Punkt ist sie unnachgiebig. Als sie von einer Modemarke die Anfrage erhielt, ob sie Evrnu mit Elasthan – der elastischen Faser, die Stoff dehnbar macht – mischen würde, lehnte sie ab.

Die Marke ließ nicht locker. »70 Prozent des weltweiten Bekleidungsangebots enthält Elasthan», argumentierte die Führungsetage. »Wir müssen Elasthan verwenden.«

Flynn lehnte weiterhin ab.

»Elasthan« – ein komplexes Mischpolymer – »lässt sich weder zurückgewinnen noch abbauen«, erklärte sie.

Diese ausweglose Situation führte Flynn und Stanev zurück ins Labor, und dort entwickelten sie eine regenerierbare Evrnu-Stretchfaser. »Wir wollen die volle Verantwortung für all das übernehmen, was wir herstellen«, so Flynn. »Wir wollen garantieren, dass alles, das Evrnu enthält, nicht nur aus Altkleidung hergestellt wurde, sondern auch abbaubar ist.«

Was die Rohstoffe anbelangt, ist die potenzielle Quelle für ein Unternehmen wie Evrnu schier unerschöpflich: Millionen Tonnen von Kleidung, die wir wegwerfen. Allein in der Stadt New York machen Bekleidung und Textilien über 6 Prozent des gesamten Müllaufkommens aus, was jährlich fast 200 000 Tonnen entspricht.[6] Anstatt diesen zu entsorgen, kann dieser Abfall auch von Unternehmen eingesammelt werden, wie etwa I: Collect – oder kurz I:Co – mit Sitz in Deutschland, einem weltweiten Sammel- und Sortierservice für Altkleidung und -schuhe.

Darüber hinaus gibt es jene Altkleidung, die wir spenden: Von den 15 Prozent unserer Kleidung, die wir spenden, anstatt sie in den Müll zu werfen, landet nur etwa ein Fünftel auch tatsächlich bei Bedürftigen. Unternehmen wie

Goodwill wickeln den Rest mithilfe von Folie in Ballen von der Größe eines Kühlschranks und verkaufen diese an kommerzielle Textilrecyclingfirmen, die den Stoff in Matratzenfüllungen, Dämmung oder Lappen verwandeln.

Für Flynn sind Fabrikabfälle nicht weniger interessant. Gleiches gilt für Restposten, welche die Marken seit jeher verbrennen oder zerkleinern lassen. Als wir uns trafen, führte sie gerade Verhandlungen mit einem großen Müllabfuhrunternehmen.

Sobald Evrnu auf dem Markt Fuß gefasst hat, wollen Flynn und Stanev noch eine Reihe von anderen Kreislaufideen umsetzen. »Christo und ich haben einen Plan für die nächsten 20 Jahre«, sagte sie. »Unser Ziel ist es, die gesamte Lieferkette zu durchforsten und Innovationen zu verwirklichen, die so leistungsfähig sind, dass wir sie in unserem Leben noch großflächig zum Einsatz bringen können. Dies sollte bis 2050 realisiert werden. Dann werde ich 77 Jahre alt sein.«

»Dann können die Kinder weitermachen«, sagte sie. »Wenn sie heute zu mir kommen und fragen: ›Was hast du gemacht, als du es wusstest?‹ werde ich sagen: ›Ich habe angefangen, anders zu denken und zu handeln, ich habe gekämpft wie eine Löwin, und ich habe zahlreiche andere Menschen dazu gebracht, anders zu denken und zu handeln. Wir standen nicht an der Seitenlinie und schauten zu. Viel Glück.‹«

Während Flynn und Stanev in New Jersey damit beschäftigt waren, Baumwolle in Dope zu verwandeln, kämpfte Cyndi Rhoades, eine in London wohnhafte Amerikanerin, mit einer anderen, komplizierteren Frage der Kreislaufwirtschaft: Wie lässt sich in Mischgewebe Polyester von Baumwolle zur Wiederverwendung trennen?

Synthetische Stoffe kamen in den 1930er-Jahren auf, nachdem der amerikanische Chemiker Wallace Carothers, Leiter der DuPont-Labore in Wilmington, Delaware, angefangen hatte, mit Polymeren zu experimentieren. Neopren, Kunstseide und Nylon sind Stoffe, die auf seine Arbeit zurückgeführt werden. 1941 verwendeten die britischen Chemiker John Rex Whinfield und James Tennant Dickson aus Manchester Carothers' Innovationen für die Entwicklung von Polyethylenterephthalat – kurz PET – als Grundlage für Polyester, Dacron und Terylene. Im Zweiten Weltkrieg waren synthetische Stoffe plötzlich sehr gefragt, da Erzeugnisse wie Baumwolle und Wolle für Kriegsausrüstung benötigt wurden und die Textilindustrie dringend nach Alternativen für die Herstellung von Alltagskleidung suchte.

Wie so viele Erfindungen, galten synthetische Stoffe als wunderbarer Durchbruch und die perfekte Lösung für ein Nachfrageproblem in jener Zeit. Aber fast ein Jahrhundert später ist klar, dass Polyester und anverwandte Stoffe keineswegs Allheilmittel sind. Polyester, die billigste und beliebteste aller Textilien, wird aus Erdöl hergestellt: Fast 70 Millionen Barrel an Rohöl werden benötigt, um den alljährlichen Bedarf der Textilindustrie an Polyester zu decken.

Heute besteht etwa ein Drittel der weltweit produzierten Textilien aus einem Mischgewebe aus Baumwolle und Polyester. Da noch niemand herausgefunden hat, wie man die beiden voneinander trennt, werden Kleidungsstücke aus diesem Mischgewebe seit jeher entsorgt. Hinzu kommt, dass Polyester nicht biologisch abbaubar ist.

»Wäre es nicht schlauer«, fragte sich Rhoades, »das Ganze wieder in den Kreislauf zurückzuführen?«[7]

Ein Jahrzehnt später tut sie genau dies mit ihrem Unternehmen Worn Again Technologies. Mit ihm entwickelte sie ein patentiertes Verfahren, bei dem Polyester und Zellulose (aus Baumwolle) aus reinem und aus Mischgewebe getrennt und die Polymeren in hochwertiges Polyester umgewandelt werden. (Ihre Firma wandelt sogar Zellulose um, wie bei Evrnu.)

»Kreislaufwirtschaft ist die Zukunft«, sagte sie. »Sie bringt Mode zurück in die Realität.«

Rhoades und ich befanden uns zusammen mit ihrem Geschäftsführer, dem kanadischen Geschäftsmann Craig Cohon, an Bord des Eurostars, der an jenem Nachmittag im Sommer 2017 durch die französische Landschaft in Richtung Paris raste. Rhoades und Cohon waren auf dem Weg zu einem Treffen mit potenziellen Investoren, darunter die russische Moderedakteurin und Influencerin Miroslava Duma.

Anders als Flynn war Rhoades ein Neuling in der Modebranche.

Geboren und aufgewachsen in Columbus im US-Bundesstaat Ohio, zog Rhoades Anfang der 1990er-Jahre nach Los Angeles und arbeitete in der Musikvideobranche. 1993 reiste sie für ein dreimonatiges Sabbatical nach London, so der Plan, und blieb dort. Sie produzierte nach wie vor Musikvideos – unter anderem für Oasis und Tina Turner – und drehte Dokus für britische Regierungsbehörden. »Propaganda!«, stichelte ich. »Ja, Propaganda«, sagte sie und lachte.

Sie las Naomi Kleins *No Logo* und David C. Kortens *When Corporations Rule the World* und »schlug den Weg der Selbstlehre ein, um mehr über die Weltwirtschaft und was in der Welt vorging, zu erfahren«, erzählte sie mir. »Ich wollte herausfinden, wie Mode gemacht und wie Lebensmittel gemacht werden.«

Um andere dazu zu bringen, dasselbe zu tun, gründete sie Anti-Apathy, ein regelmäßiges Treffen mit Gastrednern, musikalischen Darbietungen und Filmvorführungen in einem Nachtclub im East End namens The Spitz. In der ersten Ausgabe trat die damals unbekannte Indie-Band The Libertines auf. Jede Veranstaltung war einem Thema gewidmet – Lebensmittel, Geld, Mode. »Es ging uns um das Positive – was man tun kann, wie man Dinge ändert, unsere Geldbörsen sprechen lassen, anders einkaufen und Marken auffordern, ihr Verhalten zu ändern.«

Eines Abends im Jahr 2005 besuchte Galahad Clark, ein Mitglied der Schuhdynastie Clark in siebter Generation, eine Anti-Apathy-Veranstaltung und war so von der Botschaft berührt, dass er Rhoades fragte, ob er eine Schuhlinie produzieren und verkaufen dürfe, um die Sache zu unterstützen.

»Ja,«, sagte sie, »solange die Schuhe aus Recyclingmaterial hergestellt sind.«

Zusammen brachten sie eine Upcycling-Kollektion auf den Markt – mit neu- und hochwertigen Schuhen aus Abfällen. Die Schuhe der Linie namens »Worn Again« wurden in chinesischen Fabriken aus Jacken der britischen Armee und aus Gefängnisdecken gefertigt und von Galahad Clarks eigener Firma Terra Plana vertrieben.

Nach einigen Saisons nahm Rhoades die Sache in die eigene Hand. »Ich wollte einfachere Produkte, die in Großbritannien hergestellt werden«, sagte sie, und brachte eine Reihe von Taschen, Accessoires und Windjacken auf den Markt, die vom britischen Designer Christopher Raeburn entworfen und aus ausgemusterten Heißluftballons von Virgin und Eurostar-Uniformen hergestellt wurden. Ein weiteres von Benjamin Shine für Eurostar entworfenes Produkt war eine Zugführertasche für Zugbegleiter, die ebenfalls aus alten Eurostar-Uniformen gefertigt wurde. Produziert wurden all diese Dinge in Großbritannien.

Einer ihrer Investoren war Graig Cohon[8]. Cohon, groß und charmant, war ein Kapitalist alter Schule, der von einem Kapitalisten alter Schule abstammte: Sein Vater war Gründer und Präsident von McDonald's Kanada und McDonald's Russland. Anfang der 1990er-Jahre, kurz nach dem Ende des Kommunismus, wurde Cohon beauftragt, Coca-Cola nach Russland zu holen, und später gründete und leitete er die russische Ausgabe von Cirque du Soleil.

Im Jahr 2000 hörte und sah er Bill Clinton, als dieser auf dem Weltwirtschaftsforum in Davos über die Rolle der Wirtschaft in der Gesellschaft sprach. Zu dem Zeitpunkt war Cohon ein Mittdreißiger und Coca-Colas stellvertretender Divisionspräsident für Nordwesteuropa. »Es war die Zeit, in der die Antiglobalisierungsbewegung sich formierte – es gab Unruhen in Seattle, in Davos – und Clinton sagte, wir brauchen einen freundlicheren, sanfteren Kapitalismus«[9], erinnerte sich Cohon. »Ich hatte das Gefühl, dass er mich direkt ansprach.«[10]

Noch in Davos kündigte Cohon seinen Job. Seitdem stellt er sein Leben in den Dienst der Menschheit und Umwelt. Er setzte sich in London, Toronto, Jakarta und Johannesburg für Wohltätigkeitsorganisationen ein und entwickelte mit BP Indien einen sauberen, mit landwirtschaftlichen Abfällen und Kuhmist betriebenen Heizofen, der Frauen in ländlichen Gebieten für 75 Dollar in Form von Mikrokrediten angeboten wurde. »Wir haben Millionen davon verkauft«, sagte er.[11] In den späten Nullerjahren kam er über einen gemeinsamen Bekannten in Kontakt mit Rhoades. Ihre Upcycling-Projekte beeindruckten ihn so sehr, dass er beschloss, in sie zu investieren.

Während einer Beschaffungsreise für McDonald's in Japan – »sie wollten ihre Uniformen aus Recyclingmaterial herstellen lassen», sagte Rhoades –, besuchte sie Teijin, eines der ersten Unternehmen, das Polyester recycelte. Das »Eco Circle« genannte System war zu jener Zeit »zu geschlossen«, sagte sie. Sie konnten nur ihre eigenen Stoffe recyceln. »Und es war viel zu teuer« für die Märkte, die sie erkundete.

Aber »ihr ging ein Licht auf«.

Für Rhoades und ihren Technologiepartner Nick Ryan war klar, dass »Second-Life-Produkte« – wie die Windjacken aus alten Heißluftballons, Lappen aus alten T-Shirts oder Dämmung aus alten Jeans – »das Textilabfallproblem nicht lösen«, sagte sie. »Sie landen immer noch auf dem Müll.«

»Wir dachten: ›Diese Jungs machen es richtig: Materialien in ihre ursprünglichen Bestandteile zerlegen, um sie dann wieder zusammenzusetzen.‹«

Doch es gab einen effizienteren und wirtschaftlicheren Weg.

Dr. Kate Goldsworthy vom Centre for Circular Design der Universität der Künste in London stellte Rhoades und Ryan Dr. Adam Walker vor, der an der Universität von Cambridge in England promoviert und sich auf Polymerchemie spezialisiert hatte.

Im Grunde, sagte Rhoades, »zerlegt er Dinge in ihre Einzelteile.«

In seinem Labor am Welding Institute in Cambridge hatte Dr. Walker bereits äußerst komplizierte chemische Mischungen wie Polystyrol, aus dem unter anderem Styropor hergestellt wird, zerlegt.

»Wir wollen Polyester und Baumwolle voneinander trennen«, erzählte Rhoades ihm.

»Das kann ich machen«, erwiderte er.

Das war der Moment, dass Worn Again sich »von einem Upcycling-Unternehmen zu einem Technologieunternehmen in der Kreislaufwirtschaft entwickelte«, sagte Cohon. Er verstärkte sein Engagement und unterstützte die geschäftliche Seite, während Dr. Walker zum wissenschaftlichen Leiter ernannt wurde.

Das von Walker entwickelte Verfahren ist relativ einfach. Reine Stoffe und Baumwoll-Polyester-Mischgewebe werden von Reißverschlüssen, Knöpfen, Nieten und Metallteilen befreit und einem Verfahren unterzogen, bei dem die Farbstoffe herausgelöst werden. Zum Herauslösen von Polyester wird ein Lösungsmittel verwendet. Anschließend wird das Lösungsmittel entfernt und recycelt, und was übrig bleibt, ist das, was Rhoades als »heiße Pampe« bezeichnet: PET. Es wird extrudiert und in Pellets gehackt, die wie glänzendes Hasenfutter aussehen. Anschließend werden diese Pellets an Spinnereien verkauft, wo sie erneut geschmolzen und zu Garn gesponnen werden. Auch die aus Baumwolle zurückgewonnene Zellulose kann zu Fasern für neue Textilien gesponnen werden.

Nach etwa sechs Monaten Forschung und Versuchen konnten Cohon und Rhoades ihren potenziellen Kunden 2012 etwas zeigen. Wie Flynn gingen auch sie mit Bechern zu Treffen: einer gefüllt mit PET, der andere mit Zellulosepulver. Sie räumten ein, dass synthetische Stoffe auch schon vor Worn Again recycelt worden sind, und zwar in einem Verfahren namens »mechanisches Recycling«. Doch dies funktionierte nur bei Monofasern, war von deutlich schlechterer Qualität, ergab ein PET, das die ursprüngliche Farbe des Ausgangsmaterials hatte, konnte nur einmal durchgeführt werden und könnte kostspielig werden. Das Verfahren von Worn Again dagegen zielte darauf ab, PET zum gleichen Preis, mit der gleichen Qualität und mit der gleichen chemischen Zusammensetzung wie neuer Polyester herzustellen. »Das System lässt sich nur mit Kostenparität durchbrechen«, so Cohon. »Die Verbraucher müssen es sich leisten können.«

Im Gegensatz zu ihrem anfänglichen Verfahren, das sich auf Mischungen konzentrierte, lässt sich das neue Verfahren auf jegliches Polyestergewebe anwenden – ein beachtliches »Ausgangsmaterial«, wie es in der Branche heißt. Denn Polyester ist in 60 Prozent aller Kleidung vorhanden. 2016 waren es 21 Millionen Tonnen, 157 Prozent mehr als im Jahr 2000.[12]

Worn Agains erstes Pitch war bei H&M in Stockholm, das zweite bei Puma, damals noch ein Teil von Kering. »Sowohl H&M als auch Kering steckten Geld hinein«, sagte Cohon. H&M wurde Investor und erwarb eine Kapitalbeteiligung, während Kering in Forschung und Entwicklung investierte.

»Wenn wir dieses Problem richtig angehen wollen, müssen wir mit diesen Jungs ins Bett gehen«, sagte Rhoades und setzte damit McCartneys Doktrin »von innen heraus infiltrieren« um. »Ja, es gibt immer noch Wachstum«, aber »das lässt sich von Anfang an in Grenzen halten.«

2018 erhielt Worn Again als erste chemische Recyclingtechnologie eine Cradle-to-Cradle-Zertifizierung, das Nachhaltigkeitssiegel inklusive einer fünfstelligen Summe. Rhoades und Cohon erreichten ihr Fundraising-Ziel von 6,7 Millionen Dollar dank Investitionen des Schweizer Chemietechnikriesen Sulzer Chemtech, der mexikanischen Bekleidungshersteller Himes Corporation und DirecTex sowie Miroslava Dumas Future Tech Lab. Mit Sulzer Chemtech führt Worn Again Betriebsversuche durch und entwirft eine Serienproduktion, mit dem Ziel, 2021 seine erste industrielle Versuchsanlage in Betrieb nehmen zu können, höchstwahrscheinlich in Westeuropa. Geplant ist, Fabriken in der Nähe von Kleidungssammelzentren zu errichten.

Rhoades hat Baumwoll-Polyester-Mischgewebe in den Griff bekommen und vermarktet ihre Technologie bereits. Flynn, bei Evrnu, hat die Technologie für Polyester und erwägt auch, damit auf den Markt zu gehen. »Hoffentlich erreichen wir beide unsere Ziele«, sagte Flynn. Die Frauen sind kollegiale Konkurrentinnen, mit großer gegenseitiger Wertschätzung. (Flynn nennt Rhoades »eine Pionierin«, Rhoades Flynn »eine Hammerfrau!«.) Und beide können eine marktbeherrschende Stellung erobern. 2018 erzielten Virgin-PET und -Baumwolle bereits einen Gesamtumsatz von 30 Milliarden Dollar, eine Zahl, die bis 2030 um 63 Prozent weiter ansteigen soll.

»Hier geht es wahrlich nicht um Mode,«, so Rhoades. »sondern um die Zukunft von Rohstoffen.«

Der vielleicht größte Name, was Rohstoffrecycling angeht, ist ECONYL – »eee-co-kneel« –, ein aus gebrauchten Teppichen, alten Fischernetzen und Stoffresten regeneriertes Nylon.

ECONYL ist das Kreislaufwirtschafts-Baby von Giulio Bonazzi, dem Firmenchef des 1969 in Arco gegründeten italienischen Nylonherstellers Aquafil. Wie Polyester wird auch Nylon aus Erdöl hergestellt. Wegen der unmittelbaren Nähe zum Gardasee, dem größten See Italiens, sagte mir Bonazzi: »Wir haben immer darauf geachtet, die Umweltschäden zu begrenzen, und wollten ökoeffizient sein.«[13] Bereits in den 1990ern startete das Unternehmen erste Versuche mit dem Recycling von Nylonabfällen.

2007 folgte die nächste Versuchsebene: das Recycling von jeglicher Art von Nylon. »Weniger schädlich zu sein, ist natürlich immer besser«, sagte Bonazzi. »Aber wir wollten einfach nur gut sein.«

Nach einer vierjährigen Forschungs- und Entwicklungszeit stellte Aquafil ECONYL vor. Wie Evrnu und Worn Again, sagte Bonazzi, »verwenden wir Abfall aus aller Welt.« Fischernetze – etwa 640 000 Tonnen treiben in unseren Ozeanen umher – erhält Aquafil aus aller Herren Länder, darunter sogar Australien und Neuseeland. »Nächste Woche werde ich in Japan sein, um die Einsammlung von Netzen am nördlichen Teil der Insel Hokkaido zu organisieren«, sagte er im Mai 2018 während des Kopenhagener Modegipfels.[14] Erstaunlicherweise ist auch das Angebot an gebrauchten Nylonteppichen enorm – 34 Millionen Kilo pro Jahr sammelte Aquafil, sagte Bonazzi Ende 2018. Dies wird nach der Eröffnung der beiden neuen Teppichsammel- und Recyclinganlagen in Nordamerika – eine in Phoenix, die andere vor den Toren Sacramentos – auf 45 Millionen Kilo pro Jahr ansteigen.

Erst werden die Netze und Teppiche »gereinigt«, erklärte er, dann wird das Nylon entfernt und an das ECONYL Intake Center in Slowenien geschickt, wo »wir es in eine – sagen wir ›Zauberkiste‹ stecken, weil es so kompliziert ist« –, in der es zu einem Monomer zerlegt wird. Anders als bei Evrnu und Worn Again geschieht dies »ohne Lösungsmittel – nur mit Temperatur, Dampf und Energie, die alle zu 100 Prozent erneuerbar sind«, so Bonazzi. Das Monomer wird dann wieder in Polymer verwandelt, das an Spinner, Weber, die Tufting-Industrie und Gießer verkauft wird. »Wir können den Stoff in jeder Farbe fertigen oder färbbar machen – was gewünscht wird.«

Der erfolgreiche Profi-Surfer Kelly Slater war einer der ersten in der Modebranche, der ECONYL für sein nachhaltiges Label Outerknown verwendete. »Ich wusste, dass ich garantieren möchte, dass wir verantwortungsvolle Produktionsmethoden anwenden, den Menschen gute Arbeitsbedingungen bieten und Rohstoffe so umweltfreundlich wie möglich einkaufen«, sagte Slater, als er die Anlage in Slowenien besuchte. Heute findet sich ECONYL in Bekleidungsfutter, Tanzkleidung und Teppichen, so auch in Badeanzügen von Speedo, Uhrenarmbändern von Breitling und Socken von Adidas. Die

Falabella-Handtaschen von Stella McCartney sind mit ECONYL-Jacquard gefüttert, und die Falabella-Go-Linie (Rucksäcke, Reisetaschen, Handtaschen) und Funktionsoberbekleidung, wie Parkas und Steppjacken, sind aus ECONYL-Nylon gefertigt. Seit Ende 2018 ist McCartney auch ECONYL-Zulieferer, da sie in ihren italienischen Fabriken Nylonreste sammeln lässt und diese ECONYL zur Verfügung stellt. »Wir lieben ECONYL«, sagte mir Bergkamp. »Sie sind die Einzigen, die in großem Stil Textil aus Textil kommerziell herstellen.«

2018 entfielen 40 Prozent der Aquafil-Produktion auf ECONYL, 2020 sollen es 60 Prozent sein. Und irgendwann möchte Bonazzi, dass es 100 Prozent sind. Kein neues Nylon mehr, nur noch recyceltes. Nylon lässt sich »unzählige Male recyceln«, sagte er: ECONYL ist als Kreislauf so geschlossen wie momentan möglich.

»Du gibst mir den Teppich, ich gebe dir das Garn für die Fertigung deiner Bademode«, sagte er. »Du gibst mir deine Bademode zurück, und ich gebe dir das Garn für die Fertigung deiner Jacke oder vielleicht auch das Material für deinen eigenen 3-D-Drucker, den du demnächst zu Hause haben wirst.«[15]

Wenngleich sie zu Recht stolz auf ihren Erfolg sind, ist den Herstellern von Recyclingtextilien viel daran gelegen, »den Wiederverwendungs- und Reparaturunternehmen nicht versehentlich das Wasser abzugraben«, sagte Flynn. Es werden nur jene Produkte akzeptiert, deren »Lebensdauer wirklich abgelaufen ist«. Bevor Kleidungsstücke diesen Punkt erreicht haben, sollten sie repariert und weiterverkauft werden – auch eine Art von Kreislaufwirtschaft.

Einige Modemarken machen dies bereits möglich. Patagonia etwa bietet Verbrauchern Einkaufsguthaben für ausgemusterte Kleidung an, die anschließend gereinigt und zu niedrigen Preisen angeboten wird. Das Unternehmen bietet sogar einen Reparaturservice namens »Worn Wear« an. Verbraucher (in den USA) können beschädigte Patagonia-Artikel an das Unternehmen zurückgeben, das sie an einen Reparaturbetrieb in Reno – den größten seiner Art in Nordamerika – weiterleitet. Hier führen 45 Techniker 50 000 Reparaturen pro Jahr durch. »Das Beste, was wir für den Planeten tun können, ist, unsere

Sachen länger zu benutzen«, sagte Patagonias Firmenchefin Rose Marcario. »Reparatur reduziert das Bedürfnis nach mehr«, und reduziert »das Abfallaufkommen und den Wasserverbrauch.«[16]

Seit 2015 ist Worn Wear auch ein mobiler Service: Reparateure fahren in Nordamerika in einem mit Biodiesel betriebenen Dodge-Pick-up umher, der mit einem Camper ähnlichen Aufbau aus Redwood-Holz aus ausgemusterten Weinfässern ausgerüstet wurde. Die Reparateure reparieren alles, was man ihnen bringt, nicht nur Patagonia-Artikel. Und zwar kostenlos. In Europa und Japan bietet Patagonia ebenfalls einen Reparaturservice an.

Die New Yorker Designerin Eileen Fisher, eine langjährige Verfechterin von Öko-Mode und Kreislaufwirtschaft, hat ein Rücknahme- und Wiederverkauf-Programm initiiert, das sie Renew nannte. Im vergangenen Jahrzehnt hat das Unternehmen mehr als 800 000 Kleidungsstücke erhalten – der heutige Durchschnitt liegt bei 800 pro Tag – und belohnt Kunden mit einem Einkaufsguthaben von 5 Dollar pro Kleidungsstück. Drei Viertel dieser Kleidungsstücke werden mit Granatapfel oder Färberdistel zum Überfärben von Flecken behandelt und mit traditionellen japanischen Boro- und Sashiko-Steppung versehen, um Risse oder Löcher zu kaschieren oder hervorzuheben.[17] Renew setzt pro Jahr 3 Millionen Dollar um.

Das restliche Viertel, das als irreparabel gilt, wird an Fishers Werkstätten Tiny Factory in Irvington im Bundesstaat New York und ihre Teeny Tiny Factory in Seattle geschickt, wo die Kleidung zerschnitten, wieder zu neuer Kleidung zusammengesetzt und unter ihrem Label Resewn verkauft wird. Stoffreste werden mithilfe einer Filzmaschine in bunt-fröhliche, quilt-ähnliche Stoffe für Wurfkissen und Wandbehänge verwandelt.[18] Im Sommer 2018 eröffnete Fisher in Brooklyn den Concept-Store Making Space, in dem die Renew-Linie verkauft wird und Nähkurse und Filmvorführungen veranstaltet werden. »Wir müssen teilen«, sagte Fisher. »Wir müssen zusammenarbeiten, bei allem, was wir tun.«[19]

Für einige Branchenführer besteht der beste Weg, die Lebensdauer von Kleidung zu verlängern, darin, sie weniger oft, aber intelligenter zu waschen. Chip Bergh von Levi's ist sogar der Meinung, dass man Jeans niemals waschen sollte. »Da schalten wir den Autopiloten ein«, sagte er. »Nachdem wir etwas getragen haben, landet es automatisch in der Waschmaschine. Aber eine gute Jeans muss wirklich nicht gewaschen werden … oder nur sehr selten.« Waschen in der Waschmaschine führt zum frühzeitigen Verschleiß. Deshalb schlug Bergh vor, es ihm nachzutun: Wenn ein wenig Burritosoße auf den Oberschenkel tropft, kann man die einfach mit einer Zahnbürste reinigen.[20]

Wer die Idee, ungewaschene Jeans zu tragen, widerlich findet und das Bedürfnis hat, sie zu waschen, dem rät Bert Wouters von Procter & Gamble, Global Vice President des Fabric Enhancer Franchise, dies weniger oft zu tun und dabei nach einem simplen dreistufigen Prozedere vorzugehen: Verwende ein hochwertiges Flüssigwaschmittel oder eine Einzeldosis, wähle ein Kurzprogramm mit niedriger Temperatur und verwende am Ende etwas Weichspüler. »Wer so vorgeht, kann die Lebensdauer von Kleidung um das Vierfache verlängern«, sagte er. »Und die positiven Folgen für die Umwelt sind einfach erstaunlich; einfach enorm.«[21]

Er übertreibt nicht. Würden wir die Lebensdauer von nur einem Fünftel aller Kleidungsstücke in Europa um 10 Prozent verlängern, würden wir 3 Millionen Tonnen CO_2 und 150 Millionen Liter Wasser einsparen und 6,4 Millionen Tonnen von Kleidung vor der Entsorgung bewahren. Außerdem: Wenn wir weniger oft mit der Maschine waschen und öfter ein Kurzprogramm wählen, würde man auch die Verunreinigung unserer Gewässer mit Mikrofasern drastisch reduzieren. »Eigentlich ziemlich offensichtlich, wenn man darüber nachdenkt«, sagte Wouters. »Je öfter man ein Kleidungsstück in die Waschmaschine steckt, umso mehr Reibung und Interaktion mit aggressiven Produkten gibt es, und umso mehr Mikrofasern werden freigesetzt.«

Mit einer Reihe von Initiativen hat Cradle to Cradle, oder C2C, in der gesamten Modebranche Kreislaufmethoden vorgestellt und propagiert. 2005 gründeten McDonough und Braungart das Zertifizierungs- und Produktstandardprogramm Cradle to Cradle Certified und die C2C-Gold-Zertifizierung, ein Gütesiegel, das nach einer unabhängigen Begutachtung vergeben wird. Erhalten hat es etwa das mit C2C-Gold zertifizierte Rundhals-T-Shirt von C&A aus recycelbarer Bio-Baumwolle, das 2017 hergestellt wurde und 9 Euro kostete. »Mit Windkraft hergestellt«[22]. Das einzige Wasser, das die Fabrik verließ, war die Verdunstung. Die Mitarbeiter werden anständig und respektvoll behandelt«, erklärte McDonough, als er ein solches T-Shirt 2017 während der Copenhagen Fashion Summit zeigte. »Es ist machbar.«

McDonough war auch bei der Gründung von Fashion for Good involviert, einer globalen Innovationsplattform mit Sitz in Amsterdam, die anfänglich von der C&A Foundation finanziert wurde und heute Ellen MacArthur Foundation und Kering zu ihren Partnern zählt.

Die 2017 gegründete Plattform ist in einem eleganten dreistöckigen Jugendstilgebäude am Rokin, einer der wichtigsten Hauptverkehrsstraßen Amsterdams, ansässig und bezeichnet sich selbst als »Veranstalter des Wandels«. Ihre Mission beruht auf zwei Säulen, sagte mir die Geschäftsführerin Katrin Ley: Innovationsplattform inklusive Beschleuniger, Skalierungsprogramm und Modewettbewerb einerseits und Öffentlichkeitsarbeit anderseits, wozu auch das interaktive Museum Fashion for Good Experience und Arbeitsräume für die Kreislaufwirtschaft der Bekleidungscommunity und Veranstaltungsräume zählen.

Das Museum – an sieben Tagen der Woche geöffnet, der Zutritt ist kostenlos – führt die Besucher durch die verschiedenen Nachhaltigkeitsthemen im Modebereich. Beängstigende Zahlen werden an einer Wand projektiert, wie: »Jährlich werden 5 Billionen Liter Wasser allein für das Färben von Stoffen verwendet.« oder »Nur 5 Prozent des Plastikmülls werden derzeit recycelt.« Kleidung von Marken, die sich für eine Kreislaufwirtschaft stark machen, wird hier zum Verkauf angeboten, auch das mit C2C-Gold dekorierte T-Shirt, das individuell angepasst werden kann. Die Ausstellung »Journey of a T-shirt« (»Reise eines T-Shirts«) zeigt auf, welche enormen Folgen ein Kleidungsstück für die Umwelt hat. In der Innovation Lounge werden Unternehmen der Kreislaufwirtschaft vorgestellt, von denen viele den Beschleuniger oder das Skalierungsprogramm durchlaufen haben. Dazu zählen auch Worn Again, das israelische TIPA, das kompostierbare Verpackungen aus kunststoffähnlichem Material herstellt, und der Start-up Colorifix aus dem englischen Cambridge, der biologisches Pigment herstellt, mit dem Gewebe ohne Einsatz von Schwermetallen, organischen Lösungsmitteln oder Säuren gefärbt werden kann. »Wer Veränderung will«, sagte Ley, »muss auch die breite Öffentlichkeit informieren.«[23]

Während meiner Tour traf ich in der Innovation Lounge auf Cyndi Rhoades von Worn Again. Sie saß auf einem türkisfarbenen Sofa und sah sich Videos von Interviews mit Start-up-Führungskräften auf einem der glänzenden weißen, museumeigenen iPads an. Sie verweilte in Amsterdam, um sich mit potenziellen Kunden zu treffen und stattete Fashion for Good einen Besuch ab für ein Gespräch mit dem Team des Skalierungsprogramms. »Das hier ist völlig neu«, sagte sie mir. »Die meisten Beschleuniger funktionieren nach dem B2B-Prinzip«, sprich Business-to-Business. »Das hier ist ein Durchbruch.«

NEUN

Rage Against the Machine

Seit Jahren hören wir, dass neue Technologien unser Verhältnis zur Kleidung radikal verändern werden.

Schon früh lag der Fokus auf sogenannten »Wearables« – elektronischen Geräten, die in Kleidungsstücke eingenäht oder als Accessoires getragen werden. Einige, wie etwa die Apple Watch oder Fitbit, waren erfolgreich, andere nicht – was ist eigentlich aus der Datenbrille Google Glass geworden? »Alle unsere Sockenschubfächer sind mit tragbaren Technologien ausgestattet, bei denen der Erfinder leider nicht alles zu Ende gedacht hat«, sagte Paul Dillinger von Levi's, als ich Eureka Innovation Lab besuchte.

Doch in den letzten Jahren kreuzten sich die Wege von Mode und Wissenschaft immer öfter und mit greifbarem Ergebnis: bei der Herstellung von Rohstoffen wie bei Modern Meadow und Bolt Threads, im Rohstoffrecycling wie bei Evrnu etc., in der Fertigung und im Vertrieb dank Roboter und Automatisierung sowie im Modedesign mit seinem 3-D-Druck.

Dreidimensionales Drucken, 3-D-Druck, hat das Potenzial, die Modebranche zu revolutionieren – und der Wandel kommt früher, als man sich vielleicht vorstellt. Der Futurist Ray Kurzweil, der das exponentielle Wachstum des Internets in den 1990er-Jahren und die Allgegenwärtigkeit von mobilen Geräten in den Nullerjahren genau vorhergesagt hat, glaubt, dass wir im

Jahr 2020 unsere eigene Kleidung mithilfe eines 3-D-Druckers selbst drucken werden. »Da die Auswahl an den Materialien, die für 3-D-Druck geeignet sind, größer wird und ihre Kosten sinken, werden sowohl kostenlose Open-Source- als auch geschützte Marken-Bekleidungsdesigns in weniger als zehn Jahren online verfügbar sein«, sagte er während der Global Leaders Collective Conference der *New York Times* im Jahr 2016. »Es wird völlig normal sein, solche Drucker zu Hause zu haben.«[1]

Immer öfter höre ich auch, dass Modemarken – von Amazon bis Chanel – keine echte Kleidung mehr verkaufen werden, sondern stattdessen nur noch einen Link, mit dem Verbraucher ihr Kleidungsstück selbst drucken können. Die Möglichkeiten sind grenzenlos, wie auch die Umwälzungen in der Modebranche, so wie wir sie heute kennen. Ob Design, Fertigung, Arbeit oder Abfall, alles könnte sich bis zur Unkenntlichkeit verändern.

Wie genau würde das Ganze ablaufen? Könnte man einfach irgendein Kleid drucken? Wie wäre es zum Beispiel, wenn man schon immer verrückt nach dem bemerkenswerten schwarzen Etuikleid von Cristébal Balenciaga war – dem trägerlosen Exemplar aus dem Jahr 1967, das den Körper wie gefaltetes Papier umschließt und vier scharfen Ecken an den Schultern hat? Könnte man dieses Kleid dann einfach mit dem eigenem 3-D-Drucker produzieren und zu einer Party anziehen? Könnte Balenciaga in Cleveland hergestellt werden?

Andrew Bolton, der leitende Kurator des Kostüminstituts des New Yorker Metropolitan Museum of Art, ist der Meinung, dass der 3-D-Druck »genauso radikal wie die Nähmaschine zu einem hohen Maß an Demokratisierung« führen wird.[2] Er könnte die Vorstellung von dem, was alt und was neu ist, was Mode ist und was nicht, völlig verschwinden lassen. Und all das, was man über die Modeindustrie weiß, wäre auf einmal obsolet. Man kann machen, was man will, wann man will, in jeder Größe – es wird Marken dazu zwingen, ihre Dominanz in puncto Produktion, Qualitätskontrolle und Vertrieb aufzugeben. Kleidungsdesign wird eine Frage von Datei-Erstellung werden, in Übereinstimmung mit anderen technologischen Methoden der Kleidungsherstellung. Und der 3-D-Druck wird die hochwertigste Mode der Haute Couture in Reichweite der Mittelschicht bringen. Überall auf der Welt.

Der dreidimensionale Druck, auch »additive Fertigung« genannt, ist keineswegs eine neue Technologie. Bereits Anfang der 1980er-Jahre erfand Dr. Hideo Kodama vom städtischen Industrieforschungsinstitut im japanischen Nagoya eine Technologie, bei der die mithilfe von ultraviolettem Licht gehärteten fotopolymeren Schichten eine feste Form ergaben. Eine Patentanmeldung für seine Erfindung reichte er aber nicht ein. Ein Team von französischen Technikern setzte seine Arbeit fort, bis sie von ihren Geldgebern, der britischen General Electric Company (später Alcatel Alsthom) und dem französischen Laserkonsortium CILAS, wegen »Unwirtschaftlichkeit« gestoppt wurden. Danach wagte der amerikanische Ingenieur Charles »Chuck« Hall einen Versuch, der schließlich zum 3-D-Druck eines hübschen Augenspülbechers führte, wofür er 1986 das Patent anmeldete.[3]

Der 3-D-Druck ist im Grunde nichts anderes als die Fertigung eines Gegenstands mithilfe von Schichten von geschmolzenem Polymer, das mithilfe von Laser in Fäden oder Polyamidpulver extrudiert wird. Heute findet der 3-D-Druck bereits in der Automobilindustrie, Medizin und Architektur Anwendung. Die Modebranche, mit ihrem Schwerpunkt auf Handwerk im höchsten Segment und auf billige Arbeit im unteren Segment, nahm lange Zeit keine Notiz von der neuen Technologie.

Bis die niederländische Modedesignerin Iris van Herpen auf der Bühne erschien.

Ich begegnete Iris[4] zwei Wochen nach ihrem 34. Geburtstag in Amsterdam, im Sommer 2018, der aber gemein kalt war. Wir saßen an einem alten Holztisch in ihrem Atelier – einem gammeligen Dachboden im ersten Stock eines umgebauten Lagerhauses in Houthaven, dem ehemaligen Holzhafen der Stadt. Im 19. Jahrhundert diente das Haus als Lager für Kolonialwaren wie Schokolade, Kakao, Kaffee und Tee. Heute ist es ein Vorposten der Kreativen. Neben van Herpens Hauptsitz beherbergt das Haus auch Ateliers von Kunstschmieden, Klavierstimmern und das Studio des Klangkünstlers Salvador Breed, der seit neun Jahren ihr Freund ist und für ihre Modenschauen eindrucksvolle Klanglandschaften komponiert.

Im ihrem Wintergewand – einem dicken schwarzen Rollkragenpulli und Jeans –, mit wenig Make-up und ohne Schmuck, erinnerte mich van Herpen an Porträts, die der italienische Maler Amadeo Modigliani von seiner Frau Jeanne Hébuterne anfertigte: ein blasses, längliches Gesicht, mandelförmige Augen, rotblondes, fast glattes Engelshaar, das sich an den Schultern sanft nach innen dreht. Genauso sanft spricht sie auch.

Im Mittelpunkt von van Herpens Karriere steht die Verflechtung von Mode und Technologie. Schon als Praktikantin verfeinerte sie Mitte der Nullerjahre ihre Couture-Techniken für den britischen Designer Alexander McQueen. Die Wissenschaft ist ein wichtiger Bestandteil ihres Lebens – als wir uns trafen, las sie gerade Max Tegmarks *Leben 3.0: Mensch sein im Zeitalter Künstlicher Intelligenz.* Auch stattete sie dem Großen Hadron Collider, dem größten Teilchenbeschleuniger der Welt, am CERN, dem Zentrum für Teilchenforschung bei Genf, mehrmals einen Besuch ab. »Herrlich«, sagte sie, und ihre Augen leuchteten. »Du solltest auch mal hingehen. Wirklich, das solltest du.«

Ihre sehr unterschiedlichen Leidenschaften zeigen sich auch in ihrer Mode. Es gibt Zeiten, in denen ihre Designs nicht wie Kleidung aussehen – zumindest nicht die Art, die wir im Schrank hängen haben oder auf der Straße tragen würden. Wie das 3-D-Wunderwerk an einer Schaufensterpuppe neben uns: ein kurzes Hemdkleid in einer wolkenähnlichen Hülle aus hauchdünnen, tennisballgroßen Metallblasen, das sie in Zusammenarbeit mit dem kanadischen Architekten Philip Beesley für die Kollektion »Aeriform« herstellte. Wer es sich bildlich ausmalen will, muss sich nur vorstellen, wie man aussieht, wenn man in ein Champagnerglas fallen gelassen wurde.

Bereits 2009 startete van Herpen erste Versuche mit dem 3-D-Druck. Zusammen mit dem in London ansässigen Architekten Daniel Widrig kreierte sie für ihre »Crystallization«-Kollektion einen weißen Bolero mit wirbelnden Nautilus-Formen. Das Ergebnis war steinhart und umhüllte die Schultern wie ein Panzer. Gedruckt wurde er vom belgischen Digitalfertiger Materialise aus Polyamidpulver, der Druck dauerte ganze sieben Tage und Nächte. »Ich dachte: ›Wenn es funktioniert, werde ich es präsentieren, wenn nicht, dann war es ein schönes Experiment‹«, erzählte van Herpen. Es funktionierte.

Das Ergebnis des Verfahrens war vollkommen anders als alles andere in der Modebranche. »Mit 3-D-Druck kann ich jede Textur, jede Komplexität in jeder Form herstellen«, so van Herpen. Die Möglichkeiten sind in der Tat schier endlos. »Ich fühlte mich wie: ›Ich weiß nicht, wo ich anfangen soll!‹« Aber das Verfahren zwang sie auch dazu, »den finalen Look vor der Herstellung festzulegen«, erklärte sie. Denn es gibt keine Anproben, keine Versuche. »Das Stück kommt komplett fertig aus der Maschine. Es ist wie eine Geburt.«

Begeistert von den Fähigkeiten und Möglichkeiten des 3-D-Drucks, setzte van Herpen ihre Versuche fort – aber immer in Zusammenarbeit mit Spezialisten aus anderen Bereichen. Für ihre Show »Escapism« – ein Blick auf unsere Abhängigkeit von Bildschirmen – kreierte sie 2011 zusammen mit Daniel Widrig ein ultrafeines weißes Minikleid aus dem 3-D-Drucker, das sich wie ein breites Spitzenband um den Körper wand. Und für »Capriole« (Luftsprung), eine Kollektion, die in ihrer Leidenschaft für Fallschirmspringen wurzelte, entwarf sie im Juli 2011 in Zusammenarbeit mit dem belgischen Architekten Isaïe Bloch und Materialise ein elfenbeinfarbiges »Skelett«-Mikrokleid, das sich wie ein Zombiekostüm an den Oberkörper schmiegte.

Ende 2012 kontaktierte van Herpen die amerikanisch-israelische Architektin, Erfinderin und Designerin Neri Oxman. Oxman leitete die Mediated Matter-Gruppe am Media Lab des Massachusetts Institute of Technology, eines antidisziplinären Forschungszentrums, das die Vermischung unterschiedlicher Themen vorantreibt. Oxmans Fachgebiet ist »Materialökologie« – ein Begriff, den sie für die Schnittpunkte von Architektur, Technik, Rechenmethoden, Biologie und Ökologie prägte.

Van Herpen erklärte Oxman, dass sie für ihre nächste Modenschau Ende Januar in Paris ein »voll flexibles« 3-D-Druck-Kleid machen wolle und bat sie um Hilfe. Oxman willigte ein. Van Herpen entwarf einen Balenciaga-ähnlichen, glockenförmigen Minirock und eine Trapezstola, die beide mit kurzen, wachsartigen, monochromen Tentakeln – ähnlich einer Seeanemone – bedeckt waren. Sie schickte Oxman Skizzen und Fotos, anhand derer sich Oxmans Team daran machte, die Druckdatei herzustellen.

Zwei Monate lang kombinierten die beiden Frauen ihre jeweiligen Begabungen per Skype und E-Mail, auch an Feiertagen, um das Outfit Wirklichkeit werden zu lassen. Erste Versuche fanden mit einem 3-D-Drucker am MIT statt, aber den 3-D-Druck der endgültigen Kombination übernahm das in Minnesota ansässige 3-D-Druck-Unternehmen Stratasys. Es war das erste Mal, dass eine Reihe von biegsamen Materialien – in diesem Fall Acryl und Polyurethankautschuk – im gleichen Lauf gedruckt wurde. Es war auch das erste Mal, dass farbig gedruckt wurde, anstatt das Ergebnis nachträglich zu färben. Unter dem Titel »Anthozoa 3D Skirt and Cape« gilt diese Kombination gemeinhin als die Geburtsstunde des 3-D-Drucks in der Mode.

»Dieses Outfit war sicherlich ein großer Schritt vorwärts«, so van Herpen.

Während van Herpen und Oxman in Amsterdam respektive Cambridge »Anthozoa« zauberten, entwarf und produzierte der in Los Angeles ansässige Schmuck-, Interieur- und Kostümdesigner Michael Schmidt das erste voll bewegliche 3-D-Kleid.

»Ich kenne 3-D-Druck schon seit den 1980er-Jahren«, erzählte Schmidt. »Damals nahm ich an Technologietransfer-Seminaren der NASA in Los Angeles teil, in denen sie Verfahren und Geräte präsentierten, die für die Raumfahrt entwickelt wurden.« Eines davon war der 3-D-Drucker. »Die Geräte waren riesig und nach heutigen Maßstäben unausgereift, aber man erkannte schon, dass dies die Zukunft war«, sagte er. »Ich blieb an der Technologie dran und wartete darauf, dass sie sich weiterentwickelte.«[5]

Wir saßen auf alten Metallbarhockern in seinem Atelier, einem Schatzhöhlen ähnlichen Raum in einem Lagerhaus aus den 1930ern gegenüber der East Fourth Street Bridge im Künstlerviertel von Los Angeles. Um uns herum standen Werkbänke, übersät mit Bechern voller Zangen und Lötlampen, während das restliche Werkzeug sich an strategischen Stellen an den Wänden befand. Zwei silberfarbene Plastikskelette fläzten auf dem Sofa herum – Schmidts Assistenten waren gerade dabei, den Halloween-Kostümen für die Spielshow »The Price Is Right« (»Der Preis ist heiß«) und einigen in Wachs getauchten

Rokoko-Kronleuchtern aus Polymer für das Ace Hotel in New Orleans den Feinschliff zu geben.

Schmidt empfing mich in seiner üblichen Bürokleidung: schwarze Lederhose, schwarzes T-Shirt, selbst entworfene, schwere silberne Kettenarmbänder, schwarze Baseballkappe auf seinen zotteligen schwarzen Haaren und schwarze Motorradstiefel. Sein schwarzes Ziegenbärtchen war adrett gestutzt, und seine 12-jährige Rettungshündin Annie – benannt nach seiner langjährigen Freundin Annie Flanders, der Gründerin und Herausgeberin des Magazins *Details* – döste unter seinem Schreibtisch.

Der aus Kansas City stammende Schmidt, der mit Mühe und Not die mittlere Reife geschafft hatte, zählt heute zu den gefragtesten Mode- und Dekordesignern von Los Angeles. Im Laufe der Jahre kreierte er Konzertoutfits für Stars wie Cher, Madonna, Beyoncé, Rihanna, Janet Jackson oder Lady Gaga sowie Bühnenkostüme für die Königin des Varieté Dita Von Teese, Schmuck und Mode für das Label Chrome Hearts und Minihemdkleider aus Metallgewebe für Jeremy Scott. Schmidts Stil ist – wie sein Erscheinungsbild – sexy-gothic mit rasierklingenscharfem Ansatz.

Ende 2012 fragte einer seiner Kunden, das New Yorker Ace Hotel, bei ihm an, ob er für ein Technologiesymposium des Hotels während der New York Fashion Week im März ein 3-D-Kleidungsstück als Abschlussstück fertigen könnte.

»Ja«, sagte er. »Das ist genau der richtige Zeitpunkt.«

»Iris hatte schon Erfahrungen mit 3-D-Druck«, erzählte er mir, »und ich liebte ihre Arbeit. Aber sie war sehr skulptural. Ich wollte mehr Beweglichkeit, einen Stoff drucken, den es noch nicht gab, und einen epischen Moment schaffen. Um dies zu erreichen, brauchte ich einen spektakulären Körper und eine spektakuläre Persönlichkeit, und da fiel mir spontan Dita ein.« Dita Von Teese, die Stripteasekünstlerin von Weltformat, sollte die klassische Burleske wieder hip machen.

»Ich sagte zu ihr: ›Ich möchte ein auf deinen Körper abgestimmtes 3-D-Kleid kreieren.‹ Sie war sofort dabei. Also rief ich das Team des Ace Hotels an und sagte: ›Ich werde etwas tun, was die Welt noch nicht gesehen hat‹«, so Schmidt.

Er rief mehrere Spezialisten für computergestütztes Design (CAD) in Hollywood an, mit der Frage, ob sie helfen könnten, den Code für den »Stoff« zu schreiben. Es wäre kein Textil, sondern ein kunststoffähnliches Nylongewebe aus dem 3-D-Drucker, das durch winzige Nylonringe, ebenfalls aus dem 3-D-Drucker, zusammengehalten werden würde. »Als ich ihnen meine Entwürfe zeigte, sagten sie unisono, dass so etwas nicht geht«, erinnerte er sich. Dann wandte er sich an den New Yorker Architekten und Designer Francis Bitonti, der mit CAD arbeitet. »Francis war der Erste, der sagte: ›Oh ja, ich glaube schon, dass mir das gelingen wird.‹«

»Im Grunde«, erklärte Schmidt, »besteht das Kleid aus nichts anderem als einer Reihe von Spiralen, die den Körper kaskadenförmig umgeben.« Der Goldene Schnitt und die Goldene Spirale von Fibonacci halfen ihm dabei, »den idealen Anteil der Schönheit nach mathematischer Formel zu berechnen«. Der Stil war unverkennbar sein eigener: eine etwas böse anmutende, schwarze fischernetzähnliche Säule mit überproportionalen viktorianischen Schultern und einem tief ausgeschnittenen Dekolleté.

Er mailte die Skizze und Von Teeses Maße an Bitonti und tauschte sich über Skype mit ihm aus. »Francis kreierte an seinem Rechner eine virtuelle Dita«, sagte Schmidt, »und wir hüllten sie in Echtzeit in dieses Material.« Für Schmidt sind die CAD-Programmierer »die neuen Schneider« der Modebranche.

Schmidt schickte Bitontis Code an das im New Yorker Stadtteil Queens ansässige 3-D-Druck-Start-up Shapeways, wo das Kleid aus Nylonpulver von unten nach oben gedruckt wurde – abschnittsweise über einen Zeitraum von mehreren Wochen. »Dann erhielten wir Kisten mit diesen seltsamen Formen und flexiblen Maschen, die wir von Hand miteinander verbinden mussten«, sagte Schmidt. »Es war die nervigste Arbeit, die ich je gemacht habe. Echt entsetzlich, denn wir hatten nur einen Freischuss, um es richtig zu machen.«

Das Kleid besteht aus insgesamt 17 Paneelen mit insgesamt 3000 flexiblen Gelenken, allesamt weiß. Nach der Montage färbte Schmidt das Kleid schwarz und verzierte es mit mehr als 50 000 Swarovski-Kristallen. »Es brauchte etwas Schillerndes«, sagte er.

Zum Anziehen zog Von Teese erst ein hautfarbenes Korsett über, um dann in die Schale zu steigen, die am Rücken festgeschnürt wurde.

»Als sie uns das erste Mal besuchte, um das Kleid anzuprobieren, war ich mir nicht zu 100 Prozent sicher, dass wir es geschafft hatten«, gab Schmidt zu. »Aber sicher genug, dass es funktionierte. Sie konnte sich tatsächlich darin bewegen, gehen und tanzen.«

Da war es nun, das Kleid – an einer alten Stockman-Schaufensterpuppe gleich neben uns. Es war elegant, sexy und wirkte ziemlich schwer. »Mir kam es nicht schwer vor – nur bin ich es gewohnt, auf der Bühne über 30 Kilogramm schwere Kostüme zu tragen«, erzählte Von Teese. »Es fühlt sich nicht anders an als das, was ich sonst trage – das steht fest. Und es ließ meine Brüste noch besser zur Geltung kommen, muss ich sagen.«[6]

Als Von Teese das Kleid im Ace Hotel vorstellte, erblickte man ihren fast nackten, cremig-weißen Körper durch das offene, diamantförmige Gewebe hindurch. Sie trug das Kleid auch für eine Reihe von Bildern und ein Video des Modefotografen Albert Sanchez. Im Anschluss an das Symposium begaben sich Schmidt und das Kleid auf eine Welttournee in diverse Museen und zu Technologiemessen, wo er seine Geschichte erzählte.

Er gab zu, dass das Kleid eine »Spinnerei« war, in die alle Beteiligten viel Zeit und Material investiert hatten. Die Einsatzbereitschaft war enorm, sagte er, denn alle wollten »sehen, ob es überhaupt machbar war. Der Machbarkeitsnachweis war erfolgreich.«

Schmidt fand es erstaunlich, wie schnell sich die Technologie im Laufe der Jahre entwickelt hatte. Heute »machen wir 3-D-Prototypen unseres Schmucks und einige skulpturale Arbeiten«, sagte Schmidt. »Das Schöne daran ist, dass man Formen erschaffen kann, die mit anderen Fertigungsmethoden unvorstellbar und nicht machbar sind.«

Seit den Durchbrüchen von van Herpen und Schmidt hat sich der 3D-Druck auch in der Mode durchgesetzt. 2015 fertigte die Londoner Spinnerei Philip Treacy mit dem 3D-Drucker eine Reihe von metallischen Art déco-ähnlichen Kopfbedeckungen, die von einem Hut inspiriert waren, den Greta Garbo 1931 im Spionagethriller *Mata Hari* getragen hat. Nike, Adidas, Under Armour und New Balance verwenden heute 3-D-Druck für alle druckbaren Teile ihrer Laufschuhe, von denen einige sogar auf 3-D-Scans von Kundenfüßen basieren. Brillen kommen aus dem 3-D-Drucker, ebenso Uhrenteile, Handtaschenverschlüsse und Schuhschnallen – alles, das aus Polymer besteht, ist geeignet.

Die Entwicklung zeigt keine Anzeichen von Stagnation. »Wir schneiden viel mit dem Laser in Kombination mit 3-D-Druck«, sagte van Herpen. »Wir drucken Gussformen mit dem 3-D-Drucker und drucken sogar in 4-D.«

»4-D-Druck?«, fragte ich.

»Man kann eine flache Oberfläche in 4-D drucken, und wenn diese Oberfläche zum Beispiel wärmer oder nass wird, faltet sie sich von selbst in jede gewünschte Form.«

Ich hatte so etwas Ähnliches schon einmal in der Fabrik von Pleats Please des japanischen Designers Issey Miyake in Tokio gesehen: Die Technik, »Steam Stretch« genannt, ist ein Verfahren, bei dem ein Kleidungsstück in zwei- bis dreifacher Größe gefertigt wird, in Polyester-Jacquard inklusive Nähten, Falten und flacher Bundfalten. Sobald das Material mit Wärme behandelt wird, schrumpft es auf die gewünschte Größe und in die gewünschte Form. Anschließend wird es mit Dampf zu einem permanenten 3-D-Muster gemacht: eine Rosenblüte, ein Strahlenkranz, Waffeln, Diamanten oder – am schönsten – eine Muschel, die den Körper umhüllt, wie die 3-D-Schale von Iris van Herpen.

Als ich van Herpen diese Technik beschrieb, fingen ihre Augen an zu leuchten. »Issey zählt definitiv zu jenen Designerinnen, die mich inspirieren«, sagte sie.

»Für meine letzte Kollektion – Ludi Naturae im Januar 2018 – arbeitete ich mit dem niederländischen Künstler Peter Gentenaar zusammen, der genauso arbeitet, und zwar in 4-D«, fuhr sie fort. »Er verwendet den Pulp von Leinen, zerlegt ihn in mikroskopisch kleine Teilchen – so klein, dass es wie Flüssigkeit wirkt –, fügt nach dem Zufallsprinzip kleine Bambusstreifen hinzu und behandelt es dann mit Wärme, um das natürliche Material zu formen. Es ist wie eine Art Metamaterial-Material.«

»Metamaterial-Material?«

»Materialien, die mithilfe der Nanotechnologie entstehen«, sagte sie. »Man fängt im Grunde ganz unten an.«

»Atome?«

»Ja.«

Ich fragte sie nach anderen bevorstehenden Fortschritten, die in diesen Kreisen diskutiert werden.

Stricken mit Nanotechnologie?

Muss noch optimiert werden, sagte sie.

Dreidimensionaler Druck eines Kleids aus beweglichen Materialien?

Kommt voran.

Auch wenn das, was van Herpen tut, extrem erscheint und ihre Designs nicht für die breite Masse gedacht sind, ist sie ein leuchtendes Beispiel für die gute und ehrliche Seite des Pferdeäpfelsystems des »plumpen blauen Pullovers«. Mit ihren Hightech-Experimenten treiben sie, Miyake und Schmidt Kreativität und Innovation in der Mode weiter voran. Sie ignorieren Regeln und machen verrückte Träume wahr. Und mit jedem Mal entwickelt sich die Technologie weiter und wird noch zugänglicher. Schon heute kann sich jeder eine 3-D-Sonnenbrille aufsetzen.

Sie ermutigen auch andere, das System herauszufordern und die Konzeption, die Produktion und den Konsum von Kleidung in einer Art zu modernisieren, an die vorher niemand zu denken gewagt hat.

Und sie tun dies nicht aus Torheit, sondern aus einem guten Grund: eine bessere Welt für alle.

Mit »Anthozoa«, dem Dita-Kleid und »Steam Stretch« mischen diese Schöpfer die Modebranche komplett, und dringend notwendig, auf.

Sie zeigen uns die Zukunft.

Und die fängt heute an.

Seit Richard Arkwright vor 250 Jahren das Modell der Serienfertigung ins Leben rief, kennt die Produktion zwei Leitprinzipien:

- Ein Produkt lässt sich erst verkaufen, nachdem es produziert wurde.
- Je mehr man produziert, umso niedriger sind die Kosten pro Einheit – auch »Skaleneffekt« genannt.

Aus diesem Grund produzieren Unternehmen oft viel mehr, als sie verkaufen können. Und wie wir gesehen haben, ist genau diese Verschwendung eine der Hauptsünden der gesamten Modeindustrie. Der wahre Versuch mit dem 3-D-Druck war, zu sehen, ob sich dieses Geschäftsmodell mit mechanischen Mitteln zurückdrängen und ersetzen lässt.

Und das ist es, was Unmade versucht.

Unmade, 2013 in London von zwei Entwicklern und einem Strickdesigner gegründet, ist eine Strick- und Druck-on-Demand-Plattform, welche die Produktion von Einzelstücken oder kleinen Bekleidungsauflagen und Pullovern erleichtern soll. Kurz gesagt, entwickelten sie ein Computerprogramm, das eine bestehende Strickmaschine in einer Fabrik anweisen kann, nach und nach und ohne jegliche Unterbrechung einen lila Rundhalspullover, dann einen roten Pullover mit V-Ausschnitt, dann einen schwarz-weiß gestreiften Pullover mit U-Ausschnitt usw. zu stricken – oder was auch immer der Kunde bestellt. Es ähnelt dem, was Natalie Chanin und Elizabeth Suzann bereits mit ihren Konzepten machen, aber in einem industriellen Maßstab.

Die Auswirkungen sind enorm. Da nichts produziert wird, bis ein Kunde auf einer Webseite eines Online-Händlers auf »Kaufen« klickt, gibt es weder Lagerbestand noch Abfall oder Restposten – was bedeutet, dass nichts herabgesetzt, geschreddert oder verbrannt werden muss. Die traditionelle Strickwarenherstellung »verwendet alte Methoden und ist undurchschaubar«, sagte mir Ben Alun-Jones, Mitbegründer und Produktvorstand von Unmade, an einem Wintermorgen 2017 in den Büros des Start-ups in London. »Wir versuchen, diesen Bereich aufzubrechen und Dinge verantwortungsvoller, nachhaltiger und wettbewerbsfähiger zu gestalten.«[7]

Das Unternehmen war in einer Reihe von fensterlosen Räumen im riesigen Somerset House an der Themse untergebracht, dem einstigen Regierungsgebäude aus dem 18. Jahrhundert, das in den letzten 20 Jahren als Kultur- und Ausbildungszentrum diente. Sie waren ein Teil von Makerversity, einer Gemeinschaft von Start-ups, die gemeinsame Arbeitsräume gegen niedrige Miete anbietet.

Alun-Jones war 29 und sah genauso aus, wie man sich einen Technologie-Unternehmer vorstellt: groß und schlank, schwarzer Pullover, schwarze Jeans, schwarze Adidas-Sneaker, schwarze, ungekämmte Haare, kurz getrimmter schwarzer Bart und Hornbrille. Als Sohn eines Ärztepaars wuchs er in Leicestershire auf, das, wie er mich erinnerte, vor der Produktionsverlagerung ins Ausland ein Zentrum der englischen Strumpfwarenproduktion war, und studierte Elektrotechnik am Imperial College London.

Im Raum befand sich auch Mitbegründerin und Kundenservicechefin Kirsty Emery. Mit ihren 31 Jahren, seeblauen Augen und kastanienbraunem Haar war auch Emery in schwarz gekleidet – Tunika-Kleid, Strumpfhose und Schnürschuhe aus Wildleder. Sie wuchs in Northumberland nahe der schottischen Grenze auf und zog nach London, um am Chelsea College of Arts zu studieren, wo sie 2008 ihren Bachelor in Textilien mit Schwerpunkt Strickwaren erwarb.

Der dritte Mitbegründer, Hal Watts, ebenfalls 31 und Firmenchef, war an diesem Vormittag nicht im Büro. Er wuchs im Pariser Vorort Chantilly auf – sein Vater ist als Verkehrspilot auf dem nahegelegenen Flughafen Charles de Gaulle stationiert – und erwarb seinen Bachelor in Maschinenbau am Imperial College London.

Die drei begegneten sich im ersten Jahrzehnt der Nullerjahre, als sie ihren Master-Abschluss am Royal College of Art machten: Emery in Damenmode und Strickwaren, Alun-Jones und Watts in Innovation Design Engineering. Alun-Jones und Watts gründeten ein Technologie-Design-Beratungsunternehmen, zu dessen Projekten neben der Entwicklung von Roboter-Instrumenten (Piano, Gitarre und Drum-Kit) für Popstar will.i.am auch ein Projekt für eine britische Modemarke zählte, in dem es um die Frage ging, wie sich individuell zugeschnittene Profisportbekleidung in industriellem Maßstab herstellen lässt.

Als sie Emery von ihrem Auftrag erzählten, sagte sie: »Oh, das ist kein Problem.«

Sie zeichneten das Verfahren auf und überreichten es dem Kunden, inklusive Einschätzung.

Der Kunde verzichtete jedoch und begründete dies mit zu hohen Kosten. »Und so kam es, dass wir es selbst machten«, so Alun-Jones.

Mit den Einnahmen aus dem will.i.am-Projekt und einigen staatlichen Zuschüssen entwickelten sie die Technologie: Ein Modedesigner entwirft einen Pullover, der eingescannt und mithilfe von Illustrationssoftware digital umgewandelt wird. Dann wird die digitale Skizze per E-Mail an Unmade gesendet oder in die Cloud hochgeladen, sodass daraus eine Vorlage erstellt werden kann, wobei »die Pixel in Stiche umgewandelt werden«, sagte Emery. Zum Schluss lädt der Hersteller das Programm in die Strickmaschine, um den Pullover herzustellen und an den Verbraucher zu versenden. (Das System wurde in der Zwischenzeit weiter optimiert, sodass die Fabrik die Fertigungsdateien direkt über ein Auftragsverwaltungssystem erhält.) Und das alles ohne Vertriebszentrum oder Großhändler.

Angetrieben werden die drei von ihrem Bestreben nach mehr Nachhaltigkeit: »Wir wollen, dass sich unser Planet positiv verändert«, sagte Emery. »Die Menschen werden nicht aufhören, Kleidung zu kaufen, deswegen machen wir das, was die Menschen wollen und tragen werden.«

Sie nannten ihr Unternehmen Knyttan (erst 2015 benannten sie ihn in Unmade um) und produzierten zunächst alles selbst in ihrem »Probenzentrum«, dem großen strohgelben Raum, in dem wir uns trafen. Neben uns standen zwei Strickmaschinen des deutschen Herstellers Stoll und eine Maschine des japanischen Unternehmens Shima Seiki. »Das sind die beiden großen Akteure in der Strickwelt«, sagte Alun-Jones, als er sie mir zeigte. Die Maschinen waren jeweils etwa 7,50 Meter lang und einen Meter breit und auf die Namen Hansel, Gretel und Yoshi getauft. »Stoll und Seiki produzieren 85 Prozent aller Strickmaschinen, die Hersteller von Qualitätsbekleidung, -schuhen und -T-Shirts verwenden«, so Alun-Jones.

Anfänglich vertrieb Unmade seine Waren in Pop-up-Läden im Somerset House, in Covent Garden und im Kaufhaus Selfridges. Dann schlossen sie eine Produktionsvereinbarung mit Johnstons of Elgin ab, dem 200 Jahre alten

Bekleidungsunternehmen im schottischen Strickwarenzentrum Hawick, unweit von Emerys Geburtsort, und fingen an, Modehäuser zu kontaktieren. Von ihnen hörten sie den gleichen Sermon wie Sally Fox, Natalie Chanin, Stacy Flynn und Michael Schmidt.

»Man sagte uns, dass es unmöglich wäre und sie uns für verrückt hielten«, erinnerte sich Emery.

Sie machten trotzdem weiter und schafften es, die Indie-Modemarke Opening Ceremony und den Online-Händler Farfetch zu überzeugen, die Probe aufs Exempel zu machen. Es wurde ein Erfolg.

Wer über die Farfetch-Webseite unter UMd x Opening Ceremony bestellte, sah ein Bild von einem Model mit einem Pullover, den man individuell gestalten konnte. (Sie machen auch Schals unter ihrem eigenen Label.) »Die grafische Gestaltung lässt sich ändern, der Ausschnitt lässt sich ändern, sogar ein eigenes Monogramm kann man hinzufügen«, erklärte Emery.

»Als würde man zu einem Schneider gehen«, sagte Alun-Jones. »Man kann seine Meinung mitteilen. Im Grunde wandeln wir Strickwaren in leeren Stoff um.«

Nach Eingang der Bestellung wird das gewünschte Kleidungsstück hergestellt und dem Besteller innerhalb von sieben bis zehn Werktagen zugesandt.

Seitdem hat Unmade auch mit diversen anderen Unternehmen Vereinbarungen unterschrieben, darunter Christopher Raeburn und Moniker sowie etwa einem halben Dutzend »internationaler Lifestyle-Marken«, die, so Emery, das System in ihrer eigenen Lieferkette verwenden und es vorziehen, Unmade nicht als Anbieter in Erscheinung treten zu lassen. In diesen Fällen berechnet Unmade den Marken eine Lizenzgebühr und Einrichtungskosten und stellt den Fabriken die Software kostenlos zur Verfügung. »Wir fordern die Hersteller auf, die Dinge anders zu machen«, erklärte Alun-Jones. »Und dabei wollen wir es ihnen so einfach wie möglich machen.«

Wir überquerten den dunklen, schmalen Gang zu einem anderen großen Raum, in dem ein halbes Dutzend junger Programmierer und digitaler Designer an Softwareprodukten arbeiteten und an Desktop-Computern die Infrastruktur errichteten. An die Wand im hinteren Bereich waren Strickmuster getackert, und dort befand sich auch ein Regal mit fertigen Pullovern aus australischer Merinowolle, Kaschmir und Baumwolle.

Kostenlose PR erhielt das Unternehmen, als es für die MoMA-Ausstellung »Items: Is Fashion Modern?« 2017, auf der das Kleid von Stella McCartney und Bolt Threads und auch das Zoa-T-Shirt von Modern Meadows erstmals gezeigt wurden, eine moderne Version des klassischen bretonischen Seemannspullovers mit Streifen im Paisleymuster am Rücken entwerfen durfte. Auch stellten sie einen interaktiven Touchscreen auf, an dem Besucher einen eigenen Entwurf kritzeln konnten. Im Frühjahr 2018 hatte Unmade 4 Millionen Dollar bei Investoren eingesammelt, darunter die Londoner Risikokapitalgesellschaften Connect Ventures, Felix Capital sowie LocalGlobe. Dies ermöglichte dem Unternehmen, neue Räume zu beziehen – zwar immer noch im Untergeschoss und immer noch fensterlos, aber geräumiger – in den Somerset House Studios, einer Plattform und experimenteller Arbeitsbereich für Technologie-Start-ups, die von Somerset House Trust unterstützt wurden. Und sie konnten neue Mitarbeiter einstellen – Anfang 2019 waren es 30 –, um ihre Software noch schneller und noch effizienter zu machen.

Als ich das Georgianische Gebäude an jenem feuchten Wintermorgen verließ und an der Themse entlangspazierte, wurde mir klar, dass ich schon wieder einer Gruppe von begeisterten, idealistischen und innovativen Briten begegnet war, die wild entschlossen sind, den Status quo in der Modebranche zu beenden. Ich fragte Dilys Williams vom Centre for Sustainable Fashion, was ihrer Meinung nach der Grund dafür ist, dass so viele Changemakers (»Veränderer«) in London ansässig sind.

»In anderen Modehauptstädten geht es darum, etwas Schönes, etwas sehr Akzeptables, etwas ästhetisch sehr Ansprechendes zu machen«, sagte sie. »In London ging es immer um ›Fuck you‹. Gegen etwas und gleichzeitig Teil von etwas zu sein.«

Ob H. G. Wells, Aldous Huxley, Philip K. Dick und Kurt Vonnegut, alle haben sich darüber den Kopf zerbrochen, ob Technologie von Natur aus böse ist oder ob sie das Böse im Menschen hervorruft. Thorstein Veblen, ein Ökonom aus der Progressiven Ära, dagegen lobte die Technologie und glaubte, dass sie das Gute im Menschen hervorruft. Züge und Flugzeuge würden die Menschen über weite Strecken transportieren und persönliche Begegnungen mit verschiedenen Kulturen ermöglichen, die Empathie und gegenseitigen Respekt fördern. Aber Vonnegut, der den Bombenangriff auf Dresden nur knapp überlebte, kaufte ihm das nicht ab. Wie er in seinem Roman *Der Kinderkreuzzug* erzählt, kann die Technologie dazu verwendet werden, unvorstellbare Gräuel zu erzeugen. Wie damals, als wir Flugzeuge mit Atomwaffen beluden und diese auf Japan abwarfen, wobei das Leben von 80 000 Menschen im Handumdrehen ausgelöscht wurde. (Issey Miyake ist übrigens ein Hiroshima-Überlebender.)

Das Gute an Technologie, wie jener von Unmade, van Herpen und Schmidt – im Wesentlichen Maschinen – ist, dass sie, zumindest in Theorie, die höllischen Jobs von Cottonopolis und Triangle Shirtwaist, Tazreen und Rana Plaza überflüssig und Fabriken zu ordentlichen, ruhigen, mit Jeanologia-Technologie ausgerüsteten Anlagen machen wird, wie ich sie in Ho-Chi-Minh-Stadt gesehen habe. Doch was ist mit dem Bild der Wirklichkeit, das Vonnegut schilderte?

In der Zeit, als ich an diesem Buch arbeitete, hörte ich jedes Für und Wider. Roboter werden zum Verlust von Arbeitsplätzen der armen Menschen führen und stellen eine Bedrohung dar für die jungen Volkswirtschaften der Entwicklungsländer. Roboter werden bessere Arbeitsplätze kreieren, die Fähigkeiten der Arbeitnehmer verbessern und besagte Volkswirtschaften stärken. Roboter werden das Abfallproblem lösen. Roboter werden mehr Kleidung produzieren, als wir uns jemals vorstellen können zu tragen. Roboter werden nur in reichen Volkswirtschaften Fuß fassen. Roboter werden alles übernehmen, überall.

Zwei Aussagen gab es in jedem Gespräch und jeder Diskussion:

Die Roboter werden kommen.

Und sie werden die Art und Weise, wie unsere Kleidung hergestellt und verkauft wird, radikal verändern.

Der »digitale Verbraucher wird von einer analogen Lieferkette bedient«, sagte John S. Thorbeck, Vorsitzender des Lieferketten-Beratungsunternehmens Chainge Capital. Bei der Automatisierung geht es darum, »Informationsflüsse auszurichten«.[8]

Wie der 3-D-Druck ist auch der Begriff Roboter keineswegs neu. Im Grunde genommen sind sie natürliche Nachkommen von Arkwrights Spinn- und Webmaschinen – Maschinen, welche die Arbeit übernahmen, die jahrhundertelang von Menschen ausgeführt wurde. Und wie 3-D-Drucker führten Roboter auch zum Wandel in der amerikanischen Automobilindustrie – zuerst Anfang der 1960er-Jahre als Punktschweißer und dann in den 1970er-Jahren als bewegliche Arme die Fertigungsarbeiten erledigten. Aber das war erst der Anfang. Bereits seit zwei Jahrzehnten werden Roboter in der Chirurgie eingesetzt, und in vielen anderen Bereichen werden sie zu Gefährten des Menschen. Im Frühjahr 2018 begegnete ich einem entzückenden semi-humanoiden, in einem netten marineblauen Blazer gekleideten Roboter, der Passanten am Bahnhof in der japanischen Stadt Kurashiki beobachtete. »Pepper«, der Roboter der japanischen Firma SoftBank Robotics, kann Emotionen lesen und wird dazu verwendet, Menschen zu erheitern – und steht deshalb während der Rushhour vor dem Bahnhof.

Auch hier hinkte die Modebranche weit hinterher. Der einzige Designer, der mit Robotern liebäugelte, war Alexander McQueen. 1999 beendete er seine Modenschau »No. 13« mit einer Vorstellung zweier Roboterarme – solche, die Autos lackieren. Sie waren auf das Model Shalom Harlow gerichtet, das ein makellos weißes, trägerloses Krinolinenkleid trug, während ihre Füße in der Mitte des Sets fixiert waren. Als sie anfing, sich wie eine Spieluhr-Ballerina um die eigene Achse zu drehen, wurde sie von den Roboterarmen mit gelber und schwarzer Farbe besprüht. Das Ganze wurde als Aktionskunst gesehen, nicht als die Zukunft der Kleidungsherstellung.

Es brauchte das US-Verteidigungsministerium, um die Modeindustrie in das Roboter-Zeitalter zu führen.

Ende der Nullerjahre fing ein Team von ehemaligen Forschern des Advanced Technology Development Center von Georgia Tech an, mit Näh-Robotern zu experimentieren. Da es auch schon Durchbrüche im Bereich von Algorithmen für selbstfahrende Autos gemacht hatte, nahm man dort an, dass die Technologie, die Autos auf Kurs hält, auch Roboter dazu bringen könnte, geradeaus zu nähen. Und damit bestünde womöglich die Chance, die Bekleidungsherstellung in dem »Pfirsichstaat«, so der Spitzname von Georgia, die nach dem NAFTA-Abkommen bedauerlicherweise zusammengebrochen war, mit hochmodernen automatisierten Fabriken wieder zum Leben zu erwecken. Kurz: Rightshoring.

2012 erhielt das Team einen Zuschuss in Höhe von 1,26 Million Dollar von DARPA, der Organisation für Forschungsprojekte der Verteidigung des US-Verteidigungsministeriums, welche auch die Entwicklung des Internets und selbstfahrender Autos vorangetrieben hatte, um »Kleidung ohne menschliche Arbeitskraft herzustellen«. DARPAs Motivation war eine rein finanzielle: Es gibt 1,3 Millionen aktive Armeeangehörige, die alle Uniformen brauchen, die, wie das Gesetz vorschreibt, aus heimischer Herstellung stammen müssen. Amerikanische Arbeiter in der Bekleidungsindustrie werden pro Stunde bezahlt, Roboter nicht.

Das Team konstruierte einen Prototypen, der die Aufmerksamkeit von Palaniswamy »Raj« Rajan[9] erregte, einem aus Indien stammenden, in den USA ausgebildeten und in Atlanta ansässigen »Multi-Unternehmer«, wie er sich selbst nennt. Ich begegnete ihm während meiner Tour von Fashion for Good in Amsterdam; er war einer der einflussreichen Menschen, die in der Innovation Lounge im Rampenlicht standen. Er leitete ein Investmentfonds namens CTW Venture Partners – Change The World –, in den er selbst einige Millionen Euro investierte. Außerdem war er Präsident eines Unternehmens namens SoftWear Automation, wofür er Gelder mobilisierte, unter anderem 2 Million Dollar von der Walmart Foundation, und »wandelte das Wissenschaftsprojekt in ein kommerzielles Produkt um«, erzählte er mir. Er taufte die Roboter auf den Namen »Sewbots« (»Nähroboter«), den er als Handelszeichen schützen ließ. (2018 steuerte DARPA insgesamt etwa 2 Millionen bei, die Walmart Foundation 2 Millionen und CTW Ventures mehr als 10 Millionen.)

Die Nähroboter sehen nicht wie Menschen aus, sondern sind kastenförmige Vorrichtungen, die mit Oberleitungen verbunden auf Fertigungstischen auf und ab tanzen. Um die Bewegungen der Roboter zu programmieren, untersuchten die Forscher, »wie eine Näherin eigentlich funktioniert«, erklärte Rajan. »Das Erste, was Näherinnen tun, ist, ihre Augen zu benutzen«, und anhand dieser Wahrnehmung »unterziehen sie das Gewebe kleineren und größeren Bearbeitungen mit ihren Fingern und Händen und Ellenbogen und Füßen«. Die Nähroboter besitzen Erkennungssysteme, mit denen der Stoff analysiert und anhand derer erkannt wird, wo genäht werden muss, und kopieren diese menschlichen Einstellungen zum Nähen einer Naht oder eine Kante.

Zwei Jahre später eröffnete SoftWear Sewbots eine Fabrik im Norden des Bundesstaates Georgia und begann dort mit der Herstellung von Badvorlegern und Handtüchern. »Ob Walmart oder Bed, Bath und Beyond – man kauft einen Badvorleger ›Made in the USA‹, der sehr wahrscheinlich von uns stammt«, sagte Rajan.

2017 schloss SoftWear einen Vertrag mit dem chinesischen Bekleidungshersteller Tianyuan Garments Company ab, der zu den großen Zulieferern von Adidas zählt. In einer brandneuen Fabrik in Little Rock, Arkansas, deren Bau 20 Millionen Dollar kostete, fertigen Nähroboter T-Shirts und Jeans-Teile. »Das hat mit Patriotismus nichts zu tun», sagte Rajan. »Es ist eine rein geschäftliche Entscheidung, vor Ort zu fertigen. Der Präsident des chinesischen Unternehmens sagte mir, dass es angesichts der gegenwärtigen Handelskriege für ihn billiger sei, T-Shirts in den USA von Robotern fertigen zu lassen als in China von Menschen.«

»Das Produktionsmodell der Bekleidungsindustrie, so wie es seit 200 Jahren existiert, ist grundlegend kaputt«, erklärte Rajan. »Man produziert Waren, von denen man nicht einmal weiß, ob die Menschen sie kaufen werden, und das zwölf Monate pro Jahr«, auf der anderen Seite der Welt.

»Aber wie wird man effizienter?«, fragte er. Indem man »lokale Lieferketten für maßgeschneiderte Kleidung nach dem On-Demand-Prinzip schafft.«

Ähnlich wie bei Unmade die Strickmaschinen, können auch Nähroboter so programmiert werden, dass sich das Nähmuster von Outfit zu Outfit ändert. Außerdem nähen sie genauer als Menschen, mit einer Fehlerquote, die gerade einmal bei 0,7 Prozent liegt. Das alles verursacht weniger Abfall.

Rajan schwört, dass es ihm gelingen wird, ein Kleidungsstück ab dem Moment der Bestellung in einem Webshop in 48 Stunden nach Hause zu liefern, wenn der Besteller in der Nähe der Fabrik wohnt, und in 72 Stunden andernorts in den USA, Hawaii eingeschlossen. Nähroboter, so prophezeite er, werden die Fertigung wieder in Ländern ermöglichen, die dem Offshoring, der Produktionsverlagerung ins Ausland, zum Opfer fielen, wie etwa den USA, Großbritannien, Frankreich oder Japan. Genau das, was sich die Forscher von Georgia Tech ein Jahrzehnt zuvor zum Ziel gesetzt hatten.

Rajan entschied sich für die Roboter-Fertigung von T-Shirts und Jeans wegen der großen Menge, die jedes Jahr in den USA verkauft wird, sagte er: 3,5 Milliarden T-Shirts und 520 Millionen Jeans. Schließich »braucht man ein bestimmtes Produktvolumen, um wirtschaftlich arbeiten zu können«, wie er betonte.

Volumen – das Wort.

Volumen ist das, was die Sweatshops hervorbrachte.

Volumen ist das, was Fast Fashion so lukrativ machte.

Volumen ist das, was unsere Kleiderschränke füllt.

Volumen ist das, was auf unseren Deponien verrottet.

Eine Fraktion in der Modewelt setzt auf Roboter, nur wegen des Potenzials des riesigen Volumens.

Rajan zufolge soll die Anlage in Little Rock im Jahr 2021 24 Millionen T-Shirts herstellen. Zunächst. Und wenn alles nach Plan läuft, werden Rajans Nähroboter in den nächsten fünf bis zehn Jahren in den USA eine Milliarde T-Shirts pro Jahr fertigen.

»Die Menschen kaufen viele T-Shirts«, sagte er.

Durchschnittlich zehn je Amerikaner pro Jahr.

»Irgendjemand muss sie machen«, sagte er.

2018 ging SoftWear eine Partnerschaft mit dem in Hongkong ansässigen und international tätigen Lieferketten-Beratungsunternehmen Li & Fung ein, um die Fertigung von T-Shirts durch Nähroboter im Ausland zu initiieren.[10]

Während Li & Fung den Deal als »bahnbrechende Chance für Hersteller und Lieferanten« begrüßte, war Spencer Fung, der Vorstandsvorsitzende der

Gruppe, aufrichtiger. »Schon sehr bald wird man in der Lage sein, die gesamte Lieferkette zu automatisieren, was ziemlich beängstigend ist, vor allem für viele von uns, die hier sitzen«, sagte er kurz nach der Bekanntgabe vor einer Gruppe von Führungskräften und Managern anderer Unternehmen.

Dilys Williams vom Centre for Sustainable Fashion verstand, was er meinte. »Es gibt Hersteller wie Li & Fung in Hongkong, die über den Einsatz von mehr Robotern sprechen, um den Prozess zu beschleunigen … um immer mehr Dinge zu produzieren«, sagte sie.

Dann gibt es Rajans Nähroboter, die alle 20 Sekunden einen Badvorleger fertigen und alle 25 Sekunden ein T-Shirt.

Dann gibt es Nikes Roboter, die Laufschuh-Oberteile 20-mal schneller montieren als Menschen.[11]

Dann gibt es Adidas »Speedfactory« im bayerischen Ansbach und eine weitere Fabrik in der Nähe von Atlanta, in denen Schuhe von Robotern geschnitten, von Computern gestrickt und von 3-D-Druckern gedruckt werden. »Unsere Vision ist es, die Durchlaufzeiten von Monaten auf Wochen, dann auf Tage und schließlich auf Stunden zu bringen«, erklärte mir Gerd Manz, Adidas' Vizepräsident für Technologie-Innovation.[12]

Dann gibt es Uniqlo, das eine ganze Fabrik mit 3-D-Strickmaschinen von Shima Seiki ausrüstete, die in großem Stil ganze Kleidungsstücke ausspucken.

Der Gedanke an all dies ließ Dilys Williams resignierend ihren Kopf in ihre Hände stützen.

Dort, in ihrem schlichten Büro im Herzen von Marylebone, wo auch mich die Verzweiflung langsam überkam, schnellte sie auf einmal hoch, blickte mir direkt in die Augen, und sagte:

»Vielleicht frisst es sich selbst.«

2016 prognostizierte die Internationale Arbeitsorganisation (ILO) in ihrem Bericht *ASEAN in Transformation: The Future of Jobs at Risk of Automation (ASEAN im Wandel: Die Zukunft von Automatisierung bedrohter Arbeitsplätze)*, dass bis zu 90 Prozent der Arbeiter in den Bekleidungsfabriken Südostasiens ihre Arbeitsplätze an Nähroboter und andere neue Technologien wie

3-D-Druck und künstliche Intelligenz verlieren werden. »In der ASEAN-Region gibt es 9 Millionen Näherinnen und Näher«, sagte Jae-Hee Chang, der Koautor des Berichts. »Die Menschen in Kambodscha, mit denen wir gesprochen haben, sagten alle: ›Wenn es keine Arbeitsplätze mehr für Bekleidungsarbeiter gibt, wird es wieder Unruhen im Land geben.‹«[13]

Was Rajan von SoftWear bestreitet: »Nähroboter sind nicht wirtschaftlich in Ländern, in denen die Löhne unter 550 Euro pro Monat liegen«, sagte er abwehrend. »Aus wirtschaftlicher Sicht ergibt es keinen Sinn, Nähroboter in Bangladesch zu betreiben, und in dieser Welt geht es nun mal um Wirtschaftlichkeit.«

Er schätzt, dass Nähroboter in fünf bis zehn Jahren nur etwa 10 Prozent der Bekleidungsfertigung erledigen werden, im Jahr 2050 etwa 25 Prozent. Und sie werden die miesen, eintönigen Jobs übernehmen, die niemand will. »Das Zeitalter der billigen Arbeitskräfte wird ein Ende haben«, behauptete er.

Für den Rest der Bekleidungsfertigung werden weiterhin echte lebende Menschen benötigt, die nach seiner Auffassung vernünftige Aufgaben in saubereren, sichereren Umgebungen erledigen werden.

Nehmen wir die Fabrik in Little Rock: Dort gibt es 400 zumeist hochqualifizierte Mitarbeiter, die anständig bezahlt werden. »Diese Menschen kümmern sich um die Roboter«, sagte er. (Im Durchschnitt betreut eine Person vier Roboter.) Daneben gibt es noch »Vorverarbeitung, Nachbearbeitung, Versand und Verpackung«. Und es wird weiterhin Bedarf an erfahrenen Näherinnen und Nähern geben, welche die komplizierteren Arbeiten und die Veredelung von Hand erledigen.

Haute Couture wird es immer geben. Und immer wird es die Iris van Herpens geben, die nur 100 Einzeloutfits im Jahr herstellen – besondere Kleidungsstücke mit einer eigenen Botschaft. »Niemals werden wir ein Brautkleid machen«, gab Rajan zu.[14]

Aber auch im Alltäglichen haben wir einen Urdrang – einen Instinkt –, Dinge von Hand herzustellen, und ein Grundbedürfnis, uns in Dinge zu hüllen, die von Mitgliedern unserer Spezies gemacht wurden. Anthropologen haben lange behauptet, dass es Dinge gibt, die uns Menschen von Tieren unterscheidet. Geschichten erzählen. Bipedie. Und die Tatsache, dass wir uns kleiden. Nähen berührt den menschlichen Geist.

»Es geht nicht nur um das Endergebnis«, sagte van Herpen. »Beim Nähen mit der Hand konzentrieren wir uns auf etwas Mikroskopisches, und das entspannt den Geist.«

Technologie kann Intimität begünstigen.

Aber auch eine loslösende Wirkung haben.

Als die außergewöhnliche Technologierevolution namens Internet die Globalisierung ermöglichte und die Bekleidungsindustrie die Produktion ins Ausland verlagerte, »fingen die Menschen an, Dinge zu konsumieren, die sie gar nicht schätzten«, sagte Dilys Williams. »Wenn die Menschen immer noch Näherinnen in der Familie hätten, würden sie niemals Dinge einfach wegschmeißen. Wenn man nicht weiß, wie etwas gemacht wurde, schätzt man es nicht.«

7

ZEHN

Kaufen oder nicht kaufen

In dem noblen Londoner Stadtteil Belgravia hinter dem Buckingham-Palast befindet sich ein kopfsteingepflasteter Privatweg, der von charmanten viktorianischen Stadthäusern und umgebauten Pferdeställen gesäumt ist. Einer hat ein breites, zartrosa gestrichenes Scheunentor, vor dem mit Buchsbaum bepflanzte Töpfe stehen. Wenn man klopft, wird ein in Livree gekleideter Pförtner öffnen.

Im Inneren kommt es einem so vor, als wäre man in einen Traum von Luxus eingetreten, von dem Marketing-Führungskräfte immer reden: elfenbeinfarbene Plüsch-Teppiche, in Eierschalenfarben getünchte Wände, Sofas in Altrosa, Glasvasen mit Pfingstrosen und frühlingsgrünem Schneeball, gedämpftes Licht. Schicke Menschen schlendern durch die Salons, Champagnergläser oder Kristallkelche mit Mineralwasser in der Hand und den Blick auf mit 24-Karat-Gold überzogene iPads und farbige Edelsteinarmbänder gerichtet. Vielleicht wird man gleich eine in Leinen gebundene Ausgabe von F. Scott Fitzgeralds *Diesseits vom Paradies* des Boutique-Buchhändlers Juniper Books in Colorado durchblättern oder eine hübsche schwarze Ledertasche auf einem Beistelltisch bewundern. Eine höfliche junge Engländerin in einem etwas steif wirkenden Kostüm wird einem erzählen, dass es sich dabei um eine Reisetasche von Mark Cross handelt – eine Neuauflage jener Tasche, die Grace Kelly in Alfred Hitchcocks Film *Das Fenster zum Hof* aufklappte, um ihrem Liebhaber Jimmy Stewart zu zeigen, dass sie ihr Seidennachthemd mitgebracht hatte.

Das hier ist Mews, ein privater Showroom des Luxus-Online-Händlers Moda Operandi. Alles hier ist käuflich.

Moda Operandi, 2010 von der ehemaligen *Vogue*-Journalistin Lauren Santo Domingo und dem isländischen Unternehmer Áslaug Magnúsdóttir gegründet, hat das traditionelle Mode-Einzelhandelsmodell, an dem Online-Händler der ersten Stunde wie YOOX und Net-a-Porter noch immer festhalten, über Bord geworfen. Jenes Modell – bei dem Einkäufer erraten müssen, was den Kunden gefällt, sechs bis acht Monate im Voraus bestellt werden muss, Lagerräume mit Vorräten bestückt werden und man am Ende mit Restposten überfrachtet ist, die anschließend herabgesetzt oder weggeworfen werden – hat mit der Entwicklung des Online-Handels nicht Schritt gehalten.

Stattdessen erfand »Moda«, wie Stammkunden das Unternehmen nennen, eine Einzelhandelsversion jenes Modells, mit dem Natalie Chanin, Elizabeth Suzann, Unmade und Rajans SoftWear Geschäfte machen: Der Kunde tätigt seinen Einkauf anhand von Musterstücken, bestellt einen oder mehrere Artikel, und erst danach wird produziert. Moda verkörpert ein Geschäftsmodell, das sowohl intelligent als auch modisch ist, und hat eine Vorreiterrolle in der Revolution im Einzelhandel übernommen.

Das Moda-Verfahren lässt sich einfach anhand eines Beispiels erklären: Am 1. Dezember 2018 besuchte ich modaoperandi.com und fand ein hübsches, blassgrünes, One Shoulder-Kleid von Off-White c/o Virgil Abloh aus der Resort-2019-Saison. Der Preis betrug 831 Dollar, der Versandtermin war der 1. April 2019 – vier Monate später. Wenn ich es haben wollte, sollte ich eine Anzahlung in Höhe von 50 Prozent, 415,50 Dollar, leisten. Danach würde das Kleid gefertigt werden, und den Restbetrag würde ich nach Lieferung bezahlen.

Da die meisten Produkte auf Bestellung hergestellt werden, gibt es weniger für die Umwelt oder den Nettoprofit schädliche Reste. Santo Domingo sagte, dass Modas Rücklaufquote bei lediglich 17 Prozent liegt. Zum Vergleich: Im konventionellen Online-Modehandel liegt diese in der Regel bei 52 Prozent, in Kaufhäusern wegen des Vorbestellungssystems bei rund 75 Prozent.[1] Der Grund dafür: »Wir helfen einer Frau, nur einmal zu kaufen, aber dann das Richtige«, sagte Santo Domingo. »Wir fördern keine Impulskäufe.«[2] Da Modas Vollpreis-Verkaufszahlen so hoch sind, sind auch die Margen deutlich größer als jene zahlreicher konventioneller Einzelhändler. Ramin Arani von Fidelity Investments, dem Unternehmen, das Modas Fundraising betreute, behauptete, dass die Margen 2015 bei satten 58 Prozent lagen.[3]

Santo Domingo, eine flinke, blonde Neuengländerin, verheiratet mit einem kolumbianischen Bierbrauer-Erben, kam die Idee für Moda, als sie mit ihren *Vogue*-Kolleginnen an Modenschauen teilnahm. »Wir saßen während der Shows zwischen Hollywood-Starlets und Prominenz und konnten direkt bei den Designern bestellen«, sagte sie. »Und ich wusste, dass viele Frauen, Freundinnen von mir, es geliebt hätten, hier auch direkt bestellen zu können.«[4]

Doch nur ein erleuchteter Kreis der Schönen und Reichen dieser Welt hatte bereits, schon seit Jahrzehnten, einen solchen direkten Zugang, und zwar über einen alten Einzelhandelstrick, der als »Trunk Show« (»Stammkundenschau«) bekannt ist. Nachdem die Fotografen der Hochglanzblätter die Kleidung fotografiert hatten und die Werbekampagne unter Dach und Fach war, ging der Designer mit der Kollektion bei Einzelhändlern hausieren. Top-Kunden wurden zu einem exklusiven Mittagessen, Tee oder Cocktail eingeladen, in der Regel vor Ort im Laden, und bekamen dort eine Kurzversion der Modenschau zu sehen. Dann probierten sie an, was ihnen gefiel, und gaben ihre Bestellungen auf. Ihre neue Kleidung bekamen sie dann, wenn der Laden seine Lieferung später im Jahr erhielt.

Bill Blass war der König der Trunk Show. Auch als er schon über 70 war, tourte er immer noch durch Amerikas Schlüsselmärkte und organisierte jedes Jahr mindestens ein halbes Dutzend solcher Shows. Darüber hinaus veranstalteten seine Assistenten etwa 20 weitere in Sekundärmärkten wie San Antonio, Tulsa oder Cleveland. Von den Shows profitierten Marken und Läden gleichermaßen – manchmal sogar sehr: 1993 brachte Blass' Show dem Flaggschiff der Kaufhauskette Saks 5th Avenue in Manhattan fast eine halbe Million Euro ein, was damals ein Rekord war. »Manchmal bin ich tagelang unterwegs und treffe Leute, um meinen Bekanntheitsgrad zu erhöhen«, sagte Blass während eines Aufenthalts in Nashville Anfang der 1990er-Jahre. Trunk Shows waren wie eine Zielgruppe – dort erhielt man die Marketingdaten unmittelbar an der Quelle. »Ich kann Ihnen sagen«, berichtete er damals, »dass, egal was die Leute denken, ein großer Teil dieses Landes immer noch Kleider mit Prints liebt.«[5]

Santo Domingo dachte: Warum sollte man das Trunk Show-Format nicht auf das Internet übertragen? So könnte man Kleidung schneller einem breiteren Publikum präsentieren.

Just in jener Zeit, als sie potenziellen Investoren ihre Geschäftsidee vorstellte, kam das Phänomen der sozialen Medien auf. Facebook und Twitter starteten 2006, das iPhone und die App-Revolution im darauffolgenden Jahr, und Instagram, heute die wichtigste Modeplattform, im Juli 2010 – zwei Monate bevor Moda in den Online-Handel einstieg.

Bis zu diesem Zeitpunkt war der Handel »eine Kette, die Mode zum Verbraucher brachte: Modenschauen, Einzelhändler, Presse und Zeitschriften«, erzählte mir Robert Burke[6], von 1999 bis 2006 Modedirektor von Bergdorf Goodman. »Die Verbraucher wurden zwangsernährt mit den Trends und mit dem, was sie kaufen sollten: ›Die zehn Must-haves für den Herbst.‹ Mit 50 Leuten reisten wir nach New York, London, Mailand und Paris. Joan Kaner, langjährige Modedirektorin von Bergdorfs Schwesterunternehmen Neiman Marcus, und ich sahen uns Dias von Laufstegbildern an und wählten aus, was wir kaufen und vertreiben wollten. Wir trafen uns mit *Vogue*-Journalistinnen, um zu zeigen, was wir kaufen würden, und um zu erfahren, was davon sie abdrucken würden. Wir waren in der Lage, Trends zu setzen. Frauen, die mit der Titelseite von *WWD* (*Women's Wear Daily*) oder einem Bild aus einer Modezeitschrift hereinkamen und sagten: ›Das will ich‹ waren eine Seltenheit.«

Mit der Entstehung des Online-Handels und der Social Media »bekamen die Kunden die Kontrolle über das, was sie kauften«, sagte Burke. »Sie entschieden selbst, wann sie kaufen wollten, und ließen sich nicht sagen, dass sie dies zwischen 10 und 18 Uhr tun sollten. Sie hatten die Macht über das, was sie sehen wollten und für angemessen hielten. Und sie waren sehr gut informiert.« Mit ihren Smartphones fotografierten Modenschau-Teilnehmer das, was sie auf dem Laufsteg sahen, und posteten das Bild auf Twitter oder Instagram. Ihre Follower scrollten sofort durch die Looks und nahmen ihre eigene Bearbeitung vor, anstatt darauf zu warten, dass Händler oder Redakteure von Hochglanzmagazinen dies für sie übernahmen. Sie gingen in den Laden, zeigten dem Personal das Bild auf ihrem Smartphone und sagten: »Das will ich.«

»Das war eine tief greifende Veränderung«, sagte Burke. »Und es erwischte Einzelhändler und Zeitschriften auf dem falschen Fuß.«

Seit Mitte der 1990er reden Modemanager von der »Demokratisierung« der Branche, was für das Luxussegment bedeutete, dass sie auf der ganzen Welt Boutiquen eröffneten und diese mit »Items der Einstiegsklasse mit sichtbarem Logo« – Schals, Sonnenbrillen, Lippenstifte – bestückten, damit sich jeder das leisten konnte, was Führungskräfte der Marken als »ein Stück Traum« bezeichnen. Im Massensegment dagegen führte die Demokratisierung zur Fast Fashion, mit Tausenden Läden, die mit Billigimitaten jener teureren Träume – wie dem plumpen blauen Pullover – vollgepackt waren.

Bei dieser »Demokratisierung« ging es jedoch nicht um grundlegende Veränderungen und »Taste making«. Nach wie vor diktierte die herrschende Klasse in der Modebranche den Massen weiterhin den Markt, und das mit erweiterten Produktions- und Absatzmethoden.

Erst die sozialen Medien haben die Modebranche wirklich demokratisiert. Niemand muss mehr zu einer Modenschau oder einer privaten Trunk Show eingeladen werden, um einen neuen Look frühzeitig sehen zu können. Niemand muss mehr in Einkaufszentren in der Stadt fahren, um Mode zu kaufen. Man muss nicht *Vogue*, *Harper's Bazaar* oder irgendein anderes Modemagazin abonnieren, um zu wissen, was gerade Trend ist, oder um zu erfahren, wie man ihn trägt. In der Zeit vor den sozialen Medien hat der High-Fashion-Kunde »keine Blogs gelesen – ich bitte dich«, sagte Santo Domingo. Der heutige Kunde »schaut auf Instagram nach und folgt der Stylistin Giovanna Battaglia«. Zugegeben, Battaglia, vormals Model und Journalistin, gehört auch zu jenem Modestamm. Aber selbst wenn dieser Stamm immer noch an der

Macht ist, können Verbraucher – zum ersten Mal – abwägen und ihre Einkaufsentscheidungen treffen, bevor traditionelle Institutionen des mittleren Marktsegments, wie Zeitschriften oder Kaufhäuser, ein Produkt anpreisen: eine tödliche Bedrohung für den herkömmlichen Einzelhandelszyklus. Die Machtverhältnisse verschieben sich.

Heute verbringen die Amerikaner mehr Zeit mit digitalen Medien als mit Arbeiten oder Schlafen, und einen Großteil dieser Zeit verbringen sie damit, sich Mode anzusehen oder zu kaufen. 2017 war Bekleidung nach Umsatz die Nummer zwei im amerikanischen Online-Handel, nach Unterhaltungselektronik.[7] 2018 machte der weltweite Modehandel im Internet einen Gesamtumsatz von 418,2 Milliarden Dollar, und es wird erwartet, dass diese Zahl bis 2022 auf etwa 713 Milliarden Dollar ansteigen wird.[8] Und das nicht nur dank Fast Fashion. Den Unternehmensberatern von McKinsey zufolge sind fast 80 Prozent aller Luxus-Online-Käufe »digital beeinflusst«.

Trotzdem lieben Menschen überall auf der Welt weiterhin den Akt des Kaufens. Etwa 92 Prozent der Luxuskäufe werden heute im Laden getätigt.[9] Einer 2017 vom US-amerikanischen Einzelhandelsverband mitfinanzierten Studie zufolge, ziehen 67 Prozent aller Verbraucher unter 21 Jahren es vor, in »physischen Geschäften« einzukaufen anstatt im Internet.[10] Sogar meine eigene Tochter im Teenageralter und ihre Altersgruppe ziehen den Kauf in Geschäften dem Online-Kauf vor. Ausgerechnet jene Kinder, die im 21. Jahrhundert geboren wurden und ein Leben ohne Amazon gar nicht kennen. Dieser sogenannte Omnichannel-Vertrieb, eine Mischung aus Online- und In-Store-Handel, sagte Burke, »ist der neue Einzelhandel.«

Und das ist der Grund, weshalb Santo Domingo 2014 Mews eröffnete. Danach folgte noch ein zweiter Showroom, Moda Madison, in der East 64th Street in Manhattan, und Ende 2019 wurde ein weiterer in Hongkong eröffnet. Die Stärken dieses Geschäftsmodells, in der Branche »Erlebniseinzelhandel« genannt, sind Kundennähe und Personalisierung. Es ist eine Art Einzelhandel, sagte Burke, »bei dem man nicht online gehen kann.« Santo Domingo pflichtete ihm bei. »Das Internet braucht eine Seele oder ein Herz«, erklärte sie. »Sonst ist es ein kopfloser Roboter.«

Sie und ihr Team von attraktiven, aufmerksamen Stylisten und Vertriebsmitarbeitern organisieren Live-Trunk Shows in einem gemütlichen Ambiente und kuratieren private Besuche mit schwer erhältlichen Produkten und Direkt-vom-Laufsteg-Kleidung. »Gestern Abend hatten wir eine Cocktailparty und ein Dinner mit 40 Personen«, sagte sie, als sie mich durch den Salon im Erdgeschoss führte. »Und es war, als wären wir bei jemandem zu Hause – gemütlich und warm, das Feuer brannte in den Kaminen.«

Moda Operandi führt In-home-Schrankberatungen durch. Wenn man für den Urlaub eine neue Garderobe braucht, stellen Stylisten von Moda eine zusammen – »Badeanzüge, Sonnenbrillen, Sonnenkleider, Sarongs, Hüte« –, alles wir eingepackt, mit FedEx verschickt, und alles inklusive Look Book, sodass man weiß, wie man ein Outfit zusammenstellt. »Wir können sehen, ob Frauen im gleichen postalischen Bereich die gleichen Dinge kaufen. Wenn dem so ist, informieren wir sie darüber und bieten ihnen die Möglichkeit, ihre Bestellung abzuändern«, sagte sie. »Es wäre nicht gut, wenn zwei Frauen das gleiche Kleid bekommen und bei der gleichen Veranstaltung tragen würden.«

Diese Art von persönlicher Aufmerksamkeit ist nicht nur den Reichen vorbehalten. 2017 öffnete die in Seattle ansässige Kaufhauskette Nordstrom eine Niederlassung in West-Hollywood namens Nordstrom Local, mit einer Fassade, in der Glas und Efeu dominieren. Hier bekommt man neben Fußpflege auch Stilberatung oder Änderungen an Kleidungsstücken. Außerdem kann man sich an den großen Tisch setzen, zum Beispiel um an einem Laptop zu arbeiten oder um mit Freundinnen bei einem gratis Glas Bio-Orangensaft, Bier oder Wein zu plaudern. Die Kleidung gibt es dort nur zur Anprobe und kann vor Ort bestellt, jedoch nicht gleich mit nach Hause genommen werden.[11]

In London betreibt Matchesfashion.com einen clubähnlichen Laden mit viel Plüsch am 5 Carlos Place, einem eleganten fünfstöckigen Stadthaus in Mayfair. Die Angebote im Verkaufsraum ändern sich etwa alle zwei Wochen, und wie bei Mews ist alles verkäuflich, einschließlich der vom britischen, gemeinnützigen Studio Voltaire kuratierten und installierten zeitgenössischen

Kunst. »Wir sind zwar exklusiv in dem, was wir anbieten, aber jeder ist willkommen – nicht nur der Top-Kunde«, sagte mir einer der »Stilberater«, als ich den Laden an einem Samstag im Dezember besuchte. Im Obergeschoss gibt es neben Themen-Salons – als ich dort war, war das Thema »Weihnachtsgeschenke« – auch private Suiten, in denen man in einem geräumigen, schmeichelhaft beleuchteten Ankleidezimmer Kleidung anprobieren kann. Auf der obersten Etage befindet sich ein Café, das von wöchentlich wechselnden lokalen Köchen betrieben wird und für Kunden kostenfrei ist. 5 Carlos Place veranstaltet Buchsignierungen, Vorträge und Podiumsdiskussionen, Meisterkurse sowie Konzerte und streamt auch regelmäßig Livemusik aus einem Studio vor Ort. Es ist ein Zielerlebnis jenseits des »Einkaufens ohne Verstand«, sagte der Mitarbeiter, der mich herumführte.

Für Burke, der seit seinem Ausscheiden bei Bergdorf Mitte der 2000er-Jahre als Einzelhandelsberater in New York tätig ist, liegt die Zukunft des klassischen Ladens in der Kombination aus kleinerem Fußabdruck und größerem Erlebnisfaktor. »Das Geschäft hat gut 1100 Quadratmeter im Vergleich zu den traditionellen Kaufhäusern mit etwa 10 000 Quadratmeter, von denen es viele gibt. Die Geschäfte können eine Verbindung mit dem Kunden herstellen. Sie präsentieren die Angebote neu, frisch. Sie kreieren Inhalte und Aufregendes. Ich denke, es wird nicht lange dauern, bis Net-a-Porter und Amazon diesen Weg ebenfalls einschlagen werden.«

Santo Domingo bestätigt dies, auf Basis dessen, was ihre Kunden ihr erzählen.

Sie sagen: »Warum sollte ich in ein zehnstöckiges Kaufhaus gehen, wenn ich hierher kommen kann, wo mich sechs Leute bedienen, alles meiner Größe entspricht, meinem Geschmack und die Leute hier genau wissen, was ich habe und was nicht, und alles neu ist? Ich werde nie wieder in ein Kaufhaus gehen.«

Wie die moderne Mode, wurde auch der moderne Einzelhandel Mitte des 19. Jahrhunderts in Paris geboren. Aristide Boucicaut hieß der französische Unternehmer, der einen bestehenden Geschenkeladen namens Le Bon Marché übernahm und es zu einem riesigen, modernen Warenhaus ausbaute, das darauf abzielte, Kunden zu unterhalten, anstatt sich ihnen anzubieten. Le Bon Marché war das erste Geschäft, das großflächig Werbeanzeigen in Zeitungen schaltete, das erste, das Preise bestimmte, das erste, das Umtausch akzeptierte und das erste, das Rückerstattungen einführte. Und anders als zu damaliger Zeit üblich, wurden Kunden nicht zum Kauf gedrängt und konnten auch einfach kommen, um zu stöbern. Dort wurde das Einkaufen für den Durchschnittsbürger zu einem unterhaltsamen Zeitvertreib.

1869, auf dem Höhepunkt der Belle Époque, als Paris nach Plänen von Baron Haussmann zu einer Stadt mit breiten, von Platanen gesäumten Kopfsteinpflaster-Boulevards umgestaltet wurde, ließ Boucicaut in der Rue de Sèvres, ein paar Schritte von der Boulevard Raspail entfernt, eine noch größere und bessere Version von Le Bon Marché errichten: Vier Stockwerke hoch und mit einem Atrium aus Milchglas gekrönt, versprach es den Kunden – vor allem Frauen – Spektakel und Überfluss.

Das sozioökonomische Theater namens Le Bon Marché inspirierte den französischen Autor Émile Zola 1883 zu seinem Roman *Das Paradies der Damen*, eine pikante Betrachtung der sozialen und wirtschaftlichen Sitten jener Zeit, gesehen durch den Mikrokosmos eines Kaufhauses. »Was ich in *Das Paradies der Damen* tun wollte, war, ein Gedicht über die moderne Beschäftigung zu schreiben«, sagte Zola. »Kurz: Mit dem Jahrhundert mitgehen, das Jahrhundert zum Ausdruck bringen, das ein Jahrhundert von Bewegung und Eroberung und Bestrebungen in alle mögliche Richtungen ist.«

Bis 1914 war Le Bon Marché das größte Kaufhaus der Welt, bis ihm die neue – und wirklich gigantische – Niederlassung von Marshall Field and Company an der State Street in Chicago den Rang ablief. Zu einem solchen Exzess war Marshall Field allerdings von einem anderen Giganten der Branche angestachelt worden: Selfridges & Co. in England.

Während eines Aufenthalts in London im Jahr 1906 hatte der aus den USA stammende Kaufmann Harry Gordon Selfridge festgestellt, dass der Stadt ein großes Kaufhaus wie das Marshall Field, wo er seit 25 Jahren tätig gewesen war, fehlte. Daraufhin ließ er ein sechsstöckiges Gebäude an einer der bedeutendsten Straßen im Zentrum Londons errichten – in der Größe eines ganzen

Häuserblocks und mit einer Verkaufsfläche von mehr als 46 000 Quadratmetern. Eröffnet wurde es 1909.

Und es war mehr als nur ein Kaufhaus. Selfridges war wie ein Zirkus im Zentrum der Stadt. 1909 kamen 12 000 Menschen, um dort das erste Eindecker-Flugzeug, das den Ärmelkanal überquert hatte, zu sehen. 1925 stellte der schottische Erfinder John Logie Baird dort die neue Technologie vor, die als Vorläufer des Fernsehers gilt. Und auf dem Dach konnte man Minigolf spielen, und Frauen konnten sich im Schießen mit einer Waffe üben. Selfridge waren die Wünsche seiner Kunden so wichtig, dass er als »der Vorsitzende des Einkaufens« bekannt wurde.

Die Weltwirtschaftskrise, der Zweite Weltkrieg und der aufwendige Lebensstil des Vorsitzenden führten aber zu Umsatz- und Gewinneinbrüchen. Selfridge wurde abgelöst, das Anwesen verkauft und dann erneut verkauft, bis es in den 1960ern in Besitz der Sears-Gruppe gelangte.

In den USA der 1960er- und 1970er-Jahre wanderten Kaufhäuser aus den immer weniger attraktiven Stadtzentren in die bürgerlichen Vororte der Speckgürtel ab und ließen glänzende neue Einkaufszentren entstehen. In den 1980er- und 1990er-Jahren kam es zu zahlreichen Fusionen und Übernahmen im Kaufhausbereich, und viele alteingesessene Kaufhäuser verschwanden, darunter Marshall Field und auch Wanamaker, der Wegbereiter der Arbeitnehmerrechte im 19. Jahrhundert. Heute beherbergen die beiden alten Flaggschiffe Niederlassungen der Kaufhauskette Macy's.

Umgekehrt hat die Dotcom-Revolution den Kaufhäusern in den Vororten schwer zugesetzt. Warum um alles in der Welt sollte man ins Auto steigen, um zum Einkaufszentrum zu fahren, kilometerweit weg davon parken, mehr Kilometer drinnen als draußen zurücklegen, in der Schlange stehen, wieder die ganze Strecke zurückgehen und anschließend im Stau stehen, wenn man genauso einfach den Wunschartikel auf einer Webseite anklicken und nach Hause liefern lassen kann?

Die Käufer waren dazu nicht mehr bereit. Viele High-End-Händler gaben auf, das Angebot wurde immer kleiner, und andere zogen nach. Allein 2017 schlossen Schätzungen zufolge 8640 Läden in Einkaufszentren ihre Tore.[12]

Und das ist erst der Anfang. Im gleichen Jahr erklärte Credit Suisse, dass hochgerechnet jedes Vierte der restlichen Geschäfte in den US-amerikanischen Einkaufszentren binnen fünf Jahren schließen würde.

Selbst die Flaggschiffe der Kaufhäuser an der 5th Avenue und am Broadway – jene mit den herrlichen Fensterfronten, in denen Modedesigner Bill Blass in den 1930er-Jahren den Donnerstagabend verbrachte, sind von der Schließung bedroht. Anfang 2019 verkaufte der angeschlagene Einzelhändler Lord & Taylor sein 100 Jahre altes Juwel mit italienischen Produkten an der 5th Avenue in New York für 850 Millionen Dollar an das Coworking-Unternehmen WeWork.[13] Der elfstöckige Koloss im Zentrum sollte als globaler Hauptsitz des neun Jahre alten Start-ups dienen, wobei die unteren drei Etagen dem Einzelhandel zur Verfügung stehen würden – jedoch ohne eine Lord & Taylor-Niederlassung.[14]

Hudson's Bay Company, die Muttergesellschaft von Lord & Taylor, erwägt, sich von einigen ihrer anderen historischen Objekte zu trennen, darunter allen voran das älteste Kaufhaus der USA Saks Fifth Avenue im Herzen Manhattans.[15] 2017 wurde der Wert des Komplexes auf 3,7 Milliarden Dollar geschätzt. Hudson's Bay-Aktionär Land and Buildings Investment Management deutete an, dass Amazon interessiert sein könnte.

Im Jahr 2007 hat Amazon-Chef Jeff Bezos seinen Mitarbeitern wiederholt gesagt: »Wer ein Unternehmen mit 200 Milliarden Dollar Umsatz werden will, muss lernen, wie man Kleidung und Lebensmittel verkauft.«[16]

Genau zehn Jahre später tat er beides: Er erwarb die US-Lebensmittelkette Whole Foods Market und lancierte Amazon Fashion. Ja, seine Kleidungsrubrik umfasst unsexy Basiskonsumgüter wie Socken und Unterwäsche, aber neben bekannten Namen wie Calvin Klein, Tommy Hilfiger oder Theory auch Artikel des neuen, firmeneigenen Modelabels Lark & Ro, das Ähnlichkeiten mit Zara aufweist. 2017 erzielte Amazon einen Jahresumsatz von 175 Milliarden Dollar, die Schwelle von 200 Milliarden Dollar sollte 2018 überschritten werden.[17] Mit einem prognostizierten Umsatz von 26 Milliarden Euro in der Sparte Bekleidung und Schuhe war Amazon 2018 drauf und dran, Walmart und Macy's zu überholen und Amerikas größter Bekleidungshändler zu werden.[18]

Burke, der auch Amazon beraten hat, sagte, der Internethändler plane, 100 Modelabels anzubieten. Analysten prognostizieren, dass Amazon 2020 mit Bekleidung einen Jahresumsatz von 45 bis 85 Milliarden Euro[19] und bis 2021 einen Anteil von 16 Prozent am amerikanischen Bekleidungsmarkt erreichen könnte.[20]

Um dies zu erreichen, ernannte Amazon Christine Beauchamp – sonniges Gemüt, blond und vormals Geschäftsführerin von Victoria's Secret Beauty und globale Markenpräsidentin der Geschäftsbereiche Lauren und Chaps von Ralph Lauren – als Präsidentin seiner Modesparte.

Unter ihrer Ägide führte Amazon im Juni 2018 ein Gadget namens Echo Look ein: eine freihändige Kamera mit eingebauter persönlicher Stylistin, die für 199 Euro verkauft wird. Es ist, als hätte man seinen eigenen Verkaufsassistenten, aber dann zu Hause. Mit Echo Look, das sich mit Amazons virtuellem Assistenten Alexa verbindet, lassen sich Bilder oder sechs Sekunden dauernde Videos von einem selbst in Kleidung erstellen, die anschließend in einer Bibliothek von Looks abgelegt werden, die nach Saison, Stil, Farbe oder Eleganz sortierbar ist. Die Style-Check-Funktion vergleicht Bilder eines Menschen in verschiedenen Outfits – wie die Rubriken in den Zeitschriften »Wem steht es besser« – und zeigt auf dem Display anhand der Aufnahmen, was funktioniert und was nicht – ohne Rücksichtnahme: »Diese Passform steht dir besser.« »Die Form des Outfits funktioniert für dich besser.« »Diese Farben sehen an dir besser aus.«[21]

Amazon bietet seinen 100 Millionen Prime-Mitgliedern auch einen Anprobe-Service namens »Prime Wardrobe« an. (Untersuchungen des Unternehmerberaters Morgan Stanley zeigen, dass Prime-Mitglieder doppelt so häufig Mode über Amazon kaufen wie andere Besucher der Webseite.) Wie beim Mode-Einzelhandels-Start-up Stitch Fix kann man sich über Prime Wardrobe Kleidung, Schuhen und Accessoires auswählen, liefern lassen und in den eigenen vier Wänden anprobieren. Was nicht passt oder gefällt, kann kostenlos zurückgeschickt werden, und nur das, was man behält, wird abgerechnet.[22]

Wie in anderen Branchen, die das Unternehmen in der Vergangenheit bereits beherrschte, versetzt Amazon mit seinen unzähligen Initiativen auch in der Modebranche Konkurrenten in Schrecken. »Sie werden die Bekleidungsbranche gewaltig aufmischen«, sagte Chip Bergh von Levi's.[23]

Der Grund: »Sie wollen die Marken und die Rohstoffbeschaffung besitzen«, erklärte mir Robert Burke. Und genau zu diesem Zweck ließ Amazon 2017 seine vollautomatisierte On-Demand-Bekleidungsfabrik patentieren[24] – was bedeutet, dass die Kleidung, wie bei Unmade, erst dann produziert wird, sobald der Kaufvorgang vollständig abgewickelt ist. In der Patentanmeldung erklärte Amazon, dass das eigene computergestützte System »neue Wege zur Steigerung der Effizienz in der Bekleidungsherstellung« ermöglicht. Dabei wird der Stoff mithilfe eines vollautomatisierten firmeneigenen Systems bedruckt, geschnitten und genäht, wobei Kameras den Vorgang wie ein Roboter-Manager überwachen. Ein »Bildanalysator« analysiert, ob etwas schiefläuft – ob beispielsweise der Stoff in einer Maschine steckenbleibt oder etwas schief geschnitten wird –, und fordert einen Menschen auf, einzugreifen und das Problem zu lösen. Nach der »Anprobe « werden die fertigen Kleidungsstücke fotografiert und etwaige Änderungen im Produktionsprozess programmiert.[25]

»Stellen Sie sich vor, Amazon hätte die Körpermaße von 100 Millionen Kunden«, sagte der Berater und ehemalige Amazon-Manager James Thomson der *Financial Times*. »Amazon kupfert das Geschäft anderer nicht ab, sondern findet einen billigeren Weg, es im großen Stil zu tun, und erwischt alle auf dem falschen Fuß: ›Was ist gerade passiert?‹«[26]

In London eröffnete Amazon im Oktober 2018 seinen ersten physischen Modeladen – in Gestalt eines Pop-up-Ladens an einem unerwarteten Ort. Fünf Tage lang bot Amazon in einem Geschäft in der Nähe der U-Bahn-Haltestelle Baker Street – einige Minuten Fußweg von der Einkaufsmeile Oxford Street entfernt – Herbst- und Winterkleidung eigener Labels und von Branchengrößen wie Tommy Hilfiger und Calvin Klein an. Und wie in einer Fast Fashion-Boutique wurde das Sortiment regelmäßig ausgewechselt, um die Kunden ständig neu anzulocken. Im Amazons Pop-up-Laden gab es aber noch mehr: maßgeschneiderte Jeans von Pepe, Konzerte und Trendgespräche mit einer britischen *Vogue*-Journalistin und Yogakurse von einem Lifestyle-Guru.

Das Phänomen Pop-up-Laden entstand 2004 und war eine Erfindung des japanischen Mode-Avantgardisten Rei Kawakubo von Comme des Garéons. Damals noch »Guerilla-Läden« genannt, ploppten sie plötzlich in Vierteln mit alteingesessener Bevölkerung in Städten wie Barcelona, Singapur und Stockholm auf – vorzugsweise in leerstehenden Räumen und ohne jegliche Innendekoration. In Berlin befand sich der Guerillaladen in einer einstigen Buchhandlung und in Helsinki in einer einstigen, Mitte des Jahrhunderts gegründeten Apotheke. Das Angebot war saisonunabhängig, und nach einer gewissen Zeit packte man alles wieder ein, und der Laden war wieder verschwunden.[27] Aus wirtschaftlicher Perspektive ist das Guerillakonzept sehr clever: geringe Miete, geringe Investition und gleichermaßen interessant für Comme-Fans und Neugierige. Die Verkaufszahlen übertrafen alle Erwartungen: Der Guerillaladen in Warschau erzielte schon in der ersten Woche den anvisierten Umsatz eines ganzen Monats.

Von Luxusmode bis Athleisure, der vorübergehende Einzelhandelsladen liegt im Trend und bietet das gleiche Erlebnis wie Mews oder 5 Carlos Place. Die französische Luxusmarke Hermès veranstaltete sogar eine Pop-up-Tour namens »Carré Club« – Läden in kosmopolitischen Städten wie New York, Toronto, Los Angeles oder Mailand, die nur drei bis vier Tage lang existieren und von Karaoke bis hin zu Dingen wie einer limitierten Auflage ihrer charakteristischen quadratischen Schals alles Mögliche anbieten. 2016 startete das Unternehmen einen weiteren Versuch mit Concept-Pop-up-Stores namens »Hermèsmatic«: mobile Waschsalons in Sekundärmärkten wie Austin, Kyoto, Amsterdam oder Manchester. Die Kunden wurden ermutigt, ihre alten Hermès-Seidenschals – vor allem solche mit aus der Mode gekommenen Motiven – mitzubringen und sie kostenlos in kräftigen Farbtönen wie Rote Bete, Petrol oder Senf färben zu lassen. (Gelebte Kreislaufwirtschaft.) Adidas eröffnete einen Pop-up-Store in Berlin, wo Kunden für 200 Euro einen Maß-Wollpullover nach eigenem Gusto bestellen konnten, der nach einem 3-D-Scan von ihrem Körper innerhalb von vier Stunden gefertigt wurde.[28]

»Pop-ups sind zu einem wesentlichen Bestandteil des Einzelhandels geworden«, sagte Burke. »Kunden reagieren heute negativ auf das, was vorhersehbar ist – auf etwas, das sie bereits kennen.« Beispielsweise aus den sozialen Medien. Oder von Shopping-Webseiten. Bei Pop-ups steht das »Neue« im Mittelpunkt, sagte Burke. »Die werden nicht träge.«

Auch Brotläden und Zirkusse wie das Selfridge sind wieder hip. Le Bon Marché in Paris stellt jedes Jahr ein anderes geografisches Gebiet – Japan, Brasilien, Brooklyn, Los Angeles – in den Focus und bestückt den Laden mit einer ganzen Reihe von edlen Gegenständen und größeren (und etwas klischeehaften) »Animationen«, wie Einheimische sie nennen. Im Brooklyn-Jahr gab es ein New York von anno dazumal – mit Barbershop, Pop-up-Tattoo-Shop und »Brooklyn Amusement Park«, eine Cinerama ähnliche Installation der DJs Polo & Pan, in der sich eine Achterbahn, wie jene auf Coney Island, durch die großstädtische Landschaft des Stadtteils schlängelt. In »Los Angeles«, das 2018 an der Reihe war, zeigten Skateboarder in einer von der Ladendecke herunterhängenden Fullpipe ihr Können.

An Sonntagen veranstaltet Row DTLA, ein neues Einkaufszentrum am Rande der Innenstadt von Los Angeles – dort, wo einst American Apparel seinen Hauptsitz hatte –, das Gourmet-Stadtteilfest Smorgasburg. Es findet unter freiem Himmel statt und bietet neben dem Angebot der festen Anbieter eine eklektische Mischung aus Produkten von Stil-, Vintage- und Wellness-Händlern aus der ganzen Region.

Alles Veranstaltungen, die wie gemacht sind für »instagrammable« Momente.

Die Macht von Instagram in der Mode kann gar nicht hoch genug eingeschätzt werden. Zuerst kamen die Influencer und mit ihnen das Hashtag #ootd, oder »Outfit of the Day«. Ende 2018 war #ootd auf mehr als 200 Millionen Instagram-Posts von Influencern und ihren Followern aufgetaucht. Dann löste die Plattform eine neue »Krankheit« namens »Cinderella-Syndrom« aus: die entschlossene Vermeidung, in den sozialen Medien zweimal im gleichen Outfit gesehen zu werden. Wer davon befallen ist, bestellt Kleidung online, posiert in ihr, postet die Bilder, steckt die Kleidungsstücke wieder in den Karton, klebt das Rücksende-Etikett drauf (meistens ist der Rückversand frei) und ruft den Kurierdienst an.[29] Wie jene Frauen, die ein Kleid kauften, um es auf einer Party zu tragen, und es dann wieder zurückgaben – ein Schein, der zur Politik »kein Etikett, keine Rücksendung« führte. Das Cinderella-Syndrom ist so extrem geworden, dass Marken und Händler der Rücksendungen kaum noch Herr werden.

All dies – die Pop-up-Läden, die Showroom ähnlichen Geschäfte, Veranstaltungen, Social-Media-Postings – löst das aus, was die Mode-Sprecherin von Amazon UK als »große Lernerfahrung« bezeichnete – Tech-Sprech für einen Weg, Daten abzugreifen.[30]

Daten sind heute die bevorzugte Zielgruppe für die meisten Branchen, insbesondere für die Modebranche. »Jeder Einzelhändler muss gierig nach Daten sein«, sagte Dan Murphy, Geschäftsführer von Kurt Salmon. Es ist an der Zeit, aufzuhören, »instinktiv und nach dem Bauchgefühl« vorzugehen.[31]

Die Daten werden auf unterschiedlichste Art und Weise gesammelt. Amazon hat die Besucher des Pop-up-Ladens in der Baker Street ganz einfach gebeten, einen Fragebogen auszufüllen. Natürlich werden Daten gesammelt, sobald man einen Online-Kauf tätigt, und auch, wenn man eine Website besucht, um sich Produkte anzusehen. Plattformen und Marken nutzen diese Informationen, um uns noch mehr Sachen zu verkaufen. Morin Oluwole[32], Global Head of Luxury von Facebook/Instagram, leitet in Paris ein Team, das Marken dabei unterstützt, ihre Marketingkampagnen in jenen sozialen Medien zu intensivieren – alles auf Basis von Daten. »Wir können verfolgen, ob sich ein Verbraucher eine Anzeige auf Facebook oder Instagram angesehen hat, darauf geklickt und die Seite besucht hat, wie lange der Besuch dauerte, welche Produkte er angesehen hat und ob er schließlich gekauft hat«, erzählte sie mir. »Unser Ziel ist es, dafür zu sorgen …, dass sie ziemlich sicher etwas kaufen werden, wenn sie den Laden besuchen.«

Eine andere, mehr Orwell'sche Art von Datenerfassungstechnologie ist die Mikrolokalisierung. Oluwole erklärte es als »ein Gerät, das Händler in ihrem Geschäft haben und das sich mit den Standortdiensten im Handy des Kunden verbindet«, mit dem Ziel, »Ladenbesuche zu erfassen«. Irgendwann werden die Geschäfte mit Gesichtserkennung ausgestattet sein, sodass der Verkäufer sofort informiert wird, sobald ein Stammkunde den Laden betritt.

Eines der führenden Einzelhandelsunternehmen »in puncto Daten- und Kundenservice und Marketing« ist die in Seattle ansässige Kaufhauskette Nordstrom, sagte Burke. Das liegt zum großen Teil am Standort: »Sie stellten viele Mitarbeiter von Amazon ein«, dessen Hauptsitz ebenfalls in Seattle ist, erzählte er mir. »In puncto Online-Handel und Datensammlung sind sie anderen Lichtjahre voraus.«

Heute verraten Verbraucher Marken und Händlern routinemäßig und großzügig, wie sie sich fühlen und was ihnen wichtig ist: ihre Emotionen, ihre Neider, ihre Neurosen. Datenanalysen sind mehr als nur Pulse messen, sie gleichen eher einer Blutentnahme. Die Modefirmen, die anderen voraus sind, sind jene, die ihre gesammelten Erkenntnisse zu einem großen Bild zusammensetzen, das über Kategorien wie »Luxus« und »Athleisure« hinausgeht und echte Glaubensbekenntnisse wie soziales und ökologisches Bewusstsein darstellt.

Und derjenige, der dies am besten verkörpert, ist Selfridges. Der alte Zirkus hat sich in das umweltfreundlichste Kaufhaus der Erde verwandelt.

Wer das Haus von der belebten Oxford Street aus betritt, hat auf den ersten Blick den Eindruck, dass Selfridges nach wie vor der typische, gehobene Basar im Zentrum der Stadt ist. Badend im superhellen Licht, präsentieren sich glänzende Kosmetiktheken, charmante Verkäufer, welche die neuesten Düfte anbieten, glänzende Regale voller teurer Handtaschen. Kurz: Alles wie gehabt.

Bei genauerer Betrachtung erkennt man jedoch, dass diese Lichter LEDs sind, während die charakteristischen gelben Einkaufstaschen zum Teil aus recycelten Einweg-Kaffeebechern bestehen (die mit einem preisgekrönten Verfahren namens CupCycling hergestellt wurden). Außerdem baumelt an vielen Kleidungsstücken und Accessoires ein grasgrünes, Lesezeichen ähnliches Schildchen mit der Aufschrift »Buying Better/Inspiring Change« (»Besser einkaufen /Wandel fördern«), ein Programm, welches der Laden 2017 ins Leben rief. Daran erfährt der Verbraucher, ob ein Produkt bio-zertifiziert ist, einen reduzierten Wasserfußabdruck hat oder in Großbritannien hergestellt wurde. 2019 plante Selfridges, das Sortiment um Produkte aus »verantwortungsvollem Leder« oder »verantwortungsvoller Waldwirtschaft« zu erweitern. Und damit das Programm sich herumspricht, wurde eigens dafür der Social-Media-Hashtag #buyingbetter eingerichtet.

All dies ist Alannah Weston, der Vorsitzenden der Selfridges Group und Tochter des britisch-kanadischen Eigentümers und Einzelhandelsmilliardärs Galen Weston, zu verdanken. Alannah ist Selfridges seit 2004 als Kreativdirektorin verbunden.

Weston, eine aufrichtige Umweltschützerin, die sagt, dass sie sich in Wanderschuhen wohler fühlt als in Louboutin-Schuhen, initiierte 2011 die Nachhaltigkeitsreformen in den vier Filialen von Selfridges, darunter auch das Flaggschiff an der Oxford Street. Den Anfang machte das Project Ocean, ein Schutzprogramm, das Selfridges mit der Zoological Society of London ins Leben rief, um auf Überfischung und Zerstörung der Meere aufmerksam zu machen. Zu den Veranstaltungen in diesem Rahmen zählten eine fünfwöchige Ausstellung in der Hauptniederlassung in der Oxford Street, in der neben Lady Gagas Hummerhut, der von der Spinnerei Philip Treacy entworfen wurde, auch ein dünnes, bedrucktes Kleid aus Alexander McQueens bahnbrechender »Plato's Atlantis«-Kollektion zu sehen war. »Als ich dem Team die Project Ocean-Idee zum ersten Mal vorstellte, war die Reaktion: Warum willst du das machen?«, sagte Weston. »Aber mein Vater war sofort Feuer und Flamme. Er liebt alles, was Aufmerksamkeit erregt.«[33]

Drei Jahre später rief Weston eine Nachhaltigkeitsabteilung ins Leben und stellte die erfahrene Medienfrau Daniella Vega[34] als Leiterin ein. Die stilvolle Brünette, Anfang 40, war in den ersten zehn Jahre ihrer Karriere bei Sky TV für die unternehmerische Verantwortung verantwortlich, »und nutzte die Plattform Fernsehen, um Probleme anzusprechen«, erklärte sie. Und genau das wollte Weston.

Vega bat Dilys Williams und ihr Team vom Centre for Sustainable Fashion um Unterstützung beim Austarieren des zukünftigen Kurses von Selfridges. Alles wurde um das »Buying Better«-System herum gestrickt. Um es in die Tat umzusetzen, organisierte Williams' Zentrum zusammen mit der Führungsetage von Selfridges Workshops für Einkäufer und Verkäufer, um »in Bereichen wie etwa Dessous, Herrenmode, Schönheitspflege und Schuhe nachzuforschen, wie und wo die Produkte hergestellt wurden«, sagte Vega bei einem Frühstück im hauseigenen »Aubaine«-Café an einem warmen Morgen im Juni 2017. »Wir wollten das Wissen unserer Mitarbeiter vergrößern und Nachhaltigkeit zu einem weiteren Bestandteil ihrer Arbeitsweise machen.«

Jedes Jahr im Januar führt Selfridges auch eine Aufklärungskampagne in einer Reihe von Schaufenstern durch, um auf die Öko-Ethik in Mode und Design aufmerksam zu machen – und nutzt so die guten Vorsätze, mit denen die Menschen ins neue Jahr starten. Die Erste, im Jahr 2016, mit dem Titel »Bright New Things« – eine Anspielung auf die berühmte gleichnamige Gruppe von englischen Bohemians im Jahr 1930 –, feierte aufstrebende britische Nachhaltigkeitsstars wie Unmade. Im darauffolgenden Jahr lag der Fokus der Kampagne »Material World: What on Earth Are You Wearing?« auf neuartigen Materialien wie Yak-Wolle und kunsthandwerklichen Methoden wie Kilt-Falten. »Alannah glaubt, dass es für einen Einzelhändler einfacher ist, Nachhaltigkeit an Kunden zu verkaufen, als für NGOs oder Umweltaktivisten«, so Vega.

2017 präsentierte Selfridges auf seiner digitalen Plattform den sogenannten »Butterfly Mark«, ein weltweites, interaktives Vertrauenszeichen, das den jährlich 20 Millionen Kunden des Kaufhauses während des Einkaufens Zugang zu den Lieferketteninformationen einer Marke bieten soll. Entwickelt wurde das Zeichen von der Umweltaktivistin Diana Verde Nieto, Mitbegründerin und Chefin von Positive Luxury, einer nachhaltigen Modeplattform mit Sitz im Londoner Stadtteil Shoreditch. Es setzt sich zum Ziel, Verbraucher weltweit über umweltbewusste Praktiken der angebotenen Marken zu informieren. Anfang 2019 hatten fast 150 Marken, darunter Louis Vuitton, Temperley, Sergio Rossi und Christian Dior, die Überprüfung bestanden und durften das Zeichen tragen.

Wenn Verbraucher mehr über die »positiven Aktionen« einer Marke im ökologischen und sozialen Bereich erfahren wollen, klicken sie auf den

Schmetterling auf der Webseite der Marke oder von Positive Luxury. Auf der Shop-Webseite von Selfridges kann der Verbraucher auf das entsprechende Zeichen auf den Produkten klicken oder dazu die Smartphone-App benutzen: Dazu muss man nur den Artikel suchen, auf den Schmetterling klicken, und schon erscheinen die Lieferketteninformationen.

Vega arbeitet ständig daran, Selfridges so grün wie möglich zu machen. Designer ermutigt sie, neue Einzelhandelskonzepte auf den Verkaufsflächen auszuprobieren, wie etwa die Wand aus ECONYL, die Stella McCartney für die Ausstellung ihrer Handtaschen konstruiert hat. Als Vega entdeckte, dass Selfridges Jahr für Jahr 40 000 Einzelplastikflaschen mit Wasser in seinen Restaurants und Lebensmittelabteilungen verkauft, stellte sie den Verkauf kurzerhand ein und ließ für die Kunden traditionelle Becken mit Wasserhähnen installieren. 2016 versprach Selfridges, seinen CO_2-Fußabdruck bis 2020 um 15 Prozent zu reduzieren. »Wir sind das erste und einzige Kaufhaus der Welt, das die Triple-Standard-Akkreditierung der britischen Organisation Carbon Trust erhalten hat«, sagte sie. »Wir müssen jedes Jahr unseren Energie- und Wasserverbrauch und unser Abfallaufkommen reduzieren, um die Akkreditierung zu behalten.« Als sie mir das erzählte, brachte ein Kellner meinen Orangensaft in einem Glas mit einem Plastikstrohhalm. »Der muss weg«, sagte sie dezidiert. Drei Monate später waren alle Plastikstrohhalme verschwunden.

Investition und Fürsorge zahlten sich voll aus: 2018 kürte der internationale Kaufhausverband IGDS (Intercontinental Group of Department Stores) Selfridges zum vierten Mal zum weltbesten Kaufhaus.[35] 2018 wurde die vierjährige und umgerechnet 355 Millionen Euro teure Renovierung des Flaggschiffs in der Oxford Street abgeschlossen – die größte Investition, die jemals in einem Kaufhaus getätigt wurde. Außerdem erzielte das Unternehmen im zwölften Jahr in Folge einen Rekordumsatz von fast 2,1 Milliarden Euro und erreichte mit einem operativen Gewinn von beinahe 215 Millionen Euro ebenfalls einen neuen Höchststand.[36] In einer Zeit, in dem sich das Kaufhaussterben unvermindert fortsetzte, hat Selfridges die Kunden auf brillante Weise an sich gebunden. »Wenn ich mir ansehe, wer es richtig macht, dann Selfridges«, sagte Robert Burke.

Um die Umweltbotschaft von Selfridges zu verbreiten, planen Vega und ihr Team, ihre Technologie und Praktiken mit Wettbewerbern und Marken zu teilen. Es ist ihre Überzeugung, dass Öko-Ethik kein Marketingtrick oder etwas ist, mit dem sich das bestehende Geschäftsmodell einfach erweitern lässt, wie das Hinzufügen von elektrischen Fensterhebern und Lederpolstern beim Konfigurieren eines neuen Autos. Für sie geht es um eine ganzheitliche Rundumerneuerung des herkömmlichen Einzelhandelsmodells. »Nachhaltigkeit in einem Eckladen anzubieten und nicht im ganzen Kaufhaus ist für mich nicht nachhaltig«, sagt sie. »Ich träume von dem Tag, an dem ich durch den Laden gehe und jede Marke, an der ich vorbeigehe, diese Botschaft trägt.«

Aber was tun, wenn man nicht so viel Geld für Kleidung ausgeben kann? Was, wenn man einen teuren Geschmack hat – und gerne Kleidung tragen würde, die Moda oder Selfridges anbieten –, aber nur ein H&M-Budget zur Verfügung hat? Was macht man dann?

Ich dachte an das zurück, was Stella McCartney sagte, als ich sie anfangs fragte: »Wer sich etwas nicht sofort leisten kann, holt es sich in einer Rabattaktion. Oder in der Rabattaktion der Rabattaktion der Rabattaktion. Oder im Secondhandladen …«

Lange Zeit waren die Gebrauchtwarenläden mit Mode von gestern oder unansehnlicher Kleidung bestückt. Doch um das Jahr 2000 herum, als die Welt vom Fortschritt nur so besessen war, griffen Hollywood-Schauspielerinnen für den Gang auf dem roten Teppich auf Outfits aus den glorreichen Jahren der Haute Couture zurück, um sich von der Meute mit ihren Luxusmarken abzuheben. Wer erinnert sich nicht daran, wie Renée Zellweger während der Oscar-Verleihung im Jahr 2001 den Saal in einem kanarienvogelgelben Chiffonkleid von Jean Dessès aus dem Jahr 1959 betrat, das sie im Vintage-Shop Lily et Cie in Beverly Hills gekauft hatte? Alt wurde wieder neu. Das Stigma des Gebrauchten wurde beseitigt.

Wohlgemerkt trug damals niemand in Hollywood Vintage-Kleidung aus Umweltgründen. »Man kaufte sie, weil sie cool war – ein Weg für Prominente, dem eigenen Stil eine noch persönlichere Note zu verleihen, just in der Zeit, als Unternehmen anfingen, für eine bessere Produktplatzierung um VIPs zu ringen «, erzählte Cameron Silver, Gründerin und Inhaberin der Vintage-Boutique Decades in West-Hollywood. »Dann erkannten Hollywood und modebewusste Leute, dass Vintage-Kleidung grün war – und dass das Tragen keine Abwertung, sondern eher eine Aufwertung war – und sie somit in zweifacher Hinsicht cool war.«

Gleichzeitig aber beschleunigte sich der Modefertigungs- und Konsumzyklus weiter und erzeugte eine Flut von stylischen Kleidungsstücken, von denen viele niemals getragen wurden und die man unbedingt loswerden wollte.

Nur wohin damit?

Gebrauchtwarenläden. Internet.

Die Königin des Secondhand-High-Fashion-Online-Handels ist Julie Wainwright von The RealReal, einer Omnichannel-Plattform mit Sitz in San Francisco. Das 2011 gegründete The RealReal ist der Traumladen für Fashionistas: Stilettos von Louboutin, Taschen von Louis Vuitton, Kleider von Gucci, Anzüge von Chanel, feiner Schmuck, alles zu erschwinglichen Preisen. Neben dem Webshop hat The RealReal zwei Boutiquen: einen fast 600 Quadratmeter großen, zweistöckigen Laden an der Wooster Street in Lower Manhattan und einen doppelt so großen in West-Hollywood. Kunden können hier bis zu 85 Prozent des ursprünglichen Ladenpreises sparen.

Wainwright startete The RealReal ohne jegliche Vorerfahrung in der Modebranche. Sie kam aus der Technikbranche, und ihr größter Abstecher war Pets.com, das im Jahr 2000 eingestellt wurde. Aber auf die Begeisterung der Millennials für High-Fashion und Öko-Ethik stieg sie zum richtigen Zeitpunkt ein. Und da der Verkauf von Gebrauchtwaren im Grunde genommen Kreislaufwirtschaft ist, trifft auf The RealReal beides zu.

Wainwrights Teams erhält Artikel – seit 2018 nur aus den USA –, bewertet sie mit »gut« bis »makellos« und bietet sie dann auf der Webseite und in den Boutiquen zum Verkauf an. (Sie hat eine schlaue Software, die den Warenbestand online und im Laden derart synchronisiert, dass niemand über die Webseite etwas kaufen kann, das jemand im Laden gerade anprobiert.) »70 Prozent unserer Wiederverkäufer gehen diesen Weg zum ersten Mal, und 50 Prozent unserer Käufer haben noch nie Gebrauchtwaren gekauft, bis sie bei uns eingekauft haben«, sagte sie.[37]

Der Warenbestand von The RealReal liegt zu jedem willkürlichen Zeitpunkt bei einigen Hunderttausenden Stück, aber 98 Prozent davon werden innerhalb von 120 Tagen nach Eintreffen verkauft. »Wir haben Kunden, die bei uns kaufen, in der nächsten Saison wieder verkaufen und danach wieder bei uns kaufen«, sagte sie 2018 auf dem Copenhagen Fashion Summit. »Wir bringen die Menschen dazu, sich ausschließlich in unserem eigenen Kreislauf zu bewegen.«

Wainwright lieh sich gut 100 000 Dollar von der Bank, um loslegen zu können. Ende 2018 hatte sie 288 Millionen Dollar eingenommen. Im ersten Jahr machte sie einen Umsatz von 10 Millionen Dollar, 2018 peilte sie einen Jahresumsatz von einer Milliarde Dollar an. Tendenz steigend, so der Plan. Laut einer Marktstudie werden die Wachstumsraten bei weiterveräußerten Artikeln voraussichtlich deutlich steigen, stärker als bei neuen Produkten. Deshalb überrascht es nicht, dass sie erwägt, The RealReal an die Börse zu bringen.

Die Branchengrößen LVMH und Kering unterstützen The RealReal, und auch Stella McCartney steht, wie man sich vorstellen kann, zu 100 Prozent dahinter. »Sie findet, dass sie ihre kostbare Zeit in die Fertigung von Bekleidung steckt – und dass diese deshalb auch ein zweites Leben haben und weiterverkauft werden sollte«, sagte Wainwright. Um diese Praxis zu fördern, gewährt McCartney Kunden von The RealReal seit 2018 einen Einkaufskredit von 100 Dollar in ihren eigenen Läden. »Wiederverkauf ist ein Weg des Wirtschaftens, bei dem nicht ständig neues Material hergestellt und dem Planeten Rohstoffe entzogen werden«, so Wainwright.

Einige Marken überlegen nach wie vor, wie das Wiederverkaufsmodell am besten mit ihren eigenen Geschäftspraktiken in Einklang gebracht werden kann. Wie Robert Rizzolo, Vizepräsident für Globale Verkaufsförderung bei Michael Kors, einräumte, hat Wiederverkauf einen gewichtigen nachhaltigen Ansatz, den man nicht einfach beiseite schieben sollte. Im Moment sagte er,

»hat man nicht das Gefühl, dass man die Umwelt mit dem Kauf einer gebrauchten Chanel-Tasche schont. Aber irgendwann wird der Verbraucher – vor allem der jüngere Verbraucher – anfangen, einen Zusammenhang zu sehen. Es wird die Macht des Wiederverkaufs erhöhen … Wiederverkauf wird die Zukunft sein. Wir müssen nur noch herausfinden, wie dies gewinnbringend erfolgen kann.« Tatsächlich wird erwartet, dass 2022 mit dem Wiederverkauf von Bekleidung einen Gesamtumsatz von 41 Milliarden Dollar erzielt werden wird.

Doch einige Marken betrachten The RealReal mit Argwohn, weil es die beiden größten Phobien der Luxusmode verkörpert: Online-Verkauf (Führungskräfte der alten Schule im Luxussegment sehen Online-Handel als unsexy) und Wiederverkauf von gebrauchten Produkten (die womöglich kopiert sind).[38] Im November 2018 verklagte Chanel The RealReal und warf dem Unternehmen vor, Fälschungen als originäre Produkte zu verkaufen. In seiner Klage – die Ähnlichkeiten mit einer weiteren gegen die Vintage-Luxusplattform What Goes Around Comes Around aufwies – behauptete Chanel, der Versender habe »durch seine Werbe- und Marketingpraktiken versucht, Verbraucher zu täuschen, indem diesen suggeriert würde, The RealReal hätte eine Art Genehmigung von Chanel oder eine Verbindung zu Chanel oder die von The RealReal verkauften Chanel-Markenwaren wären echt.«[39]

The RealReal wies die Vorwürfe zurück. »Chanels Klage ist nichts anderes als der durchsichtige Versuch, Verbraucher davon abzuhalten, ihre echten Gebrauchtwaren wiederzuverkaufen, und andere Verbraucher davon abzuhalten, diese Waren zu ermäßigten Preisen zu kaufen«, sagte eine Sprecherin der Internetplattform The Fashion Law. »Sie wollen die Kreislaufwirtschaft stoppen.«

Die lässt sich aber nicht mehr aufhalten, sagte Wainwright, denn das ist es, woran die Verbraucher glauben – die Vision von gemeinsamen Werten. »Ich bekomme regelmäßig E-Mails von Müttern, in denen diese berichten, dass sie ihren Kindern beibringen, auf unserer Webseite zu kaufen, weil es besser für den Planeten ist«, erzählte sie. »Es kommen Eltern zu uns … die ihren Kindern Gutscheine schenken, damit sie ihren ersten Kleidungskauf bei The RealReal tätigen … Das ist eine neue Art zu denken.«[40]

Und was wäre, wenn man sich der Eigentumsfrage ganz entziehen würde?

Wenn man sagen würde, dass alles, was man besitzt, die Kleider sind, die man gerade am Körper trägt? Was meistens bedeuten würde, dass man gar nichts besitzt. Was, wenn man das mit einer gewissen Absicht machen würde?

Was wäre, wenn man aufhören würde, seine Kleidung zu kaufen und sie stattdessen mieten würde?

Für Männer wäre die Vorstellung, Kleidung zu mieten, keineswegs einschneidend. Ein Schulfreund hat damals seinen Smoking für den Abschlussball geliehen, wie auch mein Mann seinen Hochzeitsanzug.

Aber für Frauen? Höchstens für eine Kostümparty? Ansonsten völlig undenkbar.

Warum?

Weil die Modeindustrie von Frauen erwartet, dass sie Kleidung kaufen.

Wie sonst würde sich das Ganze weiterdrehen, und wie sonst würden die Gewinne sprudeln?

Doch dann kam die Sharing Economy, die Vorstellung, dass wir etwas konsumieren können, ohne es zu besitzen. Wir teilen Autos, Musik, Häuser. Da war es nur eine Frage der Zeit, dass wir auch unsere Garderobe teilen würden.

Als das Internet und die sozialen Medien die Demokratisierung der Mode einläuteten, fing auch das (Ver-)Mieten von Kleidung an, Fuß zu fassen. Das Mieten von Kleidung gibt auch dem bescheidenen Verbraucher – wenn auch nur kurz – Zugang zum gleichen Luxus und Stil, den die Reichen immer haben, und das für einen Bruchteil des (oft überhöhten) Ladenpreises. Die einzigen Artikel, die man weiterhin kaufen muss, sind Unterwäsche, Nachtwäsche, Bademode und Schuhe. Mehr als jedes andere Geschäftsmodell entspricht Mieten dem Wunsch von *Vogue*-Journalistin Anna Wintour, so vielen Menschen wie möglich die Chance zu bieten, Mode zu tragen. Jeden Tag.

Der unbestrittene Marktführer im Segment »Kleidung teilen« ist das in New York ansässige Unternehmen Rent the Runway. 2009 von Jennifer Hyman und Jennifer Fleiss, damals beide Studentinnen an der Harvard Business School, gegründet, liegt der Schwerpunkt des Unternehmens auf Kleidung für besondere Anlässe wie Bälle und Feste – oder: Rote-Teppich-Outfits für Nicht-Promis.

Es war nicht einfach, die großen Marken mit ins Boot zu holen. Viele befürchteten, dass dieses Geschäftsmodell ihre Umsätze drastisch reduzieren würde. Als Rent the Runway den New Yorker Derek Lam kontaktierte, fragte sich Geschäftsführer Jan-Hendrik Schlottmann, ob diese Art, Kleidung zugänglich zu machen, den Ruf des Unternehmens schädigen würde. Doch dann erkannte er, dass »die Rent-the-Runway-Kunden keine sind, die wir verlieren«, sagte er. »Denn niemals werden diese Menschen 1500 Dollar für ein Kleid ausgeben.«[41]

Nein, denn es sind genau die Kunden, die Fast Fashion oder billige Imitate kaufen. Die Originale bei Rent the Runway zum etwa gleichen Preis anzubieten, könnte ein Weg sein, zurückzuschlagen.

Man denke an Mary Katrantzous Dauerkrieg mit Produktpiraten. Ich gab als Suchbegriffe ihren Namen und »Mieten« in meine Suchmaschine ein, und an erster Stelle erschien sofort das britische Modeverleihunternehmen girlmeetsdress.com mit ein paar von ihren digital bedruckten Kleidern, die für 58 Euro verliehen wurden. Gut gemacht, dachte ich. Wenn Frauen Katrantzous Entwürfe zum gleichen Preis wie die Billigkopien mieten können – und daran gar noch mehr Gefallen finden –, wird der Schattenmarkt vielleicht austrocknen und eingehen.

2016 – im ersten Jahr, in dem Rent the Runway mit einem Gewinn abschloss – führte das Unternehmen einen Abo-Service ein für Alltagskleidung wie Anzüge, Tageskleider und Oberbekleidung aus der aktuellen und vergangenen Saison sowie für Modeschmuck und Accessoires. Hyman zufolge geben 75 Millionen arbeitstätige Amerikanerinnen jährlich 3000 Dollar oder mehr für Kleidung aus[42] – aber die Auswahl ist immer die gleiche; man hält fest an dem, was man hat. Oder schlimmer: Trotz der investierten Zeit und des investierten Geldes gibt es weiterhin Tage, an denen man auf seinen Kleiderschrank blickt und das Gefühl bekommt, nichts zum Anziehen zu haben.

Für 159 Dollar pro Monat – oder 1908 Dollar pro Jahr – können Kunden vier Outfits behalten und gleichzeitig die Kleidungsstücke zurückgeben, die sie im Tausch gegen neue aufzugeben bereit sind. (Für Menschen mit kleinem Geldbeutel gibt es auch ein günstigeres Abo von 89 Dollar pro Monat, das sogenannte »RTR-Update«.) Die Kosten für die Miete eines Artikels belaufen sich auf 10 bis 20 Prozent des Ladenpreises. Ziel von Rent the Runway ist, so Hyman, »Zara und H&M vom Markt zu verdrängen.«[43]

Und das ist durchaus möglich. Der Modeverleih könnte die Bekleidungsindustrie gehörig aufmischen. Man stelle sich vor, dass das jährliche Budget von 3000 Dollar für Kleidung in seiner Gesamtheit in Miete statt Kauf von Kleidung gesteckt werden würde. Es würde weniger Kleidung hergestellt werden, und die produzierte Kleidung könnte länger zirkulieren und müsste nicht weggeworfen werden. Das Trickle-down-System des »plumpen blauen Pullovers« wäre obsolet, und wir alle könnten das schicke, sexy Original anstatt der minderwertigen Massenmarktkopie tragen.

Der Kundenstamm von Rent the Runway ist sehr divers: von Brautmüttern bis hin zu Journalistinnen von Hochglanzmagazin, die – anders als sie vorgeben – gar nicht so gut verdienen. Eine mietete ihre Garderobe bei Rent the Runway, um 2016 der Chanel Modenschau in Havanna beiwohnen zu können, und verbuchte die Kosten. Manchmal kommen Abonnenten von Rent the Runway im Showroom vorbei und kleiden sich vor Ort für die Arbeit oder ein Date ein. Mit dem »Flatrate«-Abo ist alles ganz einfach: Kleid auswählen, Etikett einscannen, in der Umkleide das Outfit wechseln, und los geht 's. 2018 stellte Rent the Runway an 15 WeWork-Standorten Abgabeboxen auf, damit Kleidung in Gemeinschaftsbüros geteilt werden kann.

Auf der Webseite hinterlassen Kunden Kommentare zu den ausgeliehenen Kleidungsstücken, damit andere potenzielle Mieter wissen, worauf sie sich einlassen – eine weitere Revolution in der Branche. Mode war seit jeher pure Geheimniskrämerei: Man verriet nicht, wer ein Outfit gemacht hat, wie viel es gekostet hat, ob es kratzte, schwer, unerträglich heiß oder völlig unbequem war. In der Mode ging es immer nur darum, den schönen Schein der Mühelosigkeit, Schmerzlosigkeit, Perfektion zu wahren. Die Bewertungen der Mieter offenbaren jetzt ihre Schwächen.

Es gibt natürlich auch Nachteile. Nicht immer gelingt es, Kleidungsstücke – trotz chemischer Reinigung – vom natürlichen Duft des letzten Trägers zu befreien. Ein Problem, das Rent the Runway mit einem floralen Deo zu kaschieren versucht. »Das Geruchsproblem ist im Laufe der Zeit echt besser geworden«, sagte ein »Unlimited«-Abonnent dem *New Yorker*. »Dennoch kommen manchmal Dinge, die nach anderen Menschen riechen. Das merkst du aber erst beim Tragen, wenn der eigene Körper die Kleidung erwärmt.«[44]

Damit sich das Geschäft weiter positiv entwickelt, hat Rent the Runway zur Überwachung der Analysen einen Wissenschaftler eingestellt, der bis dahin in leitender Position bei Oracle tätig war. Algorithmen beherrschen jede Phase des Mietprozesses.[45] Rent the Runway sammelt eine ganze Menge Daten: sowohl aus den Bewertungen und auch aus Statistiken darüber, wo und wie oft ein Kunde ein bestimmtes Outfit trug. Anschließend werden die Daten dazu genutzt, die Homepage weiter zu personalisieren – unterstützt von Algorithmen, die Alternativen vorschlagen. Rent the Runway strebt das Ziel an, dass für Scrollen und Auswahl nur zwei Minuten benötigt werden.[46] Blitzschnell also. Marken lieben diese Fundgrube ebenfalls. »Es ist eine enorme Datenmenge, die traditionelle Einzelhändler aber nicht immer teilen«, sagte Schlottmann von Derek Lam. »Offen gesagt, ist es großartige Marktforschung.«[47]

Um dieses Modell selbst einmal auszuprobieren, besuchte ich Panoply, einen Luxus-Modeverleih in Paris, der von den französischen Unternehmerinnen Ingrid Brochard und Emmanuelle Brizay gegründet wurde. Stella McCartney brachte mich auf die Spur, als ihr Team mehrere Verleihplattformen unter die Lupe nahm und sich schließlich für Panoply entschied, weil, wie McCartneys Sprecher sagte, Panoply »ihnen am meisten entsprach«. *Oui, monsieurs et mesdames*, es ist genauso schick, wie man sich es vorstellt. Die Kleidung ist das Feinste vom Feinsten. Sie haben Stil. Sie haben das gewisse Etwas. Audrey Hepburn hätte alles von Panoply getragen.

Brochard und Brizay lernten sich über gemeinsame Freunde kennen – Brochard leitete MuMo, eine Sozialeinrichtung, die französische Schüler in den Provinzen an die Kunst heranführte, während Brizay als Geschäftsführerin für das Women's Forum for the Economy & Society – das weibliche Pendant zum Davoser Weltwirtschaftsforum – und auch in leitender Position bei einigen französische Kinderbekleidungsmarken tätig war.[48]

Sie beschlossen, eine gemeinsame Firma zu gründen. Dabei stellten sie sich aber eine Reihe von Fragen, wie: »Wie könnten wir es Frauen ermöglichen, sich Luxus zu leisten?«, so Brizay »Selbst eine 40-jährige, berufstätige und gutverdienende Frau kann sich nicht alles leisten. Wie gelingt es uns, das, was man gerne tragen möchte, und das, was man tatsächlich tragen wird, miteinander im Einklang zu bringen?«

Schon vor langer Zeit bewiesen französische Frauen, dass man sich auch mit einer bescheidenen Garderobe stilvoll kleiden kann. Und zwar mit einigen einheitlichen Outfits, mit gut geschnittenen Kleidungsstücken in guter Qualität und in neutralen Tönen, die sich mit einem farbenfrohen Schal oder eleganten Schuhen oder besonderem Schmuck nach Belieben anpassen ließen.

Brizay und Brochard fragten sich auch, wie sie diese Geschäftsidee des bescheidenen Konsums marktreif machen könnten.

Sie fingen an, über Sharing Economy nachzudenken.

Insbesondere, erinnerte sich Brizay, stellten sie sich die Frage: »Wenn Eigentum nicht mehr das ist, wonach wir suchen, was bedeutet das dann für die Modebranche?«

Anfang 2016 starteten sie mit einem Pilotversuch unter Freunden – »wie ein Club« – und überarbeiteten danach die Fehler ihres Konzepts. Im November folgte dann der Gang an die Öffentlichkeit mit einem Showroom in der Rue Royale, ein paar Schritte vom Place de la Concorde entfernt. Bereits im April 2018 eröffneten sie einen Laden im Kaufhaus Galeries Lafayette. Sie führen bekannte Namen – Kunden werden von Labels angelockt, die sie kennen. Am Anfang wandten sie sich an die Marken, heute ist es genau umgekehrt. (Vor Kurzem setzte sich Chanel mit ihnen in Verbindung.) Sie kaufen wie traditionelle Einzelhändler ein, wählen aber nur eine Handvoll Outfits und von denen jeweils nur zwei oder drei Größen. Der Mietpreis umfasst Lieferung, Abholung und chemische Reinigung – hauptsächlich durch die Pariser Öko-Reinigung Le Comptoir des Blanchisseurs. Die Lieferung nach Hause erfolgt von Montag bis Freitag per Fahrradkurier, aber die Kunden können ihre Bestellung auch im Showroom oder im Galeries Lafayette abholen. Panoply liefert europaweit per DHL.

Im zweiten Geschäftsjahr von Panoply traf ich Brizay im Showroom der Rue Royale – einer ehemaligen Wohnung in einem eleganten Gebäude aus dem 18. Jahrhundert. Brizay ist eine typische Parisienne: schlank, scharfe Gesichtszüge, ungeschminkt, kurzgeschnittenes blondes Haar. An diesem Tag trug sie eine schwarze Lederhose der Marke Joseph, einen schwarzen Kaschmirpullover von Nicole Farhi, bestickte Espadrilles von Charlotte Olympia und eine im eigenen Laden gemietete Smoking-Jacke von Christopher Kane. Für Franzosen ist zwanglose Kleidung unvorstellbar.

Wir saßen auf Stühlen im Stil des Midcentury modern und waren von Kleiderständern umgeben. Hinter mir lagen Hosenanzüge und Smokings des Pariser Schneiders Pallas (ein Lieblingsteil der französischen Präsidentengattin Brigitte Macron) und in einer Ecke Wickelkleider von Diane von Furstenberg. Hinter Brizay lag eine neue Lieferung: Kleider, Anzüge und Mäntel von Stella McCartney.

Die Bandbreite der Gelegenheitskäufer reicht von Teenagern auf der Suche nach Partykleidern bis hin zu über 80-Jährigen, die nach Brautmutterkleidern Ausschau halten. Die Abonnenten sind im Alter von 35 bis 55 – und durch die Bank berufstätige Frauen. 2018 zählte Panoply etwa 6000 Gelegenheitskäufer und 500 Abonnenten. »Es ist immer noch ein Geheimtipp«, vertraute Panoplys Marketing- und Geschäftsleiterin Sara Dalloul mir an. Aber nicht sehr.[49] Im Showroom ist immer etwas los – sieben bis acht Kunden pro Tag.

In der Woche nach meinem Treffen mit Brizay stand in London eine Konferenz vom Centre for Sustainable Fashion von Dilys Williams an, und da dachte ich: die Gelegenheit, ein Outfit zu mieten. Die Panoply-Stylistin Bettina Hetoubanabo, eine 30-jährige Parisienne mit karamellfarbenem Teint und Sommersprossen, nahm die Sache in die Hand. Mir gefiel ihr Erscheinungsbild: weiße Kurzjacke, schwarze Jeans, schwarze Stiefeletten und mokkafarbene, im unteren Teil goldfarbene Rastalocken, die zu einem Knoten hochgesteckt waren. »Verkaufen ist so altmodisch«, erzählte sie mir, als sie mir einen marineblauen Wollanzug mit einem fuchsienfarbigen Karomuster von Stella McCartney reichte. »Mieten ist die neue Art, die Dinge zu sehen.«[50]

Mit der geraden Jacke und der gerade geschnittenen Hose mit einem derart auffälligen Karo, war der Anzug nicht etwas, das ich mir jemals selbst ausgesucht hätte. Und mit einem Ladenpreis von 1720 Euro lag das Ganze weit über dem, was ich mir leisten konnte. Aber ihn für 255 Euro zu mieten? Das war machbar. Ich tat es, und nahm sogar noch ein von ihr empfohlenes Kamisol von Phillip Lim dazu (Ladenpreis 400 Euro, Miete 48 Euro). Ich bin nicht so der Kamisol-Typ, aber zu meiner Überraschung sah die Kombination toll aus. Ich verstand, was Brizay meinte, als sie sagte, dass Kleidung zu mieten Frauen ermutigt – sie geradezu dazu drängt, wagemutiger zu sein. Mit nur einem einzigen Versuch hatte sich mein persönlicher Stil zu etwas entwickelt, das entschieden modischer war. »Unsere Stylisten kümmern sich um unsere Kunden, von A bis Z«, sagte Dalloul. »Wenn wir einen Kunden bekommen, der sagt: ›In zwei Wochen habe ich eine Bar Mitzwa, und ich brauche etwas, das die Arme bedeckt, weil ich sie nicht gerne zeige‹, erstellen unsere Stylisten ein Moodboard und senden es dem Kunden zu.«

Wer als Abonnent Kleidung mieten will, kauft einen Satz von Gutscheinen – eine für 69 Euro, drei für 159 Euro, fünf für 229 Euro – und löst sie nach Bedarf ein – wie Eintrittskarten für einen Vergnügungspark. (Der Mietpreis sinkt, je mehr Gutscheine man kauft.) Das Kamisol würde mich einen Gutschein kosten, der Anzug drei. Leider war das Kamisol reserviert, aber der Anzug war meiner – für acht Tage. Er wurde am nächsten Tag mit dem Fahrrad geliefert und flog anschließend mit mir nach London.

Während der Konferenz bekam ich zahlreiche Komplimente. Als ich erwähnte, dass ich das Ganze gemietet hatte, bekam ich noch mehr Komplimente. Wie nachhaltig! Echte Kreislaufwirtschaft!

2016 sicherte sich Panoply eine Kapitalaufstockung von 1,7 Millionen Euro, unter anderem vom Investmentfonds Experienced Capital[51], und stand bei unserer ersten Begegnung kurz vor einer zweiten Fundraising-Runde, welche die gleiche Summe einbringen sollte. (Zum Vergleich: Bis 2018 hatte Rent the Runway 182 Millionen Euro eingenommen, darunter 17,5 Millionen Euro von Blue Pool Capital, dem Unternehmen, welches das Vermögen der Alibaba-Gründer Jack Ma und Joe Tsai verwaltet.[52]) 2017 kaufte Panoply den britischen Modeverleihservice Chic by Choice, später auch Clean Cleaners, einen nachhaltigen Reinigungsservice inklusive einer Datenbank mit 350 000 Einträgen. Die Übernahme machte Panoply zum größten Modeverleihunternehmen Europas.

Brizay und Brochard wollen weiter wachsen: Pop-up-Läden in London, eine Zusammenarbeit mit Air France, um Fluggästen während des Flugs von Japan nach Paris einen Verleihservice anbieten zu können, »sodass sie ohne Gepäck fliegen können«, erklärte Brizay. Ein »weißes Label«, sodass jede Marke in Eigenregie an Verbraucher vermieten kann, mit Panoply als anonymem Vermittler im Hintergrund. (Rent the Runway hatte ähnliche Pläne.) Auch wird die Möglichkeit zu einer Zusammenarbeit mit Rent the Runway für einen ähnlichen Service auf Atlantikflügen untersucht. Wie ein globales Verleihnetzwerk.

Im Frühjahr 2018 stellte der französische Premierminister Édouard Philippe den Fahrplan für die Kreislaufwirtschaft des Landes vor. Zu den Initiativen zählen auch Vorschriften, die es Modemarken und Einzelhändlern verbieten würden, nicht-verkaufte Artikel wegzuwerfen oder zu verbrennen. Stattdessen müssten diese Restbestände Wohltätigkeitsorganisationen oder Wiederverwertern gespendet werden (gute Nachricht für Worn Again und Evrnu)[53]. Auch hier sieht Panoply gute Chancen. Vielleicht übernehmen sie die Restbestände, um sie zu vermieten.

Viele der Akteure in Fashionopolis haben sich der neuen Ausrichtung noch nicht angeschlossen. Die Rightshorer haben ein anderes Ziel und einen anderen Maßstab als die Slow Fashion-Bewegung: Haute Couture wird weiterhin Saisonkleidung anbieten und, wie selbst Stella McCartney zugibt, weiterhin neu produzieren. Eine völlig andere Sicht der Dinge als die jener Unternehmen, die versuchen, bestehende Materialien zu re- und upcyceln. Alabama Chanin und die Nähroboter werden niemals das gleiche Ziel haben, wenngleich beide Teil der Lösung sein könnten, mit welcher der Schrecken wie solcher in den bangladeschischen Sweatshops beseitigt werden kann. Moda's Ansatz unterscheidet sich sehr von dem von Rent the Runway.

Das heutige Fashionopolis ist ein komplexes, gigantisches Durcheinander und wird all diese Ansätze und noch viele mehr brauchen, um das zu ändern und in ein besseres, gerechteres Mode-Ökosystem umzuwandeln. Jeder, der in diesem Buch im Rampenlicht steht, verdrängt auf seine Weise ein Geschäftsmodell, das offensichtlich nicht nachhaltig ist. Ein Modell, für das nur der endlose Konsum, immer niedrigere Preise (indem man die Kunst oder die Menschenrechte anderer stiehlt) und immer höhere Gewinne zählen. Ein Modell, das zwangsläufig zu Überproduktion und Restbeständen führt. Ein Modell, das nicht darüber nachdenkt, welchen Tribut die Umwelt dafür zollt.

Doch allein können die Macher die Revolution nicht auslösen. Wir alle müssen mitmachen. Weniger kaufen. Kleidung anders waschen. Mehr reparieren oder upcyceln. Nachdenken über das Material, aus dem Kleidung hergestellt ist. Nachdenken über die Lieferkette, die sie produziert. Nachdenken über die Grundsätze jener Unternehmen, die sie herstellen und vertreiben. Wir müssen einen persönlichen Stil gestalten, welcher der Welt mehr nützt als schadet.

Im Moment ist Modeverleih vielleicht das umweltfreundlichste, was man tun kann. Man bekommt sein Outfit auf die Minute genau, aber auch danach werden die einzelnen Kleidungsstücke ein weiteres, langes Leben haben. Und das macht die gegenwärtige Bekleidungsindustrie etwas nachhaltiger.

Ja, Modeverleih und all diese anderen Technologien und Bewegungen könnten verwässert werden – wie schon immer seit Arkwrights Erfindung der Spinnmaschine.

Der wachsende Konsum kann alles noch weiter ankurbeln: Design, Produktion, Verkaufszahlen.

Werden uns Kleidungsstücke noch weniger bedeuten, wenn uns die Emotionen für sie abhandenkommen? Wenn sie wie flüchtige Bekanntschaften in unser Leben kommen und wieder gehen?

Wird Modeverleih zum ultimativen Ausdruck von »Mir ist es wirklich egal, und dir«?

Ich hoffe nicht.

Ich hoffe, dass wir unsere Kleidung nicht nur als etwas betrachten, das wir anziehen, sondern in ihrer Gesamtheit als Ökosystem.

Ich weiß, wenn ich mich in Zukunft morgens anziehen werde, dass ich das Ganze nicht gelassen sehen werde – nicht mehr.

Vielleicht werde ich mein weiches, robustes T-Shirt von Alabama Chanin aus handverlesener Bio-Baumwolle, meine mit Indigo von Stony Creek gefärbte Levi's-Jeans mit einem Gürtel von Modern Meadow und meinen hübsch geschneiderten Blazer von Stella McCartney aus Wolle von glücklichen neuseeländischen Schafen anziehen.

Oder vielleicht miete ich mir zum Ausgehen etwas Frecheres und schicke es wieder zurück, wenn ich es nicht mehr brauche.

Und wenn es zu verschlissen ist, um es noch zu tragen, werden Stacy Flynn und Cyndi Rhoades das Ganze wieder neu weben, färben, schneiden und nähen lassen, damit es als makellose neue Kleidung wieder getragen werden kann.

Am Tag nach der Nachhaltigkeitskonferenz kehrte ich nach Paris zurück.

Und am Tag danach, so gegen Abend, kam der Panoply-Kurier zu mir und holte die Kleidung wieder ab.

Weg war der Anzug.

Das machte mich traurig.

Er gefiel mir. Sehr sogar.

Ich konnte mir vorstellen, ihn zu kaufen und ihm einen Platz in meinem Kleiderschrank, in meinem Leben einzuräumen.

Dann sagte ich: Nein, es ist gut so.

Ich würde gut ohne ihn auskommen.

Und wenn nicht, könnte ich einfach wieder einen mieten.

Danksagung

Dieses Buch würde nicht existieren ohne eine ganze Reihe von starken, klugen Frauen:

Meine Verlegerin Virginia Smith Younce von Penguin Press sowie meine Agentin Tina Bennett von William Morris Endeavor, die an dieses Buch und an mich glaubten und es Wirklichkeit werden ließen.

Meine Assistentin Chantel Tattoli, die mir beim Finden der richtigen Worte half, mich auf Kurs und mit Kohlenhydraten bei Laune hielt.

Meine zweite Assistentin Emily Wall, die Fakten und Daten aufspürte und mich immer im richtigen Moment wieder aufmunterte.

Fakten-Checkerinnen Barbara Kean, Gillian Aldrich, Leslie Wiggins und Regina Bresler, die später ins Spiel kamen und meine Fehler behoben.

Fotoredakteurin Ginny Power, die mich ständig und mit viel Ruhe mit Bildern von überallher versorgte.

Caroline Sydney von Penguin Press, die dem Manuskript mit scharfem Auge und jugendlichem Blick den nötigen Feinschliff verlieh.

Dies ist ein Buch von Frauen über Frauen.

Ich danke den vielen mutigen Menschen, die mich in ihre Welt einluden und mir alles erzählten, allen voran Stella McCartney, Mary Katrantzou, Iris van Herpen, Sally Fox, Natalie Chanin, Dilys Williams, Judy Gearhart, Mar Martinez, Kalpona Akter, Sarah Bellos, Tracey Panek, Raffaella Mandriota, Tracy Hawkins, Suzanne Lee, Jamie Bainbridge, Stacy Flynn, Cyndi Rhoades,

Elizabeth Pape, Emmanuelle Brizay und insbesondere Claire Bergkamp, die so viele Fragen beantwortete. Sie sind alle so inspirierend.

Vanessa Friedman und Choire Sicha von der *New York Times*, die die Neufassung des Bangladesch-Berichtes absegneten und redigierten.

Stellene Vollandes von *Town & Country*, die mich auf die Spur von Lauren Santo Domingo und Mews brachte.

Coltrane-Fan Akram Hosen, der mich in Dhaka herumkutschierte, als Dolmetscher fungierte und dafür sorgte, dass ich keinen Ärger bekam, sowie Clara Vannucci, die all jene faszinierenden Fotos unserer Abenteuer schoss. Ohne euch hätte ich die Reise niemals machen können.

Jun Kanai und Nancy Knox Talcott, die meine Japan-Reise organisierten und mich dort verwöhnten. Ich schätze unsere lange Freundschaft sehr.

Michelle Finamore und ihre Kolleginnen vom Museum of Fine Arts in Boston, die mir die Zukunft zeigten.

Libby Callaway sowie Karla Otto und ihr Team für das Arrangieren von diversen wichtigen Interviews.

Josh Friedman, Tom Jennings, Jonathan Logan und alle am Carey Institute of Global Good in Rensselaerville, New York, die mich als Mitglied im »Logan Nonfiction Fellowship«-Programm akzeptierten und mir drei Monate lang ihre grandiose, ruhige Oase zum Schreiben zur Verfügung stellten. Meine Freundin fürs Leben Molly O'Neill, die mir ihr Auto lieh, um zum »Y« zu kommen.

Dank auch an Hazlitt's Hotel in London und die Amerikanische Bibliothek in Paris, wo ich einen Großteil dieses Buches geschrieben habe.

Freundinnen und Freunde, die die ersten Fassungen des Textes lasen oder hörten, mir weiterhalfen und mich aufheiterten, als ich kurz davor war, schlappzumachen, darunter Cindy Wall, Rose Apodaca, Tina Isaac, Oberon Sinclair, Teri Agins, Delores Downs, Jennifer Sullivan, meine Freunde von Logan Fellows, Mitchell Owens, Lauren Collins, Robert Forrest, Michael Roberts, Lauren Adriana und Nick Briggs, Anthony Lane und Luca Guadagnino.

Questlove für seine epische Michelle-Obama-Musiaqualogy-Playlist, die mich durch die drei letzten Kapitel trug.

Und an erster Stelle Hervé und Lucie d'Halluin, die das ganze Theater schon wieder ertragen mussten.

Sie sind die Mutigsten von allen.

Anmerkungen

EINLEITUNG

1 »Inditex's Net Sales Rise 9 Percent to €25.34 Billion in Fiscal 2017«, Inditex, 14. März 2018, https://www.inditex.com/article?articleId=552792

2 Inditex Annual Report, 2017, S. 16, https://static.inditex.com/annual_report_2017/assets/pdf/memoria_en.pdf

3 Gabriella Pailla: »Is Melania's Infamous Zara Jacket a Ripoff of Another Designer?« *The Cut*, 22. Juni 2018, https://www.thecut.com/2018/06/melanias-zara-jacket-r13-ripoff.html

4 Chase Peterson-Withorn: »The Full List of Every American Billionaire 2016«, *Forbes*, 1. März 2016, https://www.forbes.com/sites/chasewithorn/2016/03/01/the-full-list-of-every-american-billionaire-2016/

5 »The Deadly Chemicals in Cotton«, Environmental Justice Foundation, 2007, http://www.cottoncampaign.org/uploads/3/9/4/7/39474145/2007_ ejf_ deadlychemicalsincotton.pdf

6 Virginia Woolf: *Orlando – die Geschichte eines Lebens*, Insel-Verlag, Leipzig, 1929

7 »Brick by Brick: The State of the Shopping Center«, Nielson, 17. Mai 2013, https://www.nielsen.com/us/en/insights/reports/2013/brick-by-brick-the-state-of-the-shopping-center.html

8 Alexandra Schwartz: »Rent the Runway Wants to Lend You Your Look«, *New Yorker*, 22. Oktober 2018, https://www.newyorker.com/magazine/2018/10/22/rent-the-runway-wants-to-lend-you-your-look

9 Andrew Morgan: *The True Cost*, Dokumentarfilm (Life Is My Movie Entertainment, 2015)

10 John Kerr und John Landry: »The Pulse of the Fashion Industry«, Boston Consulting Group und Global Fashion Agenda, Mai 2017, S. 8

11 Claire Press: »Why the Fashion Industry Is Out of Control«, *Australian Financial Review*, 23. April 2016, https://www.afr.com/lifestyle/fashion/why-the-fashion-industry-is-out-of-control-20160419-goa5ic

12 Dilys Williams, Interview mit der Autorin, London, 16. Dezember 2016

13 Stephanie Vatz: »Why America Stopped Making Its Own Clothes«, *KQED News*, 24. Mai 2013, https://www.kqed.org/lowdown/7939/madeinamerica

14 Schwartz: »Rent the Runway«

15 Stephanie Clifford: »U.S. Textile Plants Return, With Floors Largely Empty of People«, *New York Times*, 12. September 2013, https://www.nytimes.com/2013/09/20/business/us-textile-factories-return.html
16 Kate Abnett: »Does Reshoring Fashion Manufacturing Make Sense?« *Business of Fashion*, 9. März 2016, https://www.businessoffashion.com/articles/intelligence/can-fashion-manufacturing-come-home
17 »Global Fashion Statistics— International Apparel«, Fashion United, 2018
18 »Value of the U.S. Apparel Trade Worldwide from 2007 to 2017«, Statista, o. D., https://www.statista.com/statistics/242290/value-of-the-us-apparel-trade-worldwide/
19 UK Fashion und Textiles Association, per E-Mail, 4. März 2019
20 Steve Denning: »Why Are the US Olympic Uniforms Being Made in China?«, *Forbes*, 23. Juli 2012, https://www.forbes.com/sites/steve denning /2012/07/23/why-are-the-us-olympic-uniforms-being-made-in-china
21 Diana Verde Nieto: »What Does ›Made in America‹ Luxury Really Look Like?«, Luxury Society, 20. März 2017, https://www.luxurysociety.com/en/articles/2017/03/what-does-made-america-luxury-really-look/
22 Luisa Kroll und Kerry Dolan: »Meet the Members of the ThreeComma Club«, *Forbes*, 6. März 2018, https://www.forbes.com/billionaires/#720a681d251c
23 Morgan: *The True Cost*
24 Maxine Bédat und Michael Shank: »There Is a Major Climate Issue Hiding in Your Closet: Fast Fashion«, Fast Company, 11. November 2016, https://www.fastcompany.com/3065532/there-is-a-major-climate-issue-hiding-in-your-closet-fast-fashion
25 Julia Jacobo: »How Sustainable Brands Are Turning Their Backs on Fast Fashion Trend«, *ABC News*, 13. September 2016, https://abc news.go.com/US/sustainable-brands-turning-backs-fast-fashion-trend/story? id=39590457
26 Nathalie Remy, Eveline Speelman und Steven Swartz: »Style That's Sustainable: A New Fast-Fashion Formula«, McKinsey & Company, Oktober 2016
27 Kate Abnett: »Three Years After Rana Plaza, Has Anything Changed?«, *Business of Fashion*, 19. April 2016, https://www.businessoffashion.com/community/voices/discussions/can-fashion-industry-become-sustainable/-years-on-from-rana-plaza-has-anything-changed-sustainability-safety-worker-welfare
28 Marianna Kerppola et al.: »H&M's Global Supply Chain Management Sustainability: Factories and Fast Fashion«, University of Michigan, 8. Februar 2014
29 »The Impact of a Cotton T-Shirt«, World Wildlife Fund, 16. Januar 2013, https://www.worldwildlife.org/stories/the-impact-of-a-cotton-t-shirt
30 Echo Huang: »The Once Pristine Waters of Antarctica Now Contain Plastic Fibers«, *Quartz*, 7. Juni 2018, https://qz.com/1299485/antarcticas-waters-now-contain-plastic-fbers/
31 Alexandra Schwartz: »Rent the Runway«
32 Alden Wicker: »Fast Fashion Is Creating an Environmental Crisis«, *Newsweek*, 1. September 2016, https://www.newsweek.com/2016/09/09/old-clothes-fashion-waste-crisis-494824.html
33 Kerr und Landry: »Pulse of the Fashion Industry«, S. 12
34 »Overview of the Used Clothing Market in East Africa«, United States Agency for International Development, Juli 2017

35 »Global Business of Secondhand Clothes Thrive in Africa«, *Africa News*, 26. April 2018, http://www.africanews.com/2018/04/26/global-business-of-secondhand-clothes-thrive-in-africa-business-africa//

36 Abdi Latif Dahir und Yomi Kazeem: »Trump's >Trade War< Includes Punishing Africans for Refusing Second-hand American Clothes«, *Quartz Africa*, 5. April 2018, https://qz.com/africa/1245015/trump-trade-war-us-suspends-rwanda-agoa-eligibility-over-second-hand-clothes-ban/

37 »Textiles: Material-Specifc Data«, epa.gov., o. D.

38 Press, »Why the Fashion Industry Is Out of Control«

39 Anat Keinan und Sandrine Crener: »Stella McCartney«, Harvard Business School, 22. November 2016

40 Jessica Dickler: »Black Friday Weekend: Record $52.4 Billion Spent«, *CNN Money*, 27. November 2011, https://money.cnn.com/2011/11/27/pf/black_ friday/index.htm

KAPITEL 1: PRÊT-À-PORTER

1 Raffaella Mandriota, Interview mit der Autorin, Villepinte, 13. Februar 2018. Alle Zitate stammen aus diesem Interview mit ihr.

2 Mary Katrantzou, Interview mit der Autorin, London, 7. Februar 2018. Sofern nichts anderes vermerkt ist, stammen alle Zitate aus diesem Interview, aus Telefonaten oder E-Mails mit ihr.

3 Hanna Rose Iverson: »Started From the Bottom: Mary Katrantzou to Hannah Grifths«, Brighton Fashion Week, o. D., http://www.brighton fashionweek.com/blog/started-mary-k

4 Samantha Conti: »Wendy Yu Invests in Mary Katrantzou, Eyes Growth in China«, *Women's Wear Daily*, 22. Januar 2018

5 Nancy Chilton: »Wendy Yu Endows Lead Curatorial Position at the Costume Institute«, The Metropolitan Museum of Art, 7. März 2018

6 Conti: »Wendy Yu Invests in Mary Katrantzou, Eyes Growth in China«

7 Sarah Mower: »Mary Katrantzou«, *Vogue.com*, 15. September 2018, https://www.vogue.com/fashion-shows/spring-2019-ready-to-wear/mary-katrantzou

8 Vanessa Friedman: »The Meghan Markle Non-Effect«, *New York Times*, 18. September 2018, https://www.nytimes.com/2018/09/18/fashion/london-fashion-week-spring-2019-erdem-christopher-kane.html.

9 Samantha Conti: »The Collections: Mary Katrantzou«, *Women's Wear Daily*, 17. September 2018.

10 Stephen Yafa: *Cotton: The Biography of a Revolutionary Fiber*, Penguin Press, New York, 2005, S. 45

11 Thomas Carlyle: *The Works of Thomas Carlyle*, Cambridge University Press, Cambridge, 2010, S. 182

12 Cambridge »Working Conditions for Children«, Cromfordmills.org.uk, o. D., https://www.cromfordmills.org.uk/sites/default/fles/attachments/Source% 202% 20-% 20Child% 20Workers.pdf

13 Lokale Textitlfabrik

14 Yafa: *Cotton*, S. 63

15 Yafa: *Cotton*, S. 67

16 Pietra Rivoli: *The Travels of a T-Shirt in the Global Economy: An Economist Examines the Markets, Power, and Politics of World Trade*, John Wiley & Sons, Inc., Hoboken, 2015, S. 96
17 Yafa: *Cotton*, S. 107
18 Daniel Soyer: »Introduction: The Rise and Fall of the Garment Industry in New York City«, in *A Coat of Many Colors: Immigration, Globalization, and Reform in New York City's Garment Industry*, Daniel Soyer (Hrsg.), Fordham University Press, New York, 2005, S. 6–7
19 Hadassa Kosak: »Tailors and Troublemakers: Jewish Militancy in the New York Garment Industry, 1889–1910«, in *A Coat of Many Colors: Immigration, Globalization, and Reform in New York City's Garment Industry*, Daniel Soyer (Hrsg.), Fordham University Press, New York, 2005, S. 118
20 Nancy L. Green: »From Downtown Tenements to Midtown Lofts«, in *A Coat of Many Colors: Immigration, Globalization, and Reform in New York City's Garment Industry*, Daniel Soyer (Hrsg.), Fordham University Press, New York, 2005, S. 34
21 »The Economic Impact of the Fashion Industry«, Joint Economic Committee, United States Congress, 6. Februar 2015
22 Bill Blass: »American Gals«, *New Yorker*, 14. April 1997, S. 74
23 »On and Off the Avenue: Feminine Fashions«, *New Yorker*, 20. September 1941
24 Nancy Hardin und Lois Long: »Luxury, Inc.«, *New Yorker*, 31. März 1934
25 Soyer: »Introduction«, S. 14–15
26 Bill Blass und Cathy Horyn: *Bare Blass*, HarperCollins, New York, 2002, S. 19–21
27 Green: »From Downtown Tenements to Midtown Lofts«, S. 29
28 Soyer: »Introduction«, S. 16
29 Soyer: »Introduction«, S. 18
30 Marc Karimzadeh: »Ralph Lauren Boosts N.Y. Manufacturing Initiative«, *Women's Wear Daily*, 23. Oktober 2013
31 Soyer: »Introduction«, S. 20
32 Stephanie Vatz: »Why America Stopped Making Its Own Clothes«, *KQED News*, 24. Mai 2013
33 »Ronald Reagan's Announcement for Presidential Candidacy«, 13. November 1979, reaganlibrary.gov, https://www.rea ganlibrary.gov/11-13-79
34 Alexandra Harney: *The China Price: The True Cost of Chinese Competitive Advantage*, Penguin Press, New York, 2008, S. 20
35 Rivoli: *The Travels of a T-Shirt in the Global Economy*, S. 160
36 Harney: *The China Price*, S. 21
37 Soyer: »Introduction«, S. 16
38 Jerome Chazen: *My Life at Liz Claiborne: How We Broke the Rules and Built the Largest Fashion Company in the World*, IN: AuthorHouse, Bloomington, 2011, S. 52–57
39 Chazen: *My Life at Liz Claiborne*, S. 67
40 Harney: *The China Price*, S. 20
41 »›Made in America‹ Month Bill Goes to White House«, *Daily News Record*, 15. Oktober 1986
42 Janice H. Hammond und Maura G. Kelly: »Quick Response in the Apparel Industry«, Harvard Business School, 1990
43 Pankaj Ghemawat und José Luis Nueno: »Zara: Fast Fashion«, Harvard Business School, 21. Dezember 2006, S. 7

44 »20 Things You Need to Know About NAFTA«, *Baltimore Sun*, 14. November 1993
45 William F. Jasper: »From NAFTA to the NAU: NAFTA and the Security and Prosperity Partnership Are Gradual Steps toward Merging the United States, Mexico, and Canada into a North American Union«, *New American*, 16. April 2007
46 »The ›Great Debate‹ Over NAFTA«, *New York Times*, 9. November 1993
47 Jasper: »From NAFTA to the NAU«
48 Byron L. Dorgan: *Take This Job and Ship It: How Corporate Greed and Brain-Dead Politics Are Selling Out America*, Thomas Dunne Books, New York, 2006, S. 52
49 Rivoli: *The Travels of a T-Shirt in the Global Economy*, S. 277
50 Ghemawat und Nueno: »Zara: Fast Fashion«, S. 4
51 Ghemawat und Nueno: S. 8
52 »Zara's Stunning Share Debut«, *BBC News*, 23. Mai 2001, http://news.bbc.co.uk/2/hi/business/1346919.stm
53 »#46 Zara«, *Forbes.com*, Mai 2016, https://www.forbes.com/compa nies/zara/
54 Imran Amed und Kate Abnett: »Inditex: Agile Fashion Force«, *Business of Fashion*, 30. März 2015, https://www.businessoffashion.com/community/voices/discussions/can-fashion-industry-become-sustainable/inditex-agile-fashion-force
55 Imran Amed, Interview mit der Autorin, Paris, 4. März 2019
56 Amed und Abnett: »Inditex: Agile Fashion Force«
57 Deborah Weinswig: »Retailers Should Think Like Zara: What We Learned at the August Magic Trade Show«, *Forbes*, 28. August 2017, https://www.forbes.com/sites/deborahweinswig/2017/08/28/retailers-should-think-like-zara-what-we-learned-at-the-august-magic-trade-show/#3a47060e3e52
58 Amed und Abnett: »Inditex: Agile Fashion Force«
59 Angela Gonzaler-Rodriguez: »Amancio Ortega Retires: The Founder of Inditex Drops over 50 Executive Positions«, Fashion United, 18. Dezember 2017, https://fashionunited.com/executive/management/amancio-ortega-retires-the-founder-of-inditex-drops-over-50-executive-positions/2017121818805
60 »Forbes Ortega Page«, o. D. https://www.forbes.com/profle/amancio-ortega/
61 Inditex Annual Report, 2017, S. 16
62 Nathalie Remy, Eveline Speelman und Steven Swartz: »Style That's Sustainable: A New Fast-Fashion Formula«, McKinsey & Company, Oktober 2016
63 Chico Harlan: »The Hidden Coast of Made-in-America Retail Bargains«, *Washington Post*, 30. Dezember 2016, https://www.washington post.com/news/wonk/wp/2016/12/30/the-hidden-cost-of-made-in-america-retail-bargains/? utm_ term=.2134d0e18fb2
64 Remy, Speelman und Swartz: »Style That's Sustainable«
65 Marc Bain: »Fast Fashion Has Made Some of the Richest Men on Earth«, *Quartz*, 2. August 2016, https://qz.com/747242/fast-fashion-has-made-some-of-the-richest-men-on-earth/
66 »Speed Is This Season's Hottest Fashion Trend«, *Accenture*, 5. April 2017, https://newsroom.accenture.com/news/speed-is-this-seasons-hottest-fashion-trend-according-to-research-from-kurt-salmon-part-of-accenture-strategy.htm
67 »Jean Paul Gaultier Ending RTW to Focus on Couture, Beauty«, *Women's Wear Daily*, 25. September 2014
68 »AP Interview: Gaultier on Madonna and Saying ›Au Revoir‹, *Associated Press*, 2. April 2015, https://www.apnews.com/4ae31d2efdee43da920cc0538032268c

69 »Has the Fast Fashion Cycle Created an Ex-Post Licensing System?«, *Fashion Law*, 13. August 2015

70 Harry Wallop: »Primark Profts Fall on High Cotton Prices«, *Telegraph*, 8. November 2011, https://www.telegraph.co.uk/fnance/newsbysec tor/retailandconsumer/8876145/Primark-prof its-fall-on-high-cotton-prices.html

KAPITEL 2: DER PREIS DER RABIATEN MODE

1 Mariela Martinez, Interview mit der Autorin, Los Angeles, 10. Oktober 2017. Sofern nicht anders vermerkt, stammen alle Zitate aus diesem Interview mit ihr.

2 Ilse Metchek, Interview mit der Autorin, Los Angeles, 6. Oktober 2017. Sofern nicht anders vermerkt, stammen alle Zitate aus diesem Interview mit ihr.

3 Martinez, Interview mit der Autorin

4 George White: »Workers Held in Near-Slavery, Ofcials Say«, *Los Angeles Times*, 3. August 1995

5 Janna Shadduck-Hernández, Marissa Nuncio, Zacil Pech, Mar Martinez: »Dirty Threads, Dangerous Factories: Health and Safety in Los Angeles' Fashion Industry«, UCLA Labor Center, 2016, https://www.labor.ucla.edu/publication/dirty-threads-dangerous-factories-health-and-safety-in-los-angeles-fashion-industry/

6 Natalie Kitroeff und Victoria Kim: »Behind a $13 Shirt, a $6-anHour Worker«, *Los Angeles Times*, 31. August 2017, https://www.latimes.com/projects/la-f-forever-21-factory-workers/

7 Ben Bergman: »Labor Department Investigation Finds 85 Percent of LA Garment Factories Break Wage Rules«, 89.3 KPCC, 17. November 2016, https://www.scpr.org/news/2016/11/17/66200/labor-department-investigation-fnds-85-percent-of/

8 Jason McGahan: »L.A. Fashion District a Fire Trap for Garment Workers, Study Finds«, *L.A. Weekly*, 12. Dezember 2016

9 Marx Engels Collected Works, Bd. 38, International Publishers, New York, 1846, S. 95, http://hiaw.org/defcon6/works/1846/letters/46_12_28.html.

10 Friedrich Engels: *The Condition of the Working Class in England (Die Lage der arbeitenden Klasse in England)*, Oxford University Press, Oxford, 1993, S. 75

11 Stephen Yafa: *Cotton: The Biography of a Revolutionary Fiber*, Penguin Press, New York, 2005, S. 103

12 Engels: *The Condition of the Working Class in England*, S. 118

13 Engels: S. 138

14 Engels: S. 152

15 Engels: S. 164–166

16 Engels: S. 173–175

17 Engels: S. 170–173

18 Engels: S. 182

19 Engels: S. 283

20 Nancy C. Carnevale: »Culture of Work: Italian Immigrant Women Homeworkers in the New York City Garment Industry, 1890–1914«, IN *A Coat of Many Colors: Immigration, Globalization, and Reform in New York City's Garment Industry*, Daniel Soyer (Hrsg.), Fordham University Press, New York, 2005, S. 164

21 US-amerikanisches Repräsentantenhaus, 52. Kongress, 2. Sitzung, »Report of the Committee of Manufactures on the Sweating System« (Washington, DC: Government Printing Office, 20. Januar 1893)
22 Eileen Boris: »Social Responsibility on a Global Level: The National Consumers League, Fair Labor, and Worker Rights at Century's End«, IN *A Coat of Many Colors: Immigration, Globalization, and Reform in New York City's Garment Industry*, Daniel Soyer (Hrsg.), Fordham University Press, New York, 2005, S. 214–16
23 Marlis Schweitzer, *When Broadway Was the Runway: Theater, Fashion, and American Culture*, University of Pennsylvania Press, Philadelphia, 2009, S. 75
24 Boris: »Social Responsibility on a Global Level«, S. 215
25 Boris: S. 215
26 David von Drehle: *Triangle: The Fire That Changed America*, Grove Press, New York, 2004, S. 167
27 Blass und Horyn: *Bare Blass*, S. 19–22
28 Blass und Horyn: S. 11
29 »Fred Pomrantz, Founder of a Women's Wear Daily«, *New York Times*, 21. Februar 1986, https://www.nytimes.com/1986/02/21/obituaries/fred-pomrantz-founder-of-a-women-s-wear-daily.html
30 Bernice Kanner: »Scandal on Seventh Avenue«, *New York*, 23. Juni 1993
31 Teri Agins: »Loose Threads: Dressmaker Leslie Fay Is an Old-Style Firm That's in a Modern Fix«, *Wall Street Journal*, 23. Februar 1993
32 Kanner: »Scandal on Seventh Avenue«, S. 40
33 Kanner, S. 42
34 Kanner, S. 47
35 David Silverman: »What Leslie Fay's Former CEO Learned From His Company's Bankruptcy«, *Harvard Business Review*, 20. April 2010, https://hbr.org/2010/04/what-john-pomerantz-former-ceo
36 Bob Herbert: »In America; Leslie Fay's Logic«, *New York Times*, 19. Juni 1994, https://www.nytimes.com/1994/06/19/opinion/in-america-leslie-fay-s-logic.html
37 Lance Compa und Tashia Hinchliffe-Darricarrère: »Enforcing International Labor Rights Through Corporate Codes of Conduct«, *Columbia Journal of Transnational Law*, 1995, S. 676, https://digitalcommons.ilr.cornell.edu/cgi/viewcontent.cgi? referer=https://www.google.com/& httpsredir=1& article=1178& context=articles
38 Bob Ortega: *In Sam We Trust: The Untold Story of Sam Walton and How Walmart Is Devouring America*, Times Books, New York, 1998, S. 245
39 Frank Swoboda: »Sears Agrees to Police Its Suppliers«, *Washington Post*, 31. März 1992, https://www.washingtonpost.com/archive/business/1992/03/31/sears-agrees-to-police-its-suppliers/636ef744-6794-4780-a984-2f9c293da6c7/
40 Karl Schoenberger: *Levi's Children: Coming to Terms with Human Rights in the Global Marketplace,* Atlantic Monthly Press, New York, 2000, S. 57
41 Swoboda: »Sears Agrees to Police Its Suppliers«
42 Schoenberger: *Levi's Children*, S. 65
43 Alexandra Harney: *The China Price: The True Cost of Chinese Competitive Advantage*, Penguin Press, New York, 2008, S. 197–99
44 »Southeast Textiles, S.A. (SETISA) Choloma, Cortes, Honduras«, New York: National Labor Committee, Oktober 2003

45 »Southeast Textiles, S.A. (SETISA) Choloma, Cortes, Honduras
46 »Are We Exporting American Jobs?«, US-amerikanischer Senat, 14. November 2003, https://www.dpc.senate.gov/hearings/hearing7/gonzales.pdf
47 »Major Turn-Around at Sean P. Diddy Combs' Factory SETISA in Honduras«, National Labor Committee, 17. Dezember 2003
48 »Are We Exporting American Jobs?«, Senate Democratic Policy Committee Hearing, US-amerikanischer Senat, 14. November 2003, https://www.dpc.senate.gov/hearings/hearing7/gonzales.pdf
49 Ibrahim Hossain Ovi: »RMG Exports Saw 8.76 Percent Growth Last Fiscal Year«, *Dhaka Tribune*, 5. Juli 2018, https://www.dhakatribune.com/business/2018/07/05/rmg-exports-saw-8-76-growth-last-fiscal-year
50 Refayet Ullah Mirdha: »Bangladesh Remains the Second Biggest Apparel Exporter«, *Daily Star*, 2. August 2018, https://www.thedailystar.net/busi ness/export/bangladesh-remains-the-second-biggest-apparel-exporter-1614856
51 Siddiqur Rahman, Interview mit der Autorin, Dhaka, Bangladesch, 21. April 2018
52 Judy Gearhart, Interview mit der Autorin, Washington, DC, 25. Januar 2017. Sofern nicht anders vermerkt, stammen alle Zitate aus diesem Interview, Telefonaten oder E-Mails mit ihr.
53 »Spectrum Collapse: Eight Years on and Still Little Action on Safety«, cleanclothes.org, 10. April 2013, https://cleanclothes.org/news/2013/04/11/spectrum-collapse-eight-years-on-and-still-little-action-on-safety
54 Liana Foxvog, Interview mit der Autorin, über Skype, 13. April 2018. Sofern nicht anders vermerkt, stammen alle Zitate aus diesem Interview mit ihr.
55 Björn Claeson: »Deadly Secrets«, International Labor Rights Forum, Dezember 2012, S. 22
56 Saad Hammadi und Matthew Taylor: »Workers Jump to Their Deaths as Fire Engulfs Factory Making Clothes for Gap«, The Guardian, 14. Dezember 2010, https://www.theguardian.com/world/2010/dec/14/bangladesh-clothes-factory-workers-jump-to-death
57 Scott Nova, Interview mit der Autorin, über Skype, 16. April 2018
58 Tyler McCall: »Fashioning Workers' Rights for Women«, *Fashionista*, 10. Mai 2013, https://fashionista.com/2013/05/from-the-runways-of-new-york-to-the-factories-of-dhaka-fashioning-workers-rights-for-women.
59 »Survivor of Bangladesh's Tazreen Factory Fire Urges U.S. Retailers to Stop Blocking Worker Safety«, *Democracy Now*, 25. April 2013, https://www.democracynow.org/2013/4/25/survivor_of_bangladeshs_tazreen_factory_fire
60 »Survivor of Bangladesh's Tazreen Factory Fire Urges U.S. Retailers to Stop Blocking Worker Safety«
61 Liana Foxvog et al.: »Still Waiting«, Clean Clothes Campaign International Labor Rights Forum, 2013
62 Jim Yardley: »The Most Hated Bangladeshi, Toppled from a Shady Empire«, *New York Times*, 30. April 2013, https://www.nytimes.com/201305/01/world/asia/bangladesh-garment-industry-reliant-on-flimsy-oversight.html
63 Shila Begum, Interview mit der Autorin, Savar, Bangladesch, 23. April 2018. Alle Zitate stammen aus diesem Interview mit ihr.
64 Yardley: »The Most Hated Bangladeshi, Toppled from a Shady Empire«

65 Mahmudul Hassan Hridoy, Interview mit der Autorin, Savar, Bangladesch, 23. April 2018. All Zitate stammen aus diesem Interview mit ihm.

66 Marianna Kerppola et al.: »H&M's Global Supply Chain Management Sustainability: Factories and Fast Fashion«, University of Michigan, 8. Februar 2014

67 »H&M Comment on Fire and Building Safety in Bangladesh«, H&M, 7. Mai 2013

68 Foxvog et al.: »Still Waiting«

69 »Critics Blast US Retailers' Corporate-Dominated Factory Safety ›Sham‹«, *Common Dreams*, 11. Juli 2013

70 Stephanie Clifford: »That ›Made in the U.S.A.‹ Premium«, *Women's Wear Daily*, 30. November 2013

71 Paul M. Barrett, Dorothée Baumann-Pauly and April Gu: *Five Years After Rana Plaza: The Way Forward*, NYC Stern Center for Business and Human Rights, April 2018, S. 2, https://issuu.com/nyusterncenterforbusinessandhumanri/docs/nyu_bangladesh_ranaplaza_final_rele? e=31640827/64580941

72 Wiederholte Anfragen bei den jeweiligen Marken wegen einer Stellungnahme oder Bestätigung blieben unbeantwortet.

73 Anfragen an Camaïeu und Roadrunner wegen einer Stellungnahme blieben unbeantwortet; CJ Apparel erklärte, nicht in Bangladesch zu produzieren.

74 »Four Years Since the Tazreen Factory Fire: Justice Only Half Done«, Clean Clothes Campaign, 24. November 2016, https://cleanclothes.org/news/2016/11/24/four-years-since-the-tazreen-factory-fire-justice-only-half-done

75 Md Sanaul Islam Tipu: »No Signifcant Progress in Trial Six Years After Tazreen Fashions Fire«, *Dhaka Tribune*, 23. November 2018, https://www.dhaka tribune.com/bangladesh/2018/11/23/no-significant-progress-in-trial-six-years-after-tazreen-fashions-fire

76 »Rana Plaza Owner, 17 Others Indicted«, *Daily Star*, 15. Juni 2016, https://www.thedailystar.net/frontpage/rana-plaza-owner-17-others-indicted-1239742

77 »Rana Plaza Owner Jailed for Three Years Over Corruption«, *Al jazeera.com*, 29. August 2017, https://www.aljazeera.com/news/2017/08/rana-plaza-owner-jailed-years-corruption-170829161742916.html

78 Andrew Marszal und Chris Graham: »Twenty Hostages Killed in ›Isil‹ Attack on Dhaka Restaurant Popular with Foreigners«, *Telegraph*, 2. Juli 2016, https://www.telegraph.co.uk/news/2016/07/01/gunmen-attack-restaurant-in-diplomatic-quarter-of-bangladeshi-ca/

79 Anbarasan Ethirajan: »Islamic Attack Has Bangladesh Clothing Industry on Edge«, *BBC News*, 17. August 2016, https://www.bbc.com/news/business-36904696

80 Maria Zimmermann: »Bangladesh: Sewing Fulltime for 61 Euros a Month«, *dw.com*, 23. April 2017, https://www.dw.com/en/bangladesh-sewing-full-time-for-61-euros-a-month/a-38553216

81 Mark Anner, Interview mit der Autorin, über Skype, 18. April 2018

KAPITEL3: SCHMUTZIGE WÄSCHE

1 Catherine Salfno: »In With the Old, In With the New«, *Cotton Lifestyle Monitor*, 16. Januar 2012, https://lifestylemonitor.cottoninc.com/in-with-the-old-in-with-the-new/

2 Kathleen Webber: »How Fast Fashion Is Killing Rivers Worldwide«, *EcoWatch*, 22. März 2017, https://www.ecowatch.com/fast-fashion-riverblue-2318389169.html

3 Emma McClendon: *Denim: Fashion's Frontier*, Fashion Institute of Technology, New York, 2016, S. 11

4 Herodotus: *The History of Herodotus*, D. Appleton, New York, 1889, S. 410.

5 James Augustin Brown Scherer: *Cotton as a World Power: A Study in the Economic Interpretation of History*, Frederick A. Stokes, New York, 1916, S. 6

6 Clinton G. Gilroy: *The History of Silk, Cotton, Linen, Wool, and Other Fibrous Substances*, Harper and Brothers, New York, 1845, S. 322

7 *The History of Cotton*, Donning Company, Virginia Beach, 2015, S. 11

8 James Johnson, Stephen MacDonald, Leslie Meyer und Lyman Stone: »The World and United States Cotton Outlook«, U.S. Department of Agriculture, 23. Februar 2018, https://www.usda.gov/oce/forum/2018/commodities/Cotton.pdf

9 »World Cotton Market«, Cotton Australia, o. D., https://cottonaustralia.com.au/cotton-library/fact-sheets/cotton-fact-file-the-world-cotton-market

10 »U.S. Currency: How Money is Made – Paper and Ink«, Bureau of Engraving and Printing, U.S. Department of the Treasure, o. D., https://www.moneyfactory.gov/hmimpaperandink.html

11 Stacy Howell: »How Much of the World's Clothing Is Made from Cotton?«, Livestrong, 21. Juli 2015

12 »The Deadly Chemicals in Cotton«, Environmental Justice Foundation, 31. Dezember 2007

13 Katy Willis: »Cotton's Dirty Secret: Are You Wearing This Toxic Crop?«, *Timetocleanse.com*, 4. März 2015, https://www.timetocleanse.com/cottons-dirty-secret/

14 Melody Meyer: »Dig Deeper, Chemical Cotton«, Rodale Institute, 4. Februar 2014, https://www.organicconsumers.org/news/chemical-cotton

15 Stephen Leahy: »World Water Day: The Cost of Cotton in WaterChallenged India«, *The Guardian*, 20. März 2015, https://www.theguardian.com/sustainable-business/2015/mar/20/cost-cotton-water-challenged-india-world-water-day

16 Rhonda P. Hill: »1,000 Gallons of Water«, *Edge*, 27. August 2016, https://edgexpo.com/2016/08/27/1000-gallons-of-water/

17 John Kerr und John Landry: »The Pulse of the Fashion Industry«, Boston Consulting Group und Global Fashion Agenda, Mai 2017, S. 11

18 Jenny Balfour-Paul: *Indigo: Egyptian Mummies to Blue Jeans*, Firefly, Buffalo, NY, 2012), S. 69

19 Balfour-Paul, S. 60

20 Lynn Downey: *Levi Strauss: The Man Who Gave Blue Jeans to the World*, University of Massachusetts Press, Amherst, 2016), S. 116

21 Downey, S. 137

22 Tracey Panek, Interview mit der Autorin, San Francisco, 13. Oktober 2017. Alle Zitate stammen aus diesem Interview mit ihr.

23 Downey: *Levi Strauss*, S. 141 & 192

24 Downey, S. 239

25 Stephen Yafa: *Cotton: The Biography of a Revolutionary Fiber*, Penguin Press, New York, 2014, S. 110

26 Isabel Wilkinson: »The Story Behind Brooke Shields's Famous Calvin Klein Jeans«, *T: The New York Times Style Magazine*, 2. Dezember 2015, https://www.nytimes.com/2015/12/02/t-magazine/fashion/brooke-shields-calvin-klein-jeans-ad-eighties.html

27 Wilkinson: »The Story Behind Brooke Shields's Famous Calvin Klein Jeans.«

28 Matt W. Cody: *Calvin Klein*, Chelsea House, New York, 2013, https://books.google.fr/books? id=xPZbAgAAQBAJ& pg=PT57& lpg=PT57& dq=calvin+ klein+ sales+ 1980& source=bl& ots=0z9gFbW98H& sig=DotejBr4jDUeIuceo0hR_ iMlj8E& hl=en& sa=X& redir_ esc=y#v=onepage& q=calvin% 20klein%20sales% 201980& f=false.

29 Yafa: *Cotton*, S. 230

30 Yafa, S. 216

31 McClendon: *Denim*, S. 146

32 Akhi Akter: »Vietnamese Textile and Apparel Industry Moving Towards US$50 Billion by 2020«, *Textile Today*, 3. Februar 2018, https://www.textiletoday.com.bd/vietnamese-textile-apparel-industry-moving-towards-us50-billion-2020/

33 »Production Value of Denim Jeans in Vietnam from 2012 to 2021«, *Statista.com*, o. D., https://www.statista.com/statistics/743835/denim-jeans-production-value-vietnam/

34 George Ayompe: »The ›True Denim Capital of the World,‹ Is a Disgrace to the Industry«, *Aetuba.com*, 12. Februar 2017, https://www.linkedin.com/pulse/true-denim-capital-world-disgrace-industry-we-should-act-ayompe/

35 Sally Fox, Interview mit der Autorin, Brooks, Kalifornien, 14. Oktober 2017. Sofern nichts anderes vermerkt ist, stammen alle Zitate aus diesem Interview, Telefonaten oder E-Mails mit ihr.

36 Caroline Fairchild: »Does Levi Strauss Still Fit America?«, *Fortune*, 6. Oktober 2014, http://fortune.com/2014/09/18/levi-strauss-chip-bergh/

37 Karl Schoenberger: *Levi's Children: Coming to Terms with Human Rights in the Marketplace*, Atlantic Monthly Press, New York, 2000, S. 25–31

38 Robert Howard: »Values Make the Company: An Interview with Robert Haas«, *Harvard Business Review*, Oktober 1990, https://hbr.org/1990/09/values-make-the-company-an-interview-with-robert-haas

39 Teri Agins und Joann S. Lublin: »Levi Strauss Sees Philip Marineau As a Right Fit to Be Brand Builder«, *Wall Street Journal*, 8. September 1999, https://www.wsj.com/articles/SB93674980745078128

40 Nina Munk: »How Levi's Trashed a Great American Brand«, *Fortune*, 12. April 1999, http://archive.fortune.com/magazines/fortune/fortune_archive/1999/04/12/258131/index.htm

41 »Spotlight: Belgian Strike Protests Levi Strauss Plant Closings«, *Los Angeles Times*, 2. Oktober 1998

42 Annabelle Nichols, Interview mit der Autorin, Nashville, 23. August 2016. Alle Zitate stammen aus diesem Interview mit ihr.

43 Suzanne Coile: »Levi's Strauss Plant«, *Our Life at Work*, 6. Dezember 2012

44 »Back in the Day: Halting Those Denim Blues«, *Knoxville News Sentinel*, 5. Oktober 2014, http://archive.knoxnews.com/business/back-in-the-day-halting-those-denim-blues-ep-648080710-354171531.html

45 Coile: »Levi's Strauss Plant«

46 »Levi to Close 11 Plants, Cut a Third of Jobs«, *Associated Press*, 4. November 1997

47 »Levi to Close 11 Plants, Cut a Third of Jobs«

48 Coile: »Levi's Strauss Plant«

49 Schoenberger: *Levi's Children*, S. 162

50 Amy Doan: »Levi Strauss' Frayed Fortunes«, *Forbes*, 29. September 2000

51 Schoenberger: *Levi's Children*, S. 54

52 Agins und Lublin: »Levi Strauss Sees Philip Marineau as a Right Fit to Be Brand Builder.«
53 Jenny Strasburg: »Appalachian Travails«, *San Francisco Chronicle*, 16. Juni 2002, https://www.sfgate.com/business/article/APPALACHIAN-TRAVAILS-A-tiny-Georgia-town-faces-2808292.php
54 Fred Dickey: »Levi Strauss and the Price We Pay«, *Los Angeles Times Magazine*, 1. Dezember 2002
55 Strasburg: »Appalachian Travails«
56 Strasburg: »Appalachian Travails«
57 »Levi Strauss & Co/On the Record: Phil Marineau«, *San Francisco Chronicle*, 5. März 2006, https://www.sfgate.com/business/ontherecord/article/LEVI-STRAUSS-CO-On-the-Record-Phil-Marineau-2521804.php
58 »Levi's Phil Marineau Could Net $4 Million«, *Women's Wear Daily*, 15. Juli 2005
59 Michael Liedtke: »Levi's CEO to Step Down by End of Year«, *Orange County Register*, 6. Juli 2006, https://www.ocregister.com/2006/07/06/levi-strauss-ceo-to-step-down-after-seven-rocky-years/
60 Yafa: *Cotton*, S. 278
61 »Adoption of Genetically Engineered Crops in the U.S.«, US-amerikanisches Landwirtschaftsministerium, 16. Juli 2018, https://www.ers.usda.gov/data-products/adoption-of-genetically-engineered-crops-in-the-us.aspx
62 Charles M. Benbrook: »Trends in the Glyphosate Herbicide Use in the United States and Globally«, U.S. National Library of Medicine: National Institutes of Health, 2. Februar 2016, https://www.ncbi.nlm.nih.gov/pmc/arti cles/PMC5044953/
63 Yafa: *Cotton*, S. 291.
64 Michael Specter: »Roundup and Risk Assessment«, *New Yorker*, 10. April 2015, https://www.newyorker.com/news/daily-comment/roundup-and-risk-assessment
65 »Dog Poisoning with the Intention to Break into Houses«, *South Africa Today*, 10. Juli 2014, https://southafricatoday.net/south-africa-news/dog-poisoning-with-the-intention-to-break-into-houses/
66 David Weil, Interview mit der Autorin, Boston, 28. September 2017. Alle Zitate stammen aus diesem Interview mit ihm.

KAPITEL 4: VOM FELD BIS ZUR FORM

1 Natalie Chanin, Interview mit der Autorin, Florence, Alabama, 25. August 2016. Sofern nicht anders vermerkt, stammen alle Zitate aus diesem Interview, Telefonaten oder E-Mails mit ihr.
2 Terry Wylie, per E-Mail, 24. August 2018
3 Mike Albo: »Dressed to Impress, with a Southern Drawl«, *New York Times*, 18. Februar 2009, https://www.nytimes.com/2009/02/19/fashion/19CRITIC.html
4 Kristi York Wooten: »You Can Make It There«, *Bitter Southerner*, o. D., https://bitter-southerner.com/alabama-chanin
5 Debbie Elliott: »Reviving a Southern Industry, From Cotton Field to Clothing Rack«, *NPR Morning Edition*, 10. Oktober 2014, https://www.npr.org/2014/10/10/354934991/reviving-a-southern-industry-from-cotton-field-to-clothing-rack
6 Julie Gilhart: telefonisches Interview mit der Autorin, 29. Juli 2018
7 Wooten: »You Can Make It There«

8 Billy Reid: Interview mit der Autorin, Florence, Alabama, 27. August 2016
9 Rachel Dodes: »Designer Fashions a Comeback Without the Usual Pattern«, *Wall Street Journal*, 9. Februar 2006
10 K.P. McNeill: Interview mit der Autorin, Florence, Alabama, 28. August 2016. Sofern nichts anderes vermerkt ist, stammen alle Zitate aus diesem Interview, Telefonaten oder E-Mails mit ihr.
11 Dodes: »Designer Fashions a Comeback Without the Usual Pattern.«
12 Jean E. Palmieri: »Billy Reid Reflects on 20 Years in Fashion«, *Women's Wear Daily*, 28. Dezember 2017
13 Elliott: »Reviving a Southern Industry«
14 Elliott: »Reviving a Southern Industry«
15 Rinne Allen: »Billy Reid and Alabama Chanin's Homegrown Cotton«, *T: The New York Times Style Magazine*, 9. Mai 2014, https://tmagazine.blogs.nytimes.com/2014/09/05/billy-reid-and-alabama-chanin-sustainable-cotton-project/
16 Elliott: »Reviving a Southern Industry«
17 »Billy Reid and Alabama Chanin's Homegrown Cotton«
18 Steven Kurutz: »The Sock Queen of Alabama«, *New York Times*, 29. März 2016, https://www.nytimes.com/2016/03/31/fashion/sock-business-alabama.html
19 Gina Locklear, telefonisches Interview mit der Autorin, 20. September 2018. Sofern nicht anders vermerkt, stammen alle Zitate aus diesem Interview mit ihr.
20 Elliott: »Reviving a Southern Industry«
21 Lizzy Alfs: »Report: Nashville Fashion Industry Contributes Billions to Economy«, *Tennessean*, 25. Januar 2017, https://eu.tennessean.com/story/money/2017/01/25/report-nashville-fashion-industry-contributes-billions-economy/97011064/
22 Lauren Sherman: »Nashville: America's Next Fashion Capital?«, *Business of Fashion*, 4. April 2017, https://www.businessoffashion.com/articles/market-gps/nashville-americas-next-fashion-capital
23 Alfs: »Report: Nashville Fashion Industry Contributes Billions to Economy«
24 Elizabeth Pape, Interview mit der Autorin, Nashville, 25. August 2016. Sofern nicht anders vermerkt, stammen alle Zitate aus diesem Interview mit ihr.
25 Nichols, Interview mit der Autorin, Nashville
26 David Perry, telefonisches Interview mit der Autorin, 27. September 2018

KAPITEL 5: RIGHTSHORING

1 Friedrich Engels: *The Condition of the Working Class in England*, Oxford University Press, Oxford, 1993
2 Tracy Hawkins, Interview mit der Autorin, Dukinfeld, VK, 23. November 2016. Sofern nichts anderes vermerkt ist, stammen alle Zitate aus diesem Interview, Telefonaten oder E-Mails mit ihr.
3 Paul Byrne: »Cotton to Be Spun in UK Mill for the First Time in 30 Years«, *Mirror*, 2. Dezember 2015, https://www.mirror.co.uk/news/uk-news/cotton-spun-uk-mill-frst-6944260
4 »King Cotton Comes Home«, *Innovation Textiles*, 3. Dezember 2015, https://www.innovationintextiles.com/king-cotton-comes-home-manchester-company-invests-58m-to-bring-cotton-spinning-back-to-britain/

5 Shelina Begum: »Cotton Spinning Returns to Greater Manchester Thanks to £5.8m Investment«, *Manchester Evening News*, 5. Dezember 2015, https://www.manchestereveningnews.co.uk/business/business-news/cotton-spinning-returns-greater-manchester-10532083
6 Ashley Armstrong: »Riding High«, *Sunday Telegraph*, 10. Dezember 2017
7 Patrick Van den Bossche et al.: »The Truth About Reshoring«, A.T. Kearney, 2014
8 Kate Abnett: »Does Reshoring Fashion Manufacturing Make Sense?«, *Business of Fashion*, 9. März 2016, https://www.businessoff ashion.com/articles/intelligence/can-fashion-manufacturing-come-home
9 Rebecca Mead: »The Garmento King«, *New Yorker*, 23. September 2013, https://www.newyorker.com/magazine/2013/09/23/the-garmento-king
10 Abnett: »Does Reshoring Fashion Manufacturing Make Sense?«
11 Karen Kay: »Luxury Brands Feel Demand for Return of UK's Cotton and Knitwear Mills«, *The Guardian*, 30. Oktober 2016, https://www.theguardian.com/fashion/2016/oct/30/fashion-luxury-brands-return-of-uk-cotton-mills
12 Natasha Turak: »We May Have Hit ›Peak Trade‹ Even Without Trump's Tariffs, Economist Says«, CNBC, 7. März 2018, https://www.cnbc.com/2018/03/07/we-may-have-hit-peak-trade-even-without-trumps-tariffs-ubs.html
13 Katie Weisman: »Made in the USA: Dead or Alive?«, *Business of Fashion*, 13. November 2017, https://www.businessoffashion.com/articles/intelligence/made-in-the-usa-dead-or-alive
14 Stephanie Clifford: »U.S. Textile Plants Return, With Floors Largely Empty of People«, *New York Times*, 12. September 2013
15 »Keer Group to Invest $218 Million to Create 501 Jobs in Lancaster Country«, South Carolina Department of Commerce, 16. Dezember 2013, https://www.sccommerce.com/news/keer-group-invest-218-million-create-501-jobs-lancaster-county
16 Jenni Avins: »Chinese Textile Manufacturers Found a Cheap New Place for Outsourcing: The US«, *Quartz*, 4. August 2015, https://qz.com/47 0358/chinese-textile-manufacturers-found-a-cheap-new-place-for-outsourcing-the-us/
17 Hiroko Tabuchi: »Chinese Textile Mills Are Now Hiring in Places Where Cotton Was King«, *New York Times*, 2. August 2015, https://www.nytimes.com/2015/08/03/business/chinese-textile-mills-are-now-hiring-in-places-where-cotton-was-king.html.
18 Stephanie Clifford: »That ›Made in the U.S.A.‹ Premium«, *Women's Wear Daily*, 30. November 2013
19 Maria Cornejo Interview mit der Autorin, New York, 28. Juni 2017. Sofern nichts anderes vermerkt ist, stammen alle Zitate aus diesem Interview, Telefonaten oder E-Mails mit ihr.
20 Maura Egan: »Maria Cornejo, the Independent«, *New York Times*, 8. Februar 2014, https://www.nytimes.com/2014/02/08/t-magazine/maria-cornejo-style.html
21 Vanessa Friedman: »Brooklyn's Wearable Revolution«, *New York Times*, 30. April 2016
22 Arthur Friedman: »An Apparel Campus Grow in Brooklyn«, *Women's Wear Daily*, 14. Februar 2017
23 Winnie Hu: »New York Tries to Revive Garment Industry, Outside the Garment District«, *New York Times*, 7. Februar 2017, https://www.nytimes.com/2017/02/07/nyregion/new-york-garment-industry-brooklyn.html
24 Jean E. Palmieri: »Fashion Insiders Spar Over N.Y.'s Garment District Location«, *Women's Wear Daily*, 24. April 2017

25 Valeriya Safronova: »A Debate Over the Home of New York's Fashion Industry«, *New York Times*, 25. April 2017, https://www.nytimes.com/2017/04/25/fashion/de-blasio-garment-district-sunset-park.html

26 Safronova: »A Debate Over the Home of New York's Fashion Industry«

27 Andrew Rosen, Interview mit der Autorin, New York, 22. Juni 2017. Sofern nicht anders vermerkt, stammen alle Zitate aus diesem Interview oder aus Telefonaten mit ihr.

28 Dhani Mau: »A Look Inside Reformation's Bright, Shiny, Sustainable Los Angeles Factory«, *Fashionista*, 25. April 2017, https://fashionista.com/2017/04/reformation-factory

29 John Koblin: »Reformation, an Eco Label the Cool Girls Pick«, *New York Times*, 17. Dezember 2014

30 »Meghan Markle Just Wore a Dress with a Thigh-High Slit and Looked Incredible«, *Cosmopolitan.com*, 22. Oktober 2018, https://www.cosmopolitan.com/entertainment/a24056950/meghan-markle-thigh-high-slit-dress/

31 Kristen Bateman: »How Reformation Because the Ultimate Cool Girl Brand for Sustainable Clothes«, *Allure*, 15. Februar 2017, https://www.allure.com/story/reformation-yael-aflalo-sustainable-fashion-brand

32 Jenny Strasburg: »Made in the U.S.A.«, *San Francisco Chronicle*, 4. Juli 2004, https://www.sfgate.com/business/article/MADE-IN-THE-U-S-2709678.php

33 Koblin: »Reformation, an Eco Label the Cool Girls Pick«

34 Koblin: »Reformation, an Eco Label the Cool Girls Pick«

35 Danielle Directo-Meston: »Inside Reformation's Sustainable Sewing Factory and HQ in Boyle Heights«, *Racked*, 19. März 2015, https://la.racked.com/2015/3/19/8227687/reformation-downtown-los-angeles-studio

36 Kathleen Chaykowski: »This Model Turned CEO Is Betting ›Bricks and Clicks‹ Can Create a Green Fast-Fashion Empire«, *Forbes*, 24. Oktober 2017

37 Yael Aflalo, telefonisches Interview mit der Autorin, 12. Oktober 2018. Sofern nichts anderes vermerkt ist, stammen alle Zitate aus diesem Interview mit ihr.

38 Emily Holt: »Meet the Woman Behind Cool Ethical Label Reformation«, *Vogue*, 4. November 2015, https://www.vogue.com/article/reformation-eco-fashion-ethical-label

39 Koblin: »Reformation, an Eco Label the Cool Girls Pick«

40 Chaykowski: »This Model Turned CEO«

41 Holt: »Meet the Woman«

42 Chaykowski: »This Model Turned CEO«

43 Kathleen Talbot, Interview mit der Autorin, Los Angeles, 13. Oktober 2017

44 Chaykowski: »This Model Turned CEO«

KAPITEL 6: MEIN BLAUER HIMMEL

1 Sarah Bellos, Interview mit der Autorin, Goodlettsville, Tennesse, 23. August 2016. Sofern nichts anderes vermerkt ist, stammen alle Zitate aus diesem Interview, Telefonaten oder E-Mails mit ihr.

2 Amy Feldman: »Stony Creek Colors Is Convincing Tobacco Farmers to Grow Indigo, Building a Business on Natural Dyes«, *Forbes*, 27. August 2017, https://www.forbes.com/sites/forbestreptalks/2017/08/27/stony-creek-colors-is-convincing-tobacco-farmers-to-grow-indigo-building-a-business-on-natural-dyes/

3 Jasmin Malik Chua: »Axing Aniline in Denim Dyes? Not So Fast«, *Sourcing Journal*, 3. Dezember 2018, https://sourcingjournal.com/denim/denim-mills/axing-aniline-129031/

4 Melody M. Bomgardner: »These New Textile Dyeing Methods Could Make Fashion More Sustainable«, *Chemical & Engineering News*, 15. Juli 2018, https://cen.acs.org/business/consumer-products/new-textile-dyeing-methods-make/96/i29

5 Emily Siner: »Why Tobacco Farmers in Robertson County Are Switching to Indigo«, Nashville Public Radio, 22. August 2016, https://www.nashvillepublicradio.org/post/why-tobacco-farmers-robertson-county-are-switching-indigo#stream/0

6 Feldman: »Stony Creek Colors Is Convincing Tobacco Farmers«

7 Feldman: »Stony Creek Colors Is Convincing Tobacco Farmers«

8 Young Lee: »David Hieatt, Founder of Hiut Denim«, Heddels, 9. November 2013, https://www.heddels.com/2013/11/david-hieatt-founder-hiut-denim-exclusive-interview/

9 Paul Travi: »Big John – The History of the First Japanese Made Jeans«, Heddels, 26. März 2013, https://www.heddels.com/2013/03/big-john-the-history-of-the-first-japanese-made-jeans/

10 Emma McClendon: *Denim: Fashion's Frontier*, Fashion Institute of Technology, New York, 2016, S. 31

11 McClendon: *Denim*, S. 30

12 »The History of the Osaka 5«, Heddels, 17. März 2014

13 McClendon: *Denim*, S. 31

14 Tatsushi Tabuchi, Interview mit der Autorin, Kojima, Japan, 5. April 2018

15 Enrique Silla, Interview mit der Autorin, Valencia, Spanien, 19. Dezember 2016. Alle Zitate stammen aus diesem Interview mit ihr.

16 Malcom Moor: »The End of China's Cheap Denim Dream«, *Telegraph*, 26. Februar 2011, https://www.telegraph.co.uk/news/worldnews/asia/china/8349425/The-end-of-Chinas-cheap-denim-dream.html

17 Paul Dillinger, Interview mit der Autorin, San Francisco, Kalifornien, 13. Oktober 2017. Sofern nicht anders vermerkt, stammen alle Zitate aus diesem Interview, Telefonaten oder E-Mails mit ihm.

18 Chip Bergh: »There Are No Real Failures – Only Opportunities to Learn«, *Thrive Global*, 26. Januari 2017, https://medium.com/thrive-global/chip-bergh-there-are-no-real-failures-only-opportunities-to-learn-e8972dd96b73

19 Adam Bryant: »Chip Bergh on Setting a High Bar and Holding People Accountable«, *New York Times*, 9. Juni 2017, https://www.nytimes.com/2017/06/09/business/chip-bergh-on-setting-a-high-bar-and-holding-people-accountable.html

20 Russell Hotten: »How Jeans Giant Levi Strauss Got Its Mojo Back«, *BBC News*, 25. September 2017, https://www.bbc.com/news/business-40945709

21 Tessa Love: »Levi's CEO Chip Bergh Leads Company Rebound in Part by Winning Battle for Executive Talent«, *San Francisco Business Times*, 11. November 2016, https://www.bizjournals.com/sanfrancisco/news/2016/11/10/most-admired-chip-bergh-levi-strauss-rebound.html

22 James Curleigh, Rede, VAMFF Business Seminar, Melbourne, Australia, 17. März 2015

23 Tim Higgins: »Distressed Denim: Levi's Tries to Adapt to the Yoga Pants Era«, *Bloomberg Businessweek*, 23. Juli 2015

24 Caroline Fairchild: »Does Levi Strauss Still Fit America?«, *Fortune*, 6. Oktober 2014, http://fortune.com/2014/09/18/levi-strauss-chip-bergh/

25 Higgins: »Distressed Denim«
26 Bart Sights, Interview mit der Autorin, San Francisco, Kalifornien, 13. Oktober 2017. Sofern nichts anderes vermerkt ist, stammen alle Zitate aus diesem Interview mit ihm.
27 Largetail: »Interview: Paul O'Neill of Levi's Vintage Clothing«, Cool Hunting, 17. Februar 2015, https://coolhunting.com/style/interview-paul-oneill-levis-vintage-clothing/
28 Mark Lane: »Levi Strauss Replaces People with Lasers«, *Apparel Insider*, 1. März 2018, https://apparelinsider.com/levi-strauss-replaces-people-lasers/
29 David Shuck: »Who Killed the Cone Mills White Oak Plant?«, Heddels, 1. Februar 2018, https://www.heddels.com/2018/02/killed-cone-mills-white-oak-plant/
30 Shuck: »Who Killed the Cone Mills White Oak Plant?«
31 Alex Williams: »No Room for America Left in Those Jeans«, *New York Times*, 10. November 2017, https://www.nytimes.com/2017/11/10/style/goodbye-american-selvage-jeans.html
32 Sabrina Simms: »Sunday Focus: What Are the Next Steps for Vidalia Denim?« *Natchez Democrat*, 22. Juli 2018, https://www.natchezdemocrat.com/2018/07/22/sunday-focus-what-are-the-next-steps-for-vidalia-denim/
33 Dan Feibus, telefonisches Interview mit der Autorin, 11. Oktober 2018. Alle Zitate stammen aus diesem Interview mit ihm.
34 »Vidalia Denim to Supply Sustainably-Made Denim Fabrics from State-of-Art Facility in Louisiana«, *Market Insider*, 24. Juli 2018, https://markets.businessinsider.com/news/stocks/vidalia-denim-to-supply-sustainably-made-denim-fabrics-from-state-of-art-facility-in-louisiana-1027394624

KAPITEL 7: WE CAN WORK IT OUT

1 Anat Keinan und Sandrine Crener: »Stella McCartney«, Harvard Business School, 22. November 2016, S. 19
2 Stella McCartney, Interview mit der Autorin, London, 16. März 2017. Sofern nicht anders vermerkt, stammen alle Zitate aus diesem Interview mit ihr.
3 Elizabeth Doupnik: »Ath-Leisure-Clad, Sustainably Aware Consumers Catapult Wool Market«, *Women's Wear Daily*, 27. März 2017, https://wwd.com/fashion-news/textiles/spotlight-woolmark-10851043/.
4 »Green Generation: Millennials Say Sustainability Is a Shopping Priority«, Nielsen Global Survey of Corporate Social Responsibility and Sustainability, 11. Mai 2015, https://www.nielsen.com/eu/en/insights/news/2015/green-generation-millennials-say-sustainability-is-a-shopping-priority.html
5 Elisa Neimtzow, Interview mit der Autorin, über Skype, 12. Oktober 2015
6 David Owen: »Going Solo«, *New Yorker*, 17. September 2001, https://www.newyorker.com/magazine/2001/09/17/going-solo
7 Owen: »Going Solo«, S. 132
8 »She Hopes You Will Enjoy the Show«, *Newsweek*, 27. April 1997
9 Owen: »Going Solo«, S. 130
10 Owen: »Going Solo«, S. 130
11 Suzy Menkes: »Glitter-Gulch from Givenchy as McQueen Goes Wild West: A Stellar Start for Chloe's Light-Hearted Little Nothings«, *International Herald Tribune*, 16. Oktober 1997, https://www.nytimes.com/1997/10/16/news/glit tergulch-from-givenchy-as-mcqueen-goes-wild-west-a-stellar-start.html

12 Owen: »Going Solo«, S. 130

13 Keinan und Crener: »Stella McCartney«, S. 5

14 Jess Cartner-Morley: »Stella McCartney: ›Fashion People Are Pretty Heartless,‹«, The Guardian, 5. Oktober 2009, https://www.theguardian.com/lifeandstyle/2009/oct/05/stella-mccartney-fashion-heartless

15 Carry Hq: »Chrome vs Vegetable Tanned Leather«, *Carryology*, 28. August 2015, https://www.carryology.com/insights/chrome-vs-vegetable-tanned-leather/

16 Owen: »Going Solo«, S. 132

17 Imran Amed: »Stella McCartney: A Success Without Making Fashion Victims Out of Animals«, *Evening Standard*, 9. April 2015, https://www.standard.co.uk/business/markets/stella-mccartney-a-success-without-making-fashion-victims-out-of-animals-10164406.html

18 Claire Bergkamp, Interview mit der Autorin, London, VK, 20. Januar 2017. Sofern nichts anderes vermerkt ist, stammen alle Zitate aus diesem Interview, Telefonaten oder E-Mails mit ihr.

19 Keinan und Crener: »Stella McCartney«, S. 16

20 Betsy Andrews: »What Is ›Rainforest-Free‹ Clothing, and Why Should You Care?«, *Racked*, 16. März 2017, https://www.racked.com/2017/3/16/14938354/fashion-sustainability-rainforest-free-clothing

21 Una Jones, telefonisches Interview mit der Autorin, 26. April 2017

22 Interview mit Jones

23 »Stella McCartney's Eco-Conscious Solution to Cashmere«, *Modem*, 3. August 2016, http://www.modemonline.com/modem-mag/article/3793-united-kingdom—london-stella-mccartneys-eco-conscious-solution-to-cashmere

24 Nina Marenzi, Interview mit der Autorin, London, VK, 14. März 2017. Alle Zitate stammen aus diesem Interview mit ihr.

25 Luisa Zargani: »Salvatore Ferragamo Launches Capsule Collection Made with Orange Fiber«, *Women's Wear Daily*, 17. April 2017, http://wwd.com/fashion-news/designer-luxury/exclusive-salvatore-ferragamo-launches-capsule-collection-made-orange-fiber-10868843/

26 Robert Reich: »Corporations Won't Lead the Way on Solving Global Warming«, *American Prospect*, 18. Oktober 2007, https://prospect.org/article/corporations-wont-lead-way-solving-global-warming-0

27 Imran Amed und Kate Abnett: »Inditex: Agile Fashion Force«, *Business of Fashion*, 30. März 2015, https://www.businessoffashion.com/community/voices/discussions/can-fashion-industry-become-sustainable/inditex-agile-fashion-force

28 Jason Kibbey, telefonisches Interview mit der Autorin, 20. November 2017

29 Nathalie Remy, Eveline Speelman und Steven Swartz: »Style That's Sustainable: A New Fast-Fashion Formula«, McKinsey & Company, Oktober 2016

30 Anna Gedda, Interview mit der Autorin, Kopenhagen, Dänemark, 11. Mai 2017

31 Teresa Novellino: »Modern Meadow Founder Andras Forgacs Makes Leather in a Brooklyn Lab«, New York Business Journal, 3. Oktober 2016, https://www.bizjournals.com/newyork/news/2016/10/03/modern-meadow-andras-forgacs-reinventor-upstart100.html

32 Eillie Anzilotti: »How Modern Meadow Is Fabricating the Animal-Free Leather of the Future«, Fast Company, 11. Oktober 2017, https://www.fastcompany.com/40475098/how-modern-meadow-is-fabricating-the-animal-free-leather-of-the-future

33 Suzanne Lee, Interview mit der Autorin, New York, 21. Juni 2017. Sofern nichts anderes vermerkt ist, stammen alle Zitate aus diesem Interview mit ihr.
34 Anzilotti: »How Modern Meadow Is Fabricating the Animal-Free Leather of the Future«
35 Novellino: »Modern Meadow Founder Andras Forgacs Makes Leather in a Brooklyn Lab«
36 »Global Leather Goods Market 2017–2021«, Technavio, September 2017, https://www.technavio.com/report/global-leather-goods-market?gclid=EAIaIQobChMI9YHxgaqc3gIV1YXVCh1bMA29EAAYASAAEgJELfD_BwE
37 Robert Goodland und Jeff Anhang: »Livestock and Climate Change«, World Watch, November/Dezember 2009, http://www.worldwatch.org/node/6294
38 Jill Meisner, per E-Mail, 26. Februar 2019
39 Vikram Alexei Kansara: »With Lab-Grown Leather, Modern Meadow Is Engineering a Fashion Revolution«, *Business of Fashion*, 26. September 2017, https://www.businessoffashion.com/articles/fashion-tech/bof-exclusive-with-lab-grown-leather-modern-meadow-is-bio-engineering-a-fashion-revolution
40 Kansara: »With Lab-Grown Leather«
41 Amy Feldman: »Clothes from a Petri Dish: $700 Million Bolt Threads May Have Cracked the Code on Spider Silk«, *Forbes*, 15. April 2018, https://www.forbes.com/sites/amyfeldman/2018/08/14/clothes-from-a-petri-dish-700-million-bolt-threads-may-have-cracked-the-code-on-spider-silk/#4c41535ebda1
42 Jamie Bainbridge, Interview mit der Autorin, Emeryville (Kalifornien), 13. Oktober 2017. Sofern nicht anders vermerkt, stammen alle Zitate aus diesem Interview, Telefonaten oder E-Mails mit ihr.
43 Katya Foreman: »This $400 Tote Is Made of Mushrooms, Not Leather«, *Women's Wear Daily*, 8. September 2018, https://wwd.com/fashion-news/fashion-features/exclusive-bolt-threads-first-commercialized-mylo-bag-1202783029/

KAPITEL 8: ES GEHT RUND IN DER MODEBRANCHE

1 Ellen MacArthur und Julie Wainwright: »The New Textiles Economy«, Copenhagen Fashion Summit, Kopenhagen, Dänemark, 16. Mai 2018
2 MacArthur und Wainwright: »The New Textiles Economy«
3 2000 warf das Institut Target vor, bei Sweatshops in Nicaragua eingekauft zu haben. Daraufhin erklärte das Unternehmen, dass seine Inspektoren zwar keine Verstöße registriert hätten, man seitdem aber wachsam sei. Carrie Antifinger: »Nicaragua: US Retailers Contract with Sweatshops«, *Associated Press*, 22. August 2000, https://corpwatch.org/article/nicaragua-us-retailers-contract-sweatshops
4 Stacy Flynn, Interview mit der Autorin, Villepinte, Frankreich, 18. September 2018. Sofern nichts anderes vermerkt ist, stammen alle Zitate aus diesem Interview oder anschließendem E-Mail-Verkehr mit ihr.
5 Stacy Flynn, Rede, Fast Company's World Changing Idea Awards, Fast Company, 7. Mai 2018.
6 Elizabeth Cline: »Where Does Discarded Clothing Go?«, *The Atlantic*, 18. Juli 2014, https://www.theatlantic.com/business/archive/2014/07/where-does-discarded-clothing-go/374613/
7 Cyndi Rhoades, Interview mit der Autorin, im Eurostar, 15. Juni 2017. Alle Zitate stammen aus diesem Interview oder weiteren Interviews mit ihr.

8 Craig Cohon, Interview mit der Autorin, im Eurostar, 15. Juni 2017. Sofern nichts anderes vermerkt ist, stammen alle Zitate aus diesem Interview mit ihm.
9 »In Conversation with Craig Cohon, Live,« *Tank Magazine*, 26. September 2018, https://tankmagazine.com/tank/2018/09/craig-cohon/
10 Mark Leonard: »The Coca-Cola Man Who Had a Vision«, New Statesman, 11. März 2002, https://www.newstatesman.com/node/194377
11 »In Conversation with Craig Cohon, Live.«
12 Rob Walker: »Fashion in New Bid to Be Truly Sustainable«, *The Guardian*, 9. April 2017, https://www.theguardian.com/fashion/2017/apr/08/fashion-sustainable-clothes-wwf-finland
13 Giulio Bonazzi, telefonisches Interview mit der Autorin, 16. November 2018. Sofern nicht anders vermerkt, stammen alle Zitate aus diesem Interview mit ihm.
14 William McDonough, Bert Wouters und Giulio Bonazzi: »Business Models for a Closed-Loop Fashion System«, Copenhagen Fashion Summit, Kopenhagen, Dänemark, 15. Mai 2018
15 McDonough, Wouters und Bonazzi: »Business Models for a ClosedLoop Fashion System«
16 Rose Marcario: »Repair Is a Radical Act«, Patagonia, 15. November 2015, https://www.patagonia.com/worn-wear.html
17 Sharon Edelson: »Experience Matters: A New Eileen Fisher Retail Concept Grows in Brooklyn«, *Women's Wear Daily*, 21. August 2018
18 Edelson: »Experience Matters«
19 Eileen Fisher: »Innovation with the Next Generation«, Copenhagen Fashion Summit, Kopenhagen, Dänemark,11. Mai 2017
20 Roisin O'Connor: »Levi's CEO Explains Why You Should Never Wash Your Jeans«, *The Independent*, 18. Februar 2016, https://www.independent.co.uk/life-style/fashion/levis-ceo-explains-why-you-should-never-wash-your-jeans-a6881031.html
21 McDonough, Wouters und Bonazzi: »Business Models for a Closed-Loop Fashion System«
22 William McDonough: »Cradle to Cradle, the Circular Economy and the Five Goods«, Copenhagen Fashion Summit, Kopenhagen, Dänemark,11. Mai 2017
23 Katrin Ley, Interview mit der Autorin, Amsterdam, 12. November 2018

KAPITEL 9: RAGE AGAINST THE MACHINE

1 Elizabeth Paton: »Fashion's Future, Printed to Order«, *New York Times*, 5. Dezember 2016, https://www.nytimes.com/2016/12/05/business/fashions-future-printed-to-order.html
2 Andrew Bolton: *Manus x Machina: Fashion in an Age of Technology*, The Metropolitan Museum of Art, New York, 2016, S. 19
3 Sam Rose: »What Was the First 3D Printed Object Created«, FMSblog, 27. April 2018, https://fmsblog.azurewebsites.net/first-3d-printed-object-created/
4 Iris van Herpen, Interview mit der Autorin, Amsterdam, 22. Juni 2018. Sofern nichts anderes vermerkt ist, stammen alle Zitate aus diesem Interview mit ihr.
5 Michael Schmidt, Interview mit der Autorin, Los Angeles, 9. Oktober 2017. Alle Zitate stammen aus diesem Interview und anschließenden Telefonaten mit ihm.
6 Dita Von Teese, telefonisches Interview mit der Autorin, 19. November 2018
7 Ben Alun-Jones und Kirsty Watts, Interview mit der Autorin, London, 15. März 2017. Alle Zitate stammen aus diesem Interview oder anschließenden Telefonaten mit beiden.

8 Vikram Alexei Kansara: »The Sewbots Are Coming!« *Business of Fashion*, 16. Mai 2017, https://www.businessoffashion.com/articles/professional/the-sewbots-are-coming

9 Palaniswamy Rajan, telefonisches Interview mit der Autorin, 29. November 2018. Alle Zitate stammen aus diesem Interview mit ihm.

10 Tara Donaldson: »Li & Fung Enlists Sewbot Technologies in Drive for Digital Supply Chain«, *Sourcing Journal*, 8. Mai 2018, https://sourc ingjour nal.com/topics/technolog y/li-fung-sewbot-technologies-digital-supply-chain-105527/

11 »The Robot Startup Using Static Electricity to Make Nike Sneakers«, *Business of Fashion*, 30. August 2017, https://www.businessoffashion.com/articles/fashion-tech/these-robots-are-using-static-electricity-to-make-nike-sneakers

12 Kansara: »The Sewbots Are Coming!«

13 Jae-He Chang, Gary Rynhart und Phu Huynh: »ASEAN in Transformation: The Future of Jobs at Risk of Automation«, Internationale Arbeitsorganisation ILO, 1. Juli 2016, https://www.ilo.org/actemp/publications/WCMS_ 579554/lang--en/index.htm

14 Adele Peters: »This T-Shirt Sewing Robot Could Radically Shift the Apparel Industry«, Fast Company, 25. August 2017, https://www.fastcompany.com/40454692/this-t-shirt-sewing-robot-could-radically-shift-the-apparel-industry

KAPITEL 10: KAUFEN ODER NICHT KAUFEN

1 Sarah Kennedy: »Exclusive: Lauren Santo Domingo on the Quiet Success of Moda Operandi«, *The Observer*, 26. Januar 2016, https://observer.com/2016/01/exclusive-lauren-santo-domingo-on-the-quiet-success-of-moda-operandi/

2 Lauren Santo Domingo: Interview mit der Autorin, London, 18. November 2015. Sofern nichts anderes vermerkt ist, stammen alle Zitate aus diesem Interview mit ihr.

3 Kennedy: »Exclusive: Lauren Santo Domingo on the Quiet Success of Moda Operandi« (Moda war nicht bereit, aktuellere Zahlen zur Verfügung zu stellen.)

4 Kennedy: »Exclusive: Lauren Santo Domingo on the Quiet Success of Moda Operandi«

5 Susan Orlean: »King of the Road«, *New Yorker*, 20. Dezember 1993, S. 87-88, https://www.newyorker.com/magazine/1993/12/20/king-of-the-road

6 Robert Burke, telefonisches Interview mit der Autorin, 12. Dezember 2018. Alle Zitate stammen aus diesem Interview mit ihm.

7 »Revenue of Leading E-Retail Categories in the United States in 2017 (in Billion U.S. Dollars)«, *Statista*, o. D., https://www.statista.com/statistics/568830/us-e-retail-sales-by-category/

8 Arron Orendorff: »The State of the Ecommerce Fashion Industry«, Shopify, 16. März 2018, https://www.shopify.com/enterprise/ecommerce-fashion-industry

9 Antonio Achille, Nathalie Remy und Sophie Marchessou: »The Age of Digital Darwinism«, McKinsey & Company, Januar 2018

10 Helen Edwards und Dave Edwards: »Why Shoppers Ditch Traditional Stores for Online in Their Twenties«, *Quartz*, 29. November 2017, https://qz.com/1139098/why-shoppers-ditch-traditional-stores-for-online-in-their-twenties/

11 Lauren Mang: »High-End Stores That Don't Actually Sell Anything Are the Future of Retail«, *Quartz*, 24. November 2017, https://qz.com/1135230/high-end-stores-that-dont-actually-sell-anything-are-the-future-of-retail/

12 Lauren Sherman: »How to Save the Mall«, *Business of Fashion*, 2. Oktober 2017, https://www.businessoffashion.com/articles/intelligence/how-to-save-the-mall

13 Michael J. de la Merced und Michael Corkery: »Lord & Taylor Building, Icon of New York Retail, to Become WeWork Headquarters«, *New York Times*, 24. Oktober 2017, https://www.nytimes.com/2017/10/24/business/lord-taylor-wework.html. (WeWork wurde später in The We Company unbenannt.)
14 David Moin: »WeWork Sets Vision for Lord & Taylor Flagship«, *Women's Wear Daily*, 30. Oktober 2018, https://wwd.com/business-news/retail/wework-sets-vision-for-lord-taylor-flagship-1202895358/
15 De la Merced und Corkery: »Lord & Taylor Building, Icon of New York Retail, to Become WeWork Headquarters«
16 Anna Nicolaou: »Now Amazon Is Disrupting Fashion Retail, Too«, *Financial Times*, 26. Januar 2018, https://www.ft.com/content/795935ac-0205-11e8-9650-9c0ad2d7c5b5
17 Nicolaou: »Now Amazon Is Disrupting Fashion Retail, Too«
18 Daphne Howland: »Amazon Poised to Reign Over Apparel by Years' End«, *Retail Dive*, 12. September 2018, https://www.retaildive.com/news/amazon-poised-to-reign-over-apparel-by-years-end/532151/
19 Nicolaou: »Now Amazon Is Disrupting Fashion Retail, Too«
20 Achille, Remy und Marchessou: »The Age of Digital Darwinism«
21 Alyssa Pagano: »I Let Amazon's New Echo Look Choose My Clothes for a Week – Here's How It Went«, *Business Insider*, 6. Juni 2018, https://www.businessinsider.fr/us/amazon-echo-look-alexa-style-assistant-review-2018-5
22 Lauren Thomas: »Amazon's 100 Million Prime Members Will Help It Become the No. 1 Apparel Retailer in the U.S.«, *CNBC.com*, 19. April 2018, https://www.cnbc.com/2018/04/19/amazon-to-be-the-no-1-apparel-retailer-in-the-us-morgan-stanley.html
23 Imran Amed: »Chip Bergh on Steering Levi's Through the Uncertainties of 2017«, *Business of Fashion*, 8. Januar 2018, https://www.businessoffashion.com/articles/ceo-talk/chip-bergh-on-steering-levis-through-the-uncertainties-of-2017
24 Jason Del Rey: »Amazon Won a Patent for an On-Demand Clothing Manufacturing Warehouse«, Recode, 18. April 2017, https://www.recode.net/2017/4/18/15338984/amazon-on-demand-clothing-apparel-manufacturing-patent-warehouse-3d
25 Marc Bain: »Amazon Has Patented an Automated On-Demand Clothing Factory«, *Quartz*, 19. April 2017, https://qz.com/963381/amazon-amzn-has-patented-an-automated-on-demand-clothing-factory/
26 Nicolaou: »Now Amazon Is Disrupting Fashion Retail, Too«
27 Amanda Fortini: »The Anti-Concept Concept Store«, *New York Times Magazine*, 12. Dezember 2004, https://www.nytimes.com/2004/12/12/magazine/anticoncept-concept-store-the.html
28 Michael Reilly: »Three-D Knitting Brings Tech to Your Sweaters for a Price«, *Technology Review*, 6. April 2017, https://www.technologyreview.com/s/604102/3-d-knitting-brings-tech-to-your-sweaters-for-a-price/
29 Sheila Marikar: »The Transformational Bliss of Borrowing Your Office Clothes«, *New York Times*,12. Oktober 2018, https://www.nytimes.com/2018/10/12/business/rent-the-runway-office-clothes.html
30 Sarah Butler: »Amazon Opens Pop Up Fashion Shop in Central London«, *The Guardian*, 23. Oktober 2018, https://www.theguardian.com/tech nology/2018/oct/23/amazon-opens-pop-up-fashion-shop-in-central-london

31 Samantha Conti: »How Much Faster Can Fashion Get?«, *Women's Wear Daily*, 5. April 2017, https://wwd.com/business-news/retail/how-much-faster-fashion-get-10857985/
32 Morin Oluwole, Interview mit der Autorin, Paris, 20. Dezember 2018
33 Matthew Bell: »The Selfridges Scion Making a Splash«, *The Independent*, 14. Mai 2011, https://www.independent.co.uk/news/business/analysis-and-features/the-selfridges-scion-making-a-splash-2284163.html
34 Daniella Vega, Interview mit der Autorin, London, 13. Juni 2017. Alle Zitate stammen aus diesem Interview mit ihr.
35 Elias Jahshan: »Selfridges Reclaims Best Department Store Title«, *Retail Gazette*, 25. Mai 2018, https://www.retailgazette.co.uk/blog/2018/05/selfridges-reclaims-best-department-store-world-title/
36 »Selfridges Bags Another Record Year Despite Gloomy Retail Outlook«, *Irish News*, 1. Oktober 2018, http://www.irishnews.com/business/2018/10/01/news/selfridges-bags-another-record-year-despite-gloomy-retail-outlook-1447034/
37 Ellen MacArthur und Julie Wainwright: »The New Textiles Economy«, Copenhagen Fashion Summit, Kopenhagen, Dänemark, 16. Mai 2018
38 Jessica Binns: »Resale, Rentals and Subscriptions Have Tommy Hilfger, Michael Kors Spooked«, *Sourcing Journal*, 1. März 2019, https://sourcing journal.com/topics/retail/resale-rentals-subscriptions-tommy-hilfiger-michael-kors-edited-141430/
39 »Chanel Is Suing the RealReal for Allegedly Selling Counter feit Bags«, *The Fashion Law*, 15. November 2018, http://www.thefashionlaw.com/home/chanel-is-suing-the-realreal-for-allegedly-selling-counterfeit-bags
40 MacArthur und Wainwright: »The New Textiles Economy«
41 Marikar: »The Transformational Bliss of Borrowing Your Office Clothes«
42 Alexendra Schwartz: »Rent the Runway Wants to Lend You Your Look«, *New Yorker*, 22. Oktober 2018
43 Anna Nicolaou und Mark Vandervelde: »Retailers Respond to Rise in Renting Clothes and Goods«, *Financial Times*, 17. Dezember 2017, https://www.ft.com/content/ca2e1860-e425-11e7-8b99-0191e45377ec
44 Schwartz: »Rent the Runway Wants to Lend You Your Look«
45 Patricia Marx: »The Borrowers«, *New Yorker*, 31. Januar 2011
46 Schwartz: »Rent the Runway Wants to Lend You Your Look«
47 Marikar: »The Transformational Bliss of Borrowing Your Office Clothes«
48 Emmanuelle Brizay, Interview mit der Autorin, Paris, 6. November 2018. Sofern nichts anderes vermerkt ist, stammen alle Zitate aus diesem Interview mit ihr.
49 Sara Dalloul, Interview mit der Autorin, Paris, 26. Oktober 2017. Alle Zitate stammen aus diesem Interview mit ihr.
50 Bettina Hetoubanabo, Interview mit der Autorin, Paris, 26. Oktober 2018
51 Harriet Agnew: »Rent-à-Porter – Would You Hire Your Wardrobe?«, Financial Times, 28. September 2018, https://www.ft.com/content/3211b24c-c171-11e8-95b1-d36dfef-1b89a
52 Corinne Ruff: »30 Minutes with Rent the Runway's CEO«, *Retail Dive*, 7. Mai 2018
53 John Mowbray: »France Proposes Law to Tackle Unsold Clothing Problem«, *Ecotextile News*, 25. April 2018, https://www.ecotextile.com/2018042523440/fashion-retail-news/france-proposes-law-to-tackle-unsold-clothing-problem.html

Literatur

Anguelov, Nikolay: *The Dirty Side of the Garment Industry: Fast Fashion and Its Negative Impact on Environment and Society*, CRC Press, Boca Raton (USA), 2016

Balfour-Paul, Jenny: Indigo: Egyptian Mummies to Blue Jeans, Firefly Books, Buffalo (USA), 1998

Blass, Bill und Cathy Horyn (Hrsg.): Bare Blass, HarperCollins, New York, 2002

Bolton, Andrew: Manus x Machina: Fashion in an Age of Technology, The Metropolitan Museum of Art, New York, 2016

Brown, John: A Memoir of Robert Blincoe, Caliban Books, Sussex (England), 1977

Chazen, Jerome: *My Life at Liz Claiborne: How We Broke the Rules and Built the Largest Fashion Company in the World*, Bloomington, IN, AuthorHouse, 2011

Dorgan, Byron L.: *Take This Job and Ship It: How Corporate Greed and Brain-Dead Politics Are Selling Out America*, Thomas Dunne Books, New York, 2006

Downey, Lynn: *Levi Strauss: The Man Who Gave Blue Jeans to the World*, University of Massachusetts Press, Amherst (USA), 2016

Engels, Friedrich: Die Lage der arbeitenden Klasse in England, 1845, diverse Verlage

Harney, Alexandra: *The China Price: The True Cost of Chinese Competitive Advantage*, Penguin Press, New York, 2008

Honoré, Carl: *Slow Life: Warum wir mit Gelassenheit schneller ans Ziel kommen*, Goldmann, 2007

Koike, Kazuko: Where Did Issey Come From?, Mizue Nakamura, Tokio, 2017

Lavergne, Michael: *Fixing Fashion: Rethinking the Way We Make, Market and Buy Our Clothes*, New Society, Gabriola Island (Kanada), 2015

Lee, Suzanne: Fashioning the Future: Tomorrow's Wardrobe, Thames & Hudson, London, 2005

Liveris, Andrew: Make It in America: The Case for Re-Inventing the Economy, John Wiley & Sons, Inc., Hoboken (USA), 2012

McClendon, Emma: Denim: Fashion's Frontier, Yale University Press, New York, 2016

McDonough, William und Braungart, Michael: Cradle to Cradle: Einfach intelligent produzieren, Piper, München, 2014

Rivoli, Pietra: *The Travels of a T-Shirt in the Global Economy: An Economist Examines the Markets, Power, and Politics of World Trade*, John Wiley & Sons, Inc., Hoboken (USA), 2015 (In

Deutschland als Hörbuch erhältlich: *Reisebericht eines T-Shirts: Ein Alltagsprodukt erklärt die Weltwirtschaft*, Radioropa, 2007)

Robinson, Harriet H.: Loom and Spindle: Or, Life Among the Early Mill Girls, Press Pacifica, Kailua (USA), 1976

Schoenberger, Karl: *Levi's Children: Coming to Terms with Human Rights in the Global Marketplace*, Atlantic Monthly Press, New York, 2000

Shell, Ellen Ruppel: Cheap: The High Cost of Discount Culture, Penguin Press, New York, 2009

South Carolina Cotton Museum: The History of Cotton, The Donning Company Publishers, Virginia Beach (USA), 2005

Soyer, Daniel (Hrsg.): *A Coat of Many Colors: Immigration, Globalization, and Reform in New York City's Garment Industry*, Fordham University Press, New York, 2005

Stein, Leon (Hrsg.): Out of the Sweatshop: The Struggle for Industrial Democracy, Quadrangle/New Times Book Company, New York, 1977

van Herpen, Iris: Transforming Fashion, High Museum of Art, Atlanta, 2015

von Drehle, David: Triangle: The Fire That Changed America, Grove Press, New York, 2003

Waldinger, Roger D.: *Through the Eye of the Needle: Immigrants and Enterprise in New York's Garment Trades*, New York University Press, New York, 1986

Yafa, Stephen: Cotton: The Biography of a Revolutionary Fiber, Penguin Press, New York, 2005

Yves Saint Laurent, The Metropolitan Museum of Art, New York, 1983

Bildnachweis

Einleitung: Melania Trump, © 2018 Chip Somodevilla/Getty Images

Kapitel 1: Cate Blanchett während der 71. Internationalen Filmfestspiele in Cannes, © 2018 George Pimentel/Getty Images

Kapitel 2: Shila Begum im Rana Plaza, © 2018 Clara Vannucci

Kapitel 3: Sally Fox, © 2012 Paige Green

Kapitel 4: Natalie Chanin pflückt Baumwolle auf der Lentz-Farm in Trinity, Alabama, © 2012 Rinne Allen

Kapitel 5: Tower Mill, © 2015 Chris Bull/Alamy Stock Photo

Kapitel 6: Sarah Bellos auf ihren Indigo-Feldern, © 2016 Larry McCormack/The Tennessean

Kapitel 7: Stella McCartney bei Bolt Threads, © 2016 Stephane Jaspar

Kapitel 8: Patagonias »Worn Wear Wagon«, © 2014 Erin Feinblatt

Kapitel 9: Iris van Herpens Anthozoa-Kleid, Haute-Couture-Schau 2013 Frühling/Sommer in Paris, © 2013 Don Ashby/FirstVIEW

Kapitel 10: Minigolf im Dachgarten von Selfridges, © 1930 General Photographic Agency/Getty Images

Register

P

Q

R

S

T

U